Felix Wild & Lisa Uriel-Wild

the working game.

Mehr Spaß, mehr Team, mehr Erfolg im Job:
Mach's wie Spitzensportler!

the working game.

Mehr Spaß, mehr Team, mehr Erfolg im Job:
Mach's wie Spitzensportler!

ForwardVerlag (StudyHelp GmbH), Paderborn
WWW.FORWARDVERLAG.DE

1. Auflage

Autoren: Felix Wild & Lisa Uriel-Wild

Kontakt: info@forwardverlag.de
Umschlaggestaltung: @magicdesign
Druck: mediaprint solutions GmbH

Disclaimer / Haftungsausschluss

Das Werk inklusive aller Inhalte wurde unter größter Sorgfalt erarbeitet. Der Verlag übernimmt jedoch keine Gewähr für die Aktualität, Korrektheit, Vollständigkeit und Qualität der bereitgestellten Informationen. Druckfehler und Falschinformationen können nicht vollständig ausgeschlossen werden.

ISBN 978-3-98755-071-3

© Foto: Leonie Paape

Über die Autoren

Felix Wild

Felix Wild, Jahrgang 1991, ist quasi mit dem Hockeyschläger in der Hand auf die Welt gekommen: Uropa, Opa, Eltern, Tante, Onkel – alle haben Olympische Medaillen gewonnen. 2012 wird er selbst mit dem Berliner Hockeyclub Deutscher Meister, seine aktive Hockeykarriere hat er gerade erst beendet. Neben dem Sport ist die Wirtschaft seine zweite große Leidenschaft: Felix hat als Unternehmensberater mehrere große Konzerne bei Change-Projekten begleitet und ist Experte für Methoden und Strategien, die man vom Sport ins Business übertragen kann. Zu diesem Thema hält er Vorträge und gibt Workshops.

Lisa Uriel-Wild

Lisa Uriel-Wild, Jahrgang 1989, ist ausgebildete TV-Redakteurin und arbeitet als Executive Producerin beim größten Medienunternehmen Deutschlands. Ihr Herz schlägt für gute Geschichten, die berühren und inspirieren. 2013 wird sie mit der Limburger Showdance-Formation „Ragazzi" Weltmeisterin, sie trainiert Kinder- und Jugendgruppen und wird als Wertungsrichterin bei nationalen Turnieren eingesetzt. Lisa lebt mit ihrem Mann Felix und der gemeinsamen Tochter im Rhein-Main-Gebiet.

Zur Website:

Inhaltsverzeichnis

1
Vorwort: Auf Umwegen zum Ziel

„Opa Carsten kommt erst später“, sagt mein Vater. „Er hat noch Sprinttraining.“ Kurze Stille, dann lachen alle los. Denn Opa Carsten ist mittlerweile über 80, kann sich im Alltag nicht mehr allzu schnell bewegen – aber Sprinttraining, das lässt er nicht ausfallen. Auch wenn die Enkel am Wochenende extra aus dem 600 Kilometer entfernten Wiesbaden zu Besuch kommen und Omas leckere Apfeltorte schon auf dem Tisch steht. So ist meine Familie eben: total sportverrückt. Zu Opas Verteidigung: Sport gehörte schon immer zu seinem Leben – und ich bewundere, dass dies auch im hohen Alter immer noch der Fall ist. 1972 hat er die deutschen Hockeyherren bei den Olympischen Spielen in München als Kapitän zur ersten Goldmedaille geführt, nachdem sein Vater Erwin bis dahin „nur“ Silber gewonnen hatte. Und so erfolgreich ging es dann in der nächsten Generation weiter: Mein Vater Andreas, mein Onkel Florian und meine Tante Natascha sind ebenfalls Hockey-Olympiasieger. Auch meine Stiefmutter Louisa gewann Gold, meine Mutter Anke Silber. Dass ich also quasi schon mit einem Hockeyschläger in der kleinen Hand auf die Welt kam, versteht sich von selbst. Mit knapp anderthalb Jahren stand ich dann das erste Mal selbst im Rampenlicht. Oder besser gesagt: lag. Denn als meine Eltern gemeinsam mit Boxer Sven Ottke und anderen Sportstars nach den Olympischen Spielen 1992 vom Berliner Bürgermeister empfangen wurden, war wohl gerade Mittagsschlafenszeit. Und ich verpasste meinen großen Auftritt, selig schlummernd im Arm meiner Mutter. In den kommenden Jahren sollte ich dann noch oft genug im Mittelpunkt stehen. Als Erbe der erfolgreichsten deutschen Olympiafamilie war vollkommen klar, was einmal aus mir werden würde: der nächste Medaillengewinner. Auch wenn meine Eltern mir nie offensiv Druck gemacht haben, so schwang diese Erwartungshaltung doch irgendwie immer mit. Beim Heimatverein meines Vaters, dem Berliner Hockeyclub (BHC), war ich immer nur der Keller-Sohn – obwohl ich den Nachnamen meiner Mutter trage. Ich fühlte mich ein bisschen wie Harry Potter, wie der „Auserwählte", der eine Mission hatte: den sportlichen Erfolg der Familie weiterzuführen. Und das gelang mir in der Jugend auch sehr gut. Ich war Teil aller Juniorennationalmannschaften, spielte zwei Europameisterschaften, war Vize-Kapitän. 2012 wurden wir mit der Herrenmannschaft des Berliner Hockey Clubs Deutscher Meister. Alle Zeichen standen auf A-Kader – jetzt musste nur noch der Bundestrainer anrufen. Und das tat Markus Weise auch. Ein Moment, den ich nie vergessen werde.

Es war ein Abend im Frühjahr 2013. Ich saß in meinem Zimmer und war ziemlich aufgeregt. Ich wusste, dass mich Weise anrufen würde, ich hatte ihn um das Gespräch gebeten. Ich wollte endlich wissen, wann ich denn nun zu einem Lehrgang der Nationalmannschaft eingeladen werden würde! Doch stattdessen erklärte mir der Bundestrainer, dass er mich erstmal nicht gebrauchen könne. Kurz zuvor waren die deutschen Hockey-Herren in London Olympiasieger geworden, das Team war eingespielt und insbesondere meine Position, das zentrale Mittelfeld, war mit Weltklassespielern wie Tobias Hauke und Moritz Fürste besetzt. Das erste Mal in meinem Leben hatte ich plötzlich keine Idee, keinen Plan mehr, wie es weitergehen sollte. Ich hatte alles auf dieses eine Ziel ausgerichtet: Ich wollte, ich musste es zu Olympia schaffen! Mein Uropa, mein Opa, meine Eltern, mein Onkel, meine Tante – sie alle hatten es geschafft. Und ich war nun derjenige, der mit dieser Familientradition brach. Ich war derjenige, der das Erbe meiner Familie, der erfolgreichsten Hockeyfamilie aller Zeiten, nicht erfüllen konnte. Nach dem Telefonat war da erstmal eine große Leere. Ich fühlte mich, als sei ich komplett gescheitert. Nicht nur als Sportler, sondern auch als Mensch. Mein Selbstbewusstsein, mein Selbstwertgefühl, alles, was mich ausmachte, hatte ich bis dahin nur aus dem Sport gezogen. Wer war ich denn eigentlich, wenn nicht der nächste Hockeystar? Neben der Absage gab mir Bundestrainer Weise auch noch einen wichtigen Rat mit auf den Weg: Ich solle Abstand gewinnen, eine neue Perspektive einnehmen. In eine andere Stadt gehen, vielleicht sogar ins Ausland, und in einem anderen Hockeyverein spielen. Raus aus dem Schatten meiner übermächtigen Familie. Und genau das tat ich dann auch. Ich wechselte zum Crefelder HTC, machte meine Ausbildung fertig, zog nach Köln und fing mit dem Studium an.

Auch wenn ich weiterhin Hockey in der 1. Bundesliga spielte, schaffte ich den Sprung in die Nationalmannschaft in den kommenden Jahren nicht. Aber mein Fokus veränderte sich: Denn ich merkte, dass es neben dem Sport auch noch andere Dinge gab, die mich interessierten, die mich sogar richtig begeistern konnten! Nachdem ich schon während des Studiums als selbstständiger Finanzberater tätig war und mit zwei Freunden ein Startup gründete, landete ich in der Unternehmensberatung und entdeckte meine Leidenschaft für Transformationsprojekte. Ich kam damals zu der Erkenntnis, dass in unserer Welt nichts bleibt, wie es ist. Und dass sich sowohl Organisationen als auch Einzelpersonen kontinuierlich weiterentwickeln müssen, um in unserer schnelllebigen Zeit Schritt zu halten. Unternehmen in die Zukunft zu führen mit einem klaren Ziel vor Augen, Strategien zu entwickeln und eine enge Zusammenarbeit im Team – all das begeisterte mich an der Unternehmensberatung und erinnerte mich sehr stark an meine Erfahrungen aus dem Leistungssport.

Heute bin ich, mit Anfang 30, als Unternehmensberater und Speaker erfolgreich. Natürlich bin ich auch in meiner beruflichen Laufbahn ein paar Mal gestolpert: Bei meiner ersten Startup-Gründung beispielsweise habe ich mich von Rückschlägen und negativem Feedback einschüchtern lassen, außerdem fehlte mir echte Passion für das Projekt. So haben wir die Idee bereits nach einem halben Jahr desillusioniert wieder eingestampft, ohne auch nur einen richtigen Kunden gewonnen zu haben. Später wurde mir klar: Hätte ich mich damals an einige Prinzipien gehalten, die ich vom Hockey kannte, wäre meine erste Gründungserfahrung wohl erfolgreicher gewesen.

Aber ich habe daraus gelernt: Heute fokussiere ich mich zum Beispiel viel stärker bei meinen Aktivitäten und ich verfolge beruflich Projekte, bei denen ich wirklich mit voller Leidenschaft dabei bin. Das lässt mich durchhalten, auch wenn es mal schwierige Phasen gibt, und Rückschläge werfen mich nicht mehr so leicht aus der Bahn. Diese Parallelen zwischen Job und Leistungssport finde ich unglaublich spannend!

Schon als kleiner Junge habe ich meine Familie genau beobachtet und mich gefragt, warum sie so erfolgreich ist. Wenn jedes Gespräch am Esstisch nach spätestens zehn Minuten beim Thema Sport landete und wie die Augen meines Vaters glänzten, wenn er mal wieder vom vergangenen Spielwochenende erzählte. Das war und ist bis heute pure Leidenschaft! Gleichzeitig habe ich natürlich miterlebt, was es bedeutete, dieser Leidenschaft alles unterzuordnen. Eine unglaubliche Disziplin im Training, feste Routinen, fanatische Analysen, viele Wochenenden auf dem Hockeyplatz, Trainingslager statt Urlaube… Die Liste ist lang. Und heute, mit einigen Jahren und ein paar hundert Kilometern Abstand weiß ich: Ich war dazu nicht bereit. Auch wenn ich dachte, dass der Traum von Olympia auch mein Traum sei, fehlte das letzte Stückchen Fokus, das letzte Prozent Leidenschaft. Ich war nicht bereit, alles diesem einen Ziel unterzuordnen. Trotzdem habe ich sehr viel von der Begeisterungsfähigkeit und dem Durchhaltevermögen meiner Familie gelernt. Ich habe – bewusst oder unbewusst – die Prinzipien des sportlichen Erfolgs später auch in meiner beruflichen Laufbahn angewandt. Und sogar beim Schreiben dieses Buches! Der unbedingte Wille, diese Zeilen zu Papier zu bringen. Das feste Ziel klar vor Augen, irgendwann das erste, gedruckte Exemplar in den Händen zu halten. Das tolle Teamwork mit meiner Frau, deren Schreibtalent so gut mit meiner Vorliebe für Strategien und Analysen zusammenpasst. All das (und noch vieles mehr) erleben Sportler so ähnlich, wenn sie sich auf ein wichtiges Spiel oder einen Wettkampf vorbereiten. Ich bin davon überzeugt: Wir können alle extrem viel für unser eigenes Leben, vor allem unseren Berufsalltag, von Top-Athleten, Spitzenteams und ihren Trainern lernen. Wie motiviere ich mich, auch wenn mir heute gar nicht nach Höchstleistung und

Überstunden zu Mute ist? Wie behalte ich trotz Großraumbüro und Zeitstress den Fokus? Und wie komme ich mit dem nervigen Kollegen nicht nur einigermaßen klar, sondern arbeite auch noch effizient mit ihm zusammen?

Ob Olympiasieger, Weltmeisterinnen, Sportpsychologen, Coaches und natürlich ehemalige Sportler, die es geschafft haben, nach dem Ende ihrer aktiven Laufbahn auch im Beruf erfolgreich zu werden: Sie alle befolgen bestimmte Regeln, haben gewisse Einstellungen, halten sich an Taktiken und vermeiden ein paar No Gos. Aber welche genau sind das und was können wir für uns daraus ziehen? Genau das werde ich dir auf den folgenden Seiten zeigen. Ich erkläre dir anhand spannender und emotionaler Sportgeschichten, wie echte Champions – ob als Einzelkämpfer oder im Team – ihre Ziele definiert und erreicht haben. Was einige von ihnen bewusst, manche „nur" intuitiv richtig machen, ergänze ich mit wissenschaftlichen Studien und übertrage diese Erkenntnisse ganz praxisnah auf deinen Berufsalltag. Es gibt Inspiration, aber auch handfeste Learnings. Bekannte Persönlichkeiten aus Sport und Business – zum Beispiel die ehemalige Turnweltmeisterin Pauline Schäfer, Zehnkampf-Europameister Niklas Kaul, Schwimm-Olympiasiegerin Britta Steffen, Unternehmerin Valerie Bures-Bönström, DOSB-Präsident Thomas Weikert, Moderator Johannes B. Kerner, Ex-Speerwerfer Mathias Mester und Tech-Investor Frank Thelen – verraten in exklusiven Interviews ihre Tipps für mehr Zufriedenheit und Erfolg. Und du allein entscheidest, welche davon du in deinem Alltag anwenden möchtest. Denn auch das ist klar: Dieses Buch ist kein Leitfaden, an den du dich streng halten musst. Aber wenn dir einzelne (oder mehrere) Elemente weiterhelfen, damit du dich bei deiner Arbeit wohler fühlst, du effizienter und dadurch auch erfolgreicher agieren kannst: dann habe ich mein Ziel erreicht. Ganz gleich, ob du selbstständig, als Unternehmerin oder Angestellter arbeitest, ob du eine Führungsrolle innehast oder nicht: Solange du Interesse daran hast, dich persönlich weiterzuentwickeln, wird dir dieses Buch weiterhelfen. Denn – und das ist quasi die Grundeinstellung jedes Sportlers: Du kannst etwas verändern. Es liegt in deiner Macht, aber auch in deiner Verantwortung.

Dieses Buch ist – wie du bereits gemerkt haben wirst – aus meiner, also Felix‘ Perspektive geschrieben. Tatsächlich steckt hinter jeder Zeile aber auch meine Frau. Als ausgebildete Redakteurin hat sie nicht nur das größere Schreibtalent, sondern weiß auch einfach viel besser, wie man Inhalte gut verpacken kann. Wir haben uns bei diesem Projekt daher perfekt ergänzt: Ich habe Informationen und die Struktur geliefert, sie hat alles so aufbereitet, dass es (hoffentlich gut) lesbar ist. Außerdem haben wir versucht, geschlechtsneutrale Begrifflichkeiten zu wählen; wenn dies nicht möglich war, haben wir auf die maskuline Form zurückgegriffen. Diese Entscheidung soll lediglich dem einfacheren Leseflusses dienen, hat inhaltlich jedoch keinerlei Bedeutung. Mit jeder Erwähnung eines Sportlers, eines Athleten oder eines Trainers sind immer auch Sportlerinnen, Athletinnen und Trainerinnen sowie Personen, die sich keinem Geschlecht zugehörig fühlen, gemeint. Die nachfolgenden rund 300 Seiten richten sich an alle – ganz unabhängig davon, ob man nun sportlich ist oder nicht, ob man einen Ball dribbeln, besonders schnell laufen oder einen Hockeyschläger halten kann.

Übrigens hat auch Opa Carsten nicht nur erfolgreich Hockey gespielt; nach seiner Sportkarriere hat er sich ein Standbein als selbstständiger Versicherungsvertreter aufgebaut. Weil er auch im Job seine Leidenschaft gefunden hat. Ach ja: Und weil er neben dem Sprinttraining auch noch seine Tennisreisen – die nächste große Leidenschaft – finanzieren musste.

2
Leistungssport coacht – auch jenseits des Spielfelds

18. August 2016. Die Sonne knallt unermüdlich auf den blauen Kunstrasen im Stadion in Rio der Janeiro. Dann plötzlich – ein gellender Pfiff: Eine Gruppe Männer in weißen Trikots rennt los, dem Torwart in die Arme. Die deutschen Hockeyherren haben gerade im Penaltyschießen gegen die Niederlande gewonnen und sich damit die Bronzemedaille bei den Olympischen Spielen gesichert. Während Fans, Spieler und Trainerteam jubeln, liegt einer flach auf dem Boden, mit dem Gesicht nach unten. Es ist Kapitän Moritz Fürste: „Ich (...) heulte hemmungslos. Zunächst nur vor Freude, dann mischten sich auch Tränen der Wehmut dazu. Das war es jetzt. Nie mehr für Deutschland. Nie mehr Olympia!“[1] Der 31-Jährige hatte kurz vor dem Spiel verkündet, dass er seine Laufbahn in der Nationalmannschaft nun beenden würde. Für ihn ist dieser Triumph also nicht nur das erfolgreiche Ende einer der erfolgreichsten Hockeykarrieren überhaupt. Es ist auch ein Anfang: Der Anfang eines neuen Lebens – nach dem internationalen Leistungssport.

Heute, einige Jahre später, ist Moritz Fürste immer noch erfolgreich: Und zwar als Gründer. Gemeinsam mit Christian Toetzke hat er „Hyrox“ ins Leben gerufen, einen Indoor-Fitnesswettkampf mit verschiedenen Disziplinen wie Laufen, Medizinball-Werfen und Schlittenziehen. 2023 fanden bereits 40 Hyrox-Wettkämpfe rund um den Globus statt, von Hannover bis Hong-Kong traten rund 90.000 Sportler gegeneinander an.[2] Wie hat Moritz Fürste es in so kurzer Zeit geschafft, eine eigene Marke zu entwickeln, zu etablieren und sogar international bekannt zu machen? Klar, der Weltmeister und Welthockeyspieler (2012) hat schon während seiner aktiven Sportkarriere studiert und gearbeitet. Aber wichtige Eigenschaften, um im Business erfolgreich zu sein, hat er aus dem Leistungssport mitgebracht. Und auch wenn Moritz Fürste, das wohl noch immer bekannteste Hockeygesicht Deutschlands, unbestreitbar ein riesiges Talent hat mit Ball und Schläger umzugehen – das allein hat nicht dazu geführt, dass er an diesem heißen Donnerstag im August 2016 nach zwei olympischen Goldmedaillen auch noch eine in Bronze gewinnen konnte.

> *„Harte Arbeit besiegt Talent,*
> *wenn Talent nicht hart genug arbeitet.“*
>
> Tim Notke, Highschool-Basketballtrainer

Wer über Jahre oder sogar Jahrzehnte hinweg Spitzenleistungen erbringen (und dabei nicht ausbrennen!) will, braucht mehr. Vor allem im Bereich der sogenannten Soft Skills. Wer sich die Werdegänge erfolgreicher Leistungssportler genauer anschaut, wird viele Parallelen finden; und zwar unabhängig davon, ob jemand allein auf einem Tenniscourt, an einem Skihang oder mit der Mannschaft auf dem Platz steht: Sie alle müssen beispielsweise flexibel, kritikfähig, diszipliniert, fokussiert und teamfähig sein. Doch nicht nur die Besten der Besten profitieren von diesen Eigenschaften; auch jene Sportler, die keine Dauergäste auf internationalen Siegertreppchen sind – zum Beispiel im späteren Berufsleben. So hat eine von der Deutschen Sporthilfe unterstützte Studie 2015 herausgefunden, dass ehemalige Athleten im Schnitt 700 bis 800 Euro monatlich mehr verdienten als Nicht-Sportler, obwohl sie sich in Alter, Ausbildung, Geschlecht, Familienstand und Arbeitsort ähnelten.[3] Und auch immer mehr große Unternehmen erkennen den Wert ehemaliger Leistungssportler an: Obwohl diese durch den hohen Trainingsaufwand oft länger studieren und weniger Zeit haben, Praktika zu machen oder Auslandserfahrung zu sammeln, bekommen sie durch ein geändertes Bewerbungsverfahren die Chance, sich zu beweisen.

So haben zum Beispiel die Telekom, die Deutsche Post oder Daimler eigene Karriereportale entwickelt, über die sich ehemalige Athleten bewerben können – ohne direkt von einem Algorithmus wegen mangelnder Praxiserfahrung aussortiert zu werden.[4] Auch KPMG freut sich über Bewerbungen von Leistungssportlern: „Teamfähigkeit, Durchhaltevermögen, der Umgang mit Rückschlägen, dieser Wille, auch mal in anstrengenden Zeiten weiterzumachen: Das ist etwas, das wir unglaublich zu schätzen wissen und was Absolventinnen und Absolventen mit Leistungssporthintergrund zumeist mitbringen“, erklärt mir Kirsten Kronberg-Peukert, Team Lead Recruitment Operations bei KPMG, in einem exklusiven Interview.

> *„Man kann sich dieses Sportler-Mindset definitiv auch als Nicht-Sportler aneignen. Ich würde sogar so weit gehen zu sagen, dass man das machen sollte! Wenn du da eine gute Basis hast, dann tut dir das in allen beruflichen Lebenslagen gut.“*
>
> Oskar Deecke, Hockeyolympiasieger

Auch ich habe schon erlebt, dass ich mit meinem Hockeysport in Bewerbungsgesprächen extrem punkten konnte: Entweder, weil die jeweiligen Gesprächspartner selbst sportinteressiert waren. Oder die Führungskräfte und Personalmitarbeitenden ganz offen betont haben, wie sehr sie insbesondere Teamsportler als potenzielle Mitarbeitende schätzten. Einmal driftete ein Bewerbungsgespräch so sehr in Richtung Sport ab, dass ich gar nicht mehr dazu kam, meinen beruflichen Werdegang zu skizzieren oder persönliche Stärken zu betonen! Die Tatsache, dass ich jahrelang Leistungssport betrieben habe, hatte ausgereicht, um direkt eine mündliche Zusage für den Job zu bekommen – auch wenn mich der Gesprächspartner ein paar Tage später etwas kleinlaut anrief und erklärte, dass er wohl etwas voreilig gewesen sei und ich doch noch das offizielle Assessment Center durchlaufen müsste. Den Job habe ich später trotzdem bekommen. Für Sascha L. Schmidt, Leiter des Center for Sports and Management an der WHU in Düsseldorf, dürfte das nicht überraschend sein; er sagt: „Ehemalige

Spitzensportler bringen viele der berufsrelevanten Persönlichkeitseigenschaften mit, nach denen in den Führungsetagen aller Industrien händeringend gesucht wird."[5] Gemeinsam mit Thomas Saller hat Schmidt dieses Thema näher untersucht und herausgefunden, dass Sportler insbesondere „überdurchschnittliche Werte hinsichtlich Engagement, Disziplin und Stabilität" aufweisen. Und diese Eigenschaften wirkten sich auch außerhalb des Sports aus; nicht nur im späteren Berufsleben, sogar schon in der Schule. So schließe fast jeder fünfte Spitzensportler – trotz hohen Trainingsaufwands und wenig Zeit zum Lernen – die Schule mit einem Notendurchschnitt von 2,0 oder besser ab, jeder zehnte sogar mit einem Durchschnitt von 1,5 oder besser.[6] Aber was genau machen (ehemalige) Leistungssportler anders – und wie bringt uns das in unserem eigenen Berufsleben weiter?

„Wir brauchen mehr Bock auf Arbeit."

Steffen Kampeter, Hauptgeschäftsführer der Bundesvereinigung der Deutschen Arbeitgeberverbände

„Schon wieder Montag..." – „Meine Kollegen gehen mir auf die Nerven..." – „Wie soll ich diese ganzen Mails beantworten und nebenbei noch in fünf Konferenzen sitzen?" Solche Gedanken kennen wohl die meisten. Viel Arbeit, viel Stress, wenig Anerkennung durch den Chef und dann auch noch nervige Kollegen: Immer mehr Menschen sind mit ihrer derzeitigen Arbeitssituation unzufrieden. Extrem unzufrieden! Laut einer 2022 veröffentlichten Studie des Beratungsunternehmens McKinsey denken rund ein Drittel der Arbeitnehmer in Deutschland über Kündigung nach.[7] Viele wünschen sich eine Vier-Tage-Woche bei vollem Lohnausgleich,[8] flexible Arbeitszeitmodelle und die Option auf Home-Office.[9] Je jünger die Arbeitnehmer sind, desto ausgeprägter sind diese Vorstellungen. Es gibt Menschen, die unterstellen der Generation Z (geb. 1995 oder später) daher pauschal eine gewisse Lustlosigkeit, gesunkene Disziplin, wenig Motivation. So lassen die Journalistinnen Franca Lehfeldt und Nena Brockhaus in ihrem Buch „Alte weise Männer" zehn Herren Ü70 zu Wort kommen, die vor allem eine Auffassung teilen: Dass es in Deutschland an

Leistungsbereitschaft mangele.[10] Auch SPIEGEL-Journalist Ullrich Fichtner ist in einer seiner Kolumnen der Meinung: „Deutschland hat keinen Ehrgeiz mehr.“[11] Dabei ist das Bedürfnis, Leistung zu erbringen, tief in uns verankert. Harvard-Professor und Verhaltenspsychologe David McClellan hat schon 1961 seine „Theorie der erlernten Bedürfnisse“ aufgestellt, wonach jeder Mensch drei zentrale Bedürfnisse habe, die ihn motivierten:[12] Macht, Zugehörigkeit und eben: Leistung. Die Ausprägung der einzelnen Komponenten sei zwar unterschiedlich stark, sie seien aber bei jedem Individuum vorhanden. Unabhängig von Alter, Geschlecht und kultureller Prägung. Wissenschaftliche Untersuchungen im Bereich der Neurobiologie haben zudem gezeigt, dass das Erbringen einer Leistung Botenstoffe wie Dopamin und Endorphine freisetzt; insbesondere dann, wenn wir für das Erreichen eines Ziels auch noch Anerkennung von anderen erhalten. Unser Gehirn belohnt uns mit guten Gefühlen, wenn wir eine Aufgabe erfolgreich meistern.[13] Leistungssportler kennen das: Der Gewinn eines internationalen Titels, das Überschreiten der Ziellinie bei einem entscheidenden Lauf, das Aufstellen einer neuen persönlichen Bestmarke – all das setzt Glücksgefühle frei, die den Trainingsaufwand, die Entbehrungen, die körperlichen Schmerzen rechtfertigen. Ziele, Erfolge und Leistungssteigerungen motivieren. Warum sollte es Menschen, die nicht gerade auf olympische Medaillen hin trainieren, in ihrem Berufsleben anders gehen?

Der Wunsch nach mehr Flexibilität und weniger Arbeitszeit bedeutet also nicht automatisch, dass die Menschen faul geworden und ihnen Werte wie Leistung und Erfolg fremd geworden sind. Erfolgreich zu sein heißt heutzutage eben nicht mehr nur: Schnell aufsteigen und schnell viel Geld verdienen. Sondern vor allem auch, einen Sinn in der eigenen Tätigkeit zu sehen. „Tatsächlich wollen die allermeisten Menschen arbeiten, aber viele Menschen arbeiten nicht das, was sie wollen“, sagt Philosoph und Autor Richard David Precht.[14] Das führe dazu, dass sich Menschen von ihrer Arbeit ab- und der Freizeit zuwenden. Gemeinsam mit dem demografischen Wandel führt diese Entwicklung zu einem gravierenden Fachkräftemangel, der vor allem in pflegerischen und sozialen Berufsgruppen, aber auch in der IT, im

Handwerk und anderen technischen Sparten bereits jetzt eklatant ist.

„Freude an der Arbeit lässt das Werk trefflich geraten."

Aristoteles

Also: Was kann helfen? Ein Spitzensportler würde antworten: Mache das, was du liebst. Es klingt simpel (und zugegeben: wie ein schlechter Spruch auf einer Kaffeetasse) – ist es aber nicht. Eine echte Leidenschaft zu finden, bedeutet nämlich nicht, dass man jeden Tag nur Spaß hat. Auch Sportler quälen sich in den Kraftraum, obwohl sie viel lieber auf dem Platz oder in der Halle stehen würden. Sie haben auch mal schlechte Tage, erleben Leistungseinbrüche, Misserfolge und Niederlagen. Trotzdem machen sie (sehr oft) weiter. Box-Legende Muhammad Ali, der bis heute als einer der größten Sportler aller Zeiten gilt, war der Auffassung: „Champions werden durch etwas gemacht, das sie in sich tragen: Ein Verlangen, einen Traum, eine Vision." Gleichzeitig braucht es konkrete (Zwischen-) Ziele, die dabei helfen, den Fokus zu wahren. Und: Sportler stehen nach Niederlagen immer wieder auf und lernen aus ihren Fehlern. In dieser Hinsicht können alle Mitarbeitenden, aber insbesondere Führungskräfte noch viel von Leistungssportlern lernen. KPMG setzt daher ganz bewusst auf Bewerberinnen und Bewerber, die genau diese Eigenschaften und Fähigkeiten schon mitbringen. Denn: „Es wird immer schwieriger, passende Talente zu finden. Und da konzentrieren wir uns auf Talente, die vor allem Fähigkeiten abseits der reinen Fachlichkeit mitbringen. Denn diese lassen sich im Job weniger leicht erwerben und entwickeln", sagt Team Lead Recruitment Operations bei KPMG Kirsten Kronberg-Peukert. „Mit einer eigenen Initiative ermöglichen wir Leistungssportlerinnen und -sportlern einen Einstieg bei KPMG, bei dem sie ihre Arbeitszeit flexibel und neben dem Sport gestalten können. Wir wollen ihnen auch nach der Sportkarriere eine Perspektive bei uns geben und sie langfristig im Unternehmen halten. Das ist ein Gewinn für beide Seiten." Natürlich brauchten alle Bewerberinnen und Bewerber eine gewisse fachliche Grundlage; ein passendes Studium beispielsweise. „Aber im Recruiting geht es bei uns mehr um Potentialerkennung. Durch die schnelle Entwicklung der Arbeitswelt ändern sich Tätigkeiten und damit die Fähigkeiten, die dafür notwendig sind. Daher verlieren vergangenheitsbezogene Qualifikationen im Lebenslauf an Bedeutung – zugunsten von zukunftsgerichteten Qualifikationen. Viele Menschen arbeiten heute in der Regel nicht ihr ganzes Erwerbsleben das, wozu sie einmal ausgebildet wurden. Sondern sie wechseln in unterschiedliche Tätigkeitsbereiche und wachsen an ihren Aufgaben."

„Talent gewinnt Spiele, aber Teamwork und Intelligenz gewinnen Meisterschaften."

Michael Jordan, Basketballlegende

Neben den individuellen Fähigkeiten ist heutzutage vor allem auch Teamfähigkeit gefragt. Ein offener, aber wertschätzender Umgang, gegenseitige Unterstützung, ehrliches Feedback, ein gemeinsames Ziel: Das schweißt zusammen, führt nachweislich zu besseren Ergebnissen und macht den Berufsalltag angenehmer. Die bereits zitierte McKinsey-Studie zeigt: Wer sich auf seine Kollegen verlassen kann, wechselt den Job nicht so schnell. Und der Software-Entwickler Capterra hat in einer Umfrage herausgefunden, dass die Beziehung zu den Kollegen zu den wichtigsten Faktoren für mehr Arbeitszufriedenheit zählt.[15] Mannschaftssportler können ein (Sieges-)Lied davon singen: Kein Lionel Messi, kein Dennis Schröder und keine Megan Rapinoe wären in ihren sportlichen Karrieren je so erfolgreich gewesen, hätten sie nicht ein funktionierendes Team hinter sich gehabt. Und so ein Team besteht nicht nur aus den Mannschaftskameraden (bzw. den Kollegen), sondern auch aus Trainern, Betreuern, Beratern, Freunden und der Familie.

Leistungssportler lehren uns also: Wer erfolgreich sein möchte, sollte Freude an dem haben, was er macht; sich disziplinieren und fokussieren, auch Rückschläge verkraften und sogar aus ihnen lernen können. Was enorm hilft (und nicht selten sogar unerlässlich ist!), ist ein Team aus Kollegen, das aus genau solchen Menschen besteht, die sich zudem noch gut ergänzen, fair miteinander umgehen und ein gemeinsames Ziel verfolgen. Wenn das Team dann noch von einer Führungskraft angeleitet wird, die motivieren kann, die auf Einhaltung gewisser Rahmenbedingungen achtet, die aber ansonsten viel Freiraum zur individuellen Entwicklung lässt: dann kann eigentlich nichts mehr schiefgehen. So viel zur Theorie. Für die Praxis bin ich zuständig: Auf den kommenden Seiten werde ich dir anhand des F.I.N.E.-Prinzips erklären, wie du die Methoden, Tipps und Tricks von Spitzensportlern ganz konkret in deinem Joballtag anwenden kannst. Focus, Innovation, Network und Energy – das sind die zentralen Elemente.

> *„Erfolg ist kein Zufall. Er ist das Ergebnis von harter Arbeit, Ausdauer, Lernen, Studieren, Aufopferung und vor allem Liebe zu dem, was Du tust oder dabei bist zu lernen."*
>
> Pelé, brasilianische Fußball-Legende

Auch Doppelolympiasieger Moritz Fürste ist ein großer Fan davon, Eigenschaften und Sichtweisen aus dem Sport ins Business zu übertragen. Feedback-Kultur, Teamfähigkeit und die Kunst des Priorisierens sind Dinge, die er als ehemaliger Athlet heute auch als Unternehmer beherzigt.[16] Damit er bald nicht wieder vor Wehmut weinend mit dem Gesicht auf dem Boden liegt, weil sich die Karriere dem Ende zuneigt – sondern er auch die kommenden Jahre im Business erfolgreich bleibt.

Interview Max Hartung

„Sich immer wieder anzupassen, flexibel zu reagieren und auch mal einen Schritt zurückzumachen, um sich vor Augen zu führen: Welches Problem möchte ich wie lösen? – Das ist das Zentrale.“

Max Hartung arbeitet heute als Geschäftsführer der Sportstiftung Nordrhein-Westfalen – das ist allerdings schon seine zweite Karriere. Denn der gebürtige Aachener war erfolgreicher Säbelfechter, wurde vier Mal Europameister im Einzel und Weltmeister mit der Mannschaft. Als Vorsitzender der Athletenkommission im DOSB und Gründungspräsident des unabhängigen „Athleten Deutschland e.V.“ war er gleichermaßen offenes Ohr und laute Stimme vieler deutscher Sportler. Nach drei Teilnahmen an olympischen Spielen beendete Max Hartung 2021 seine aktive Sportlaufbahn.

Was sind besondere Fähigkeiten, die Leistungssportler mitbringen – unabhängig vom sportlichen Talent?

Wir haben mit der Stiftung eine Vision formuliert: „Mündige Sportler begeistern und inspirieren die Menschen (...) mit ihrer Leistung und Leidenschaft.“ Es geht darum, nicht nur den Output, also den Medaillenspiegel, sondern die besonderen Persönlichkeiten in den Fokus zu stellen. Deshalb haben wir einen Auswahlprozess gebaut, bei dem sich die Sportler mit ihren Eigenschaften vorstellen müssen. Das sind: intrinsische Motivation, emotionale Kompetenz, Respekt, Team- und Kritikfähigkeit, Authentizität und Engagement.

Sie betrachten die Sportler nicht nur als Erfolgs-Lieferanten, sondern als Gesamtpakete. Sollten wir diese Sichtweise auch mehr auf den beruflichen Alltag übertragen?

Ja! Ich glaube, genau da liegt die Übertragbarkeit. Ich bin als Säbelfechter sehr erfolgreich gewesen, nur kann ich das so direkt nicht in anderen Lebensbereichen einsetzen. Aber Sportler haben Fähigkeiten, die sie nutzen können: Wie sie zum Beispiel mit Hindernissen umgehen oder wie sie sich in Grenzsituationen verhalten. Manchmal fehlt ihnen die Sprache oder das Selbstbewusstsein, diese Kompetenzen mitzuteilen. Sie sind sich dieser wichtigen Eigenschaften oft gar nicht so bewusst. Auch die Unternehmen, mit denen wir als Stiftung zusammenarbeiten, sind interessiert an guten Leuten, die sich in einem sozialen Konstrukt – mit einem Trainer, in einer Mannschaft – beweisen können.

Was haben Sie bewusst aus Ihrer sportlichen Laufbahn mitgenommen, das Ihnen auch im Job weiterhilft?

Dass ich komplexe Probleme lösen kann. Säbelfechten ist so vielschichtig: In dem Moment, wo man auf den Gegner trifft und der hat plötzlich einen neuen Plan – dann muss man schnell reagieren, sich schnell darauf einstellen. Was hat er sich überlegt? Wie ist er heute drauf? Wie ist der Kampfrichter drauf? Wie agiert das Publikum? Wie ist die Halle beschaffen? Es gibt alle möglichen Einflussfaktoren. Mit dem Druck in dieser Situation muss man umgehen können. Aber auch schon davor: Wie arrangiert man sich zum Beispiel mit einem Trainer, mit dem man nicht so gut zurechtkommt? Wenn er die Trainingsphilosophie verändert hat? Sich da immer wieder anzupassen, flexibel zu reagieren und auch mal einen Schritt zurückzumachen, um sich vor Augen zu führen: Welches Problem möchte ich wie lösen? – Das ist das Zentrale. Ich kann vorausplanen, ein Problem in seine Bestandteile zerlegen und schnell entscheiden, wie ich es angehen werde.

Haben Sie so eine Situation im Job schon erlebt?

Ja, als wir den Verein „Athleten Deutschland“ gegründet haben. Da haben wir vom Bund 450.000 Euro zugesagt bekommen und hatten noch nicht mal eine Vereinskasse. Wir mussten irgendwie schauen, wie man staatliche Gelder ausgibt, ohne einen Plan davon zu haben, welche Regeln es gibt, wie man die einhält: Dass man die Mitarbeiter nicht besser bezahlt als Beamte in vergleichbaren Positionen, dass man alles richtig belegt, dass man einen Projektantrag schreibt, dass man nur eine bestimmte Zeit hat, das Geld auszugeben. Das war eine sehr aufregende Zeit. Erst die Lobbyarbeit, von der wir keine Ahnung hatten, und dann der Umgang mit dem Geld, das wir bekommen haben.

Und gibt es auch Dinge, die Sie vom Sport nicht auf den Beruf übertragen können?

Mir fehlt das Adrenalin, dieses Ganz-im-Moment-sein. Es gibt auch im Berufsleben Situationen, in denen man schnell entscheidet und in denen es aufregend wird – aber nie so wie im Wettkampf, mitten im Spotlight. Das habe ich nicht nochmal erlebt. Das ist auch hart, weil das eine Zeit ist, die vorbei ist und die mir fehlt. Ich bereue es nicht, dass ich jetzt aufgehört habe nach Tokio. Aber das ist etwas, das ich so nicht wieder gefunden habe im Job und auch nicht mehr finden werde.

Interview Thomas Weikert

„Wir wollen nicht den Eindruck erwecken: Die da oben entscheiden allein. Wir sprechen viel miteinander, beziehen möglichst viele ein, treffen basisdemokratische Entscheidungen."

Wenn Thomas Weikert als Zuschauer auf einer Tribüne sitzt, dann wird er vielleicht nicht von jedem Sitznachbarn direkt erkannt. Doch der Jurist und Tischtennisspieler ist einer der wichtigsten Sport-Funktionäre Deutschlands: Als Präsident des Deutschen Olympischen Sportbunds (DOSB) ist es seine Aufgabe, die olympische Idee weiterzutragen, sich für verbesserte Rahmenbedingungen einzusetzen und Athletinnen und Athleten in ihrer Entwicklung zu fördern. Denn erfolgreiche Sportler sind viel mehr als Medaillengewinner: Sie sind Vorbilder. Für uns alle.

Was sind Ihrer Meinung nach Eigenschaften, die Spitzensportler mitbringen – unabhängig von ihrem sportlichen Talent?

Ich denke, das ist vor allem die Hartnäckigkeit. Dass man im Studium, im Beruf auch mal hart arbeiten muss, das kenne ich eben auch vom Training. Für mich war das immer sehr wertvoll. Außerdem das Thema Anspannung: Bei Examen oder Gerichtsterminen bin ich angespannt, aber das habe ich auch beim Tischtennis. Entscheidungssatz, 9:9, der nervliche Stress ist groß! Das kriege ich dann gemeistert. Und ich muss flexibel bleiben. Wenn ein Mandant zu mir kommt und wissen will, was beim Gerichtstermin passiert, dann sage ich ihm: Wir machen jetzt nicht den Fehler und spielen den Termin durch. Wir müssen in der Lage sein, auf unvorhergesehene Dinge auch unvorhergesehen gut zu reagieren. Ich glaube, dass sich diese Erfahrungen – im Sport und im Beruf – gegenseitig befruchten.

Fokus setzen, diszipliniert sein – inwiefern sind solche Eigenschaften essentiell, auch im Berufsleben? Und kann man das erlernen?

Beim DOSB arbeiten einige ehemalige Sportlerinnen und Sportler; die werden auch in der Industrie gerne genommen. Das habe ich schon öfter mitbekommen. Kann ich zu einem entscheidenden Zeitpunkt meine beste Leistung abrufen? Solche Dinge sind für Unternehmen interessant. Und natürlich kann man das lernen, auch als Nicht-Sportler. Da kann professionelle Unterstützung helfen. Das ist leider auch bei vielen deutschen Sportverbänden zu spät beachtet worden. In den USA gehörten zum Beispiel Psychologen schon viel früher zum Team.

Wie groß ist aus Ihrer Sicht der Stellenwert des Sports und der Sportförderung in Deutschland?

Ein sehr schwieriges Thema. Zunächst hatte das Bundesministerium des Innern verkündet, dass es einige Millionen Kürzungen bei der Sportförderung gäbe. Das war sicherlich, auch und insbesondere im Hinblick auf die Olympischen und Paralympischen Spiele in Paris 2024, keinesfalls zu akzeptieren. Und deshalb haben viele Sportlerinnen und Sportler und der DOSB mit mir an der Spitze hartnäckig für eine erhebliche Verbesserung gekämpft. Und das mit Erfolg, weil es keine Kürzungen mehr geben wird! Aber das ist noch lange nicht genug: Der Sport benötigt weitere Mittel, insbesondere die Trainer und Trainerinnen müssen weit besser bezahlt werden. Der Anfang ist gemacht, ich bin guter Hoffnung, dass es noch besser wird.

Welchen gesellschaftlichen Wert haben Sportler?

Das kann man ganz einfach sehen: Wenn ein Goldmedaillengewinner irgendwohin kommt und zum Beispiel einen Vortrag hält, dann haben sie da plötzlich 40 Kinder und Jugendliche rumspringen – und die bleiben dann bei der Sportart. Wenn Timo Boll (Anm.: erfolgreichster deutscher Tischtennisspieler) eine Sprachnachricht für die Weihnachtsfeier schickt, dann kaufen sich nachher viele sein Trikot. Die Kleinen sind dann motiviert, etwas zu tun. Und darum geht es ja: Diese Vorbildfunktion, das funktioniert in allen Sportarten, das trägt Früchte. Und dann geht es nicht nur um den Sport selbst, sondern um das Drumherum. Freizeitaktivitäten, Betreuung usw.

Wie stehen Sie zur Abschaffung der Bundesjugendspiele?

Ich finde, das ist ein Unding, dass dieses Event abgeschafft wird. Mir hat es immer geholfen, wenn ich mich mit irgendjemandem messen kann: Wenn ich besser bin, hat es mich motiviert. Oder wenn ich verliere, spornt es mich an, besser zu werden. Ich weiß, dass es da auch andere Meinungen gibt. Aber ich denke, dass diese Lust aufs Gewinnen, diese Motivation auch schon im jungen Alter hilfreich sein kann.

Sie haben zu Beginn Ihrer Amtszeit als DOSB-Präsident einen Kulturwandel angestoßen. Inwiefern haben Sie sich dabei auch von Ihrer sportlichen Laufbahn beeinflussen lassen?

In meinem Sport haben wir immer im Kollektiv gearbeitet, haben viele Dinge im Verein besprochen. Deswegen war es mir wichtig, dass ich ein Gremium habe, das auf Augenhöhe miteinander arbeitet und auch mit den einzelnen Gruppen innerhalb des DOSB so agiert. Nicht von oben herab, sondern gleichberechtigt. Wir wollen nicht den Eindruck erwecken: Die da oben entscheiden allein. Wir sprechen viel miteinander, beziehen möglichst viele ein und treffen basisdemokratische Entscheidungen. Zum Beispiel bei der Frage, ob wir uns für Olympische und Paralympische Spiele bewerben wollen.

Ihr Motto ist: Anzug tragen, Trikot denken. Das führen Sie also weiter?

Ja, das führe ich weiter. Auch wenn ich manchmal schon gerügt worden bin, dass ich auf Veranstaltungen mit Jeans und Poloshirt rumlaufe. Deshalb trage ich manchmal dann doch Anzug.

3
F wie Focus – Wie du herausfindest, was du willst, und deine Ziele erreichst

Das Spiel genießen – Finde deine Leidenschaft und dein Warum

„Es ist eigentlich unmöglich, das aufzuholen. Aber weil ihr es seid, haben wir eine Chance.“[17] Nur noch wenige Minuten bis zum Anpfiff. 55.212 Zuschauer fiebern dem Duell an der Anfield Road entgegen, das Stadion ist an diesem 7. Mai 2019 ausverkauft. Gleich werden die Spieler des FC Liverpool auf heimischen Boden auf den FC Barcelona treffen — und vor ihnen liegt eine Mammut-Aufgabe: „Leute, wir müssen wahnsinnig mutig sein.“[18] Während Trainer Jürgen Klopp seine Jungs auf das Rückspiel des Champions League-Halbfinales einschwört, weiß er: Die Ausgangslage könnte kaum schlechter sein. Das Hinspiel haben die Katalanen 3:0 gewonnen, außerdem fallen noch zwei von Klopps Topstürmern verletzt aus. Einige Bekannte hatten sich nach der Hinspiel-Pleite bei ihm gemeldet und gesagt, dass sie nun doch keine Tickets mehr für das Rückspiel in Anfield benötigten. Trotzdem glaubt der Trainer an „das kleine Wunder.“ Und ahnt noch nicht, wie groß das Wunder in den nächsten 90 Minuten tatsächlich sein wird.

Während Stürmer Divock Origi die Reds bereits nach sieben Minuten in Führung bringt und seine Spieler Barcelona immer weiter unter Druck setzen, wirkt Jürgen Klopp hoch konzentriert. Das Stadion bebt, der Trainer beherrscht sich oft;[19] doch in ihm wird es anders ausgesehen haben. „Wenn ich diesen Club beschreiben müsste, würde ich sagen: Er ist ein großes Herz. Heute Abend schlug es wie verrückt. Das hast du wahrscheinlich überall auf der Welt gehört und vielleicht auch gespürt."[20] Er hat sich diesen Club ausgesucht – trotz Gestank in den Umkleiden – weil die Menschen dort genauso ticken. Jürgen Klopp liebt Fußball und liebt Städte, in denen die Atmosphäre stimmt.[21] Ähnlich wie damals in Dortmund. Oder auch schon zuvor in Mainz: Jürgen Klopp geht dahin, wo er Leidenschaft verspürt. Manchmal muss er diese auch erst entfachen: Als er 2001 vom Spieler zum (Interims-)Trainer beim 1. FSV Mainz 05 ernannt wird, kommen gerade mal 6000 Zuschauer ins Stadion. Also geht Jürgen Klopp kurzerhand in die Mensa der Mainzer Uni und beschimpft die Studierenden: „Wo wart ihr denn gestern!?"[22] Und so entwickelt sich in der rheinland-pfälzischen Landeshauptstadt unter Klopp eine echte Fußball-Euphorie. Für ihn bedeutet das ganz einfach: Er hat Spaß, Freude, Lust am Spiel. „Und wenn es so ernst wird, dass du gar keine Freude mehr daran empfindest, dann sieht es nachher nicht mehr aus wie ein Spiel, sondern dann ist es Arbeit, dann ist es schlecht und dann kannst du es auch nicht gebrauchen."[23] Kaum ein Trainer verkörpert die Passion für das, was er tut, so sehr wie der gebürtige Stuttgarter. „Ich stehe morgens auf und freue mir einen Boppes."[24] Auch wenn er im Januar 2024 angekündigt hat, den FC Liverpool nach neun Jahren als Cheftrainer wegen schwindender Energiereserven zum Saisonende zu verlassen – selbst dann findet Jürgen Klopp noch wertschätzende Worte: „Ich liebe alles an diesem Verein! Ich liebe alles an dieser Stadt, alles an den Fans, der Mannschaft und den Mitarbeitern. (...)[25] Ich werde nie, nie, nie wieder einen anderen englischen Fußballclub trainieren, zu 100%, das verspreche ich!"[26] Jürgen Klopp steht sinnbildlich für etwas, das vielen Menschen in ihrem Berufsleben eher fremd ist: Echte Begeisterung.

Von Leidenschaft angetrieben: Der Schlüssel zum Durchstarten

Dabei ist das laut einer Umfrage des Jobportals Indeed aus dem Jahr 2020 der größte Wunsch der deutschen Arbeitnehmer:[27] Für 90 Prozent der Befragten steht Spaß im Berufsalltag an erster Stelle, noch vor dem Gehalt (83 Prozent). Natürlich ist Geld wichtig, um die Lebenshaltungskosten zu decken und sich einige persönliche Wünsche erfüllen zu können; doch ab einer gewissen Summe steigt die „Glückskurve" nicht mehr proportional zum Gehaltszuwachs an. Nobelpreisträger Daniel Kahnemann und Wirtschaftsprofessor Angus Deaton haben dieses Phänomen genauer untersucht und festgestellt, dass Menschen mit einem Jahreseinkommen von rund 60.000 Euro am glücklichsten sind.[28] Wer mehr verdient, ist nur noch unwesentlich zufriedener. Und ab 100.000 Euro Jahreseinkommen können die Wissenschaftler gar keinen messbaren Einfluss mehr von Geld auf das Glücksgefühl feststellen – das ist dann der sogenannte „abnehmende Grenznutzen".

Dieses Gefühl, dass Geld nur einen vorübergehenden Effekt auf unser Wohlbefinden hat, kennen wir wahrscheinlich alle in irgendeiner Form; beispielsweise nach einer Gehaltserhöhung: Man freut sich über die Anerkennung durch den Chef – schließlich bedeutet das, dass man gute Arbeit leistet und das auch gesehen wird. Vielleicht kann man sich sogar eine größere Wohnung oder ein schöneres Auto leisten, beim nächsten Urlaub die bessere Hotelkette buchen oder mehr fürs Alter ansparen. Der Effekt ist also tatsächlich da – nur fühlen wir ihn bald nicht mehr. Wir gewöhnen uns an den neuen Standard, der Mehrwert des „Mehr-Geld-Habens" ist schnell verpufft.

Dass Geld auch nicht das Argument sein kann, das die meisten Leistungssportler antreibt, wird beim Blick auf deren imaginären Gehaltszettel klar. Die Deutsche Sporthochschule Köln hat im Auftrag der Deutschen Sporthilfe das Durchschnittsgehalt der geförderten Athleten unter die Lupe genommen.[29] Und viel zu sehen gab es da nicht: 2019 verdiente ein Spitzensportler im Schnitt 1.560 Euro im Monat. Bei einer 56-Stunden-Woche (ja, so viel Zeit investieren die Athleten in Training und Ausbildung bzw. Studium) sind das gerade mal 7,41 Euro pro Stunde. Deutlich unter Mindestlohn! Und trotzdem ziehen Schwimmer weiter ihre Bahnen und absolvieren Leichtathleten mehrere Trainingseinheiten am Tag.

Auch in meiner Zeit bei der Sportfördergruppe der Bundeswehr habe ich einige solcher Sportler kennengelernt. Und sie haben mich extrem beeindruckt! Wenn ich dachte, dass wir als Hockeyspieler schon viel trainierten, wurde ich beim Anblick eines Ruderer-Tagesablaufs ganz klein mit Hut. Morgens Training, dann Zwischenmahlzeit, weiter Trainieren. Nach dem Mittagessen eine kurze Ruhepause, die oft zum Lernen fürs Studium genutzt werden musste, nachmittags wieder Training und nach dem Abendessen schnell ins Bett. Man musste für den nächsten Tag ja wieder fit sein. Da stellt sich die Frage: Warum das alles? Die meisten Leistungssportler stecken ihre Energie in eine Sportart, mit der sie in der Regel nicht viel Geld verdienen (wenn man nicht gerade Profifußballer ist), haben oft nur wenig Zeit für Familie und Freunde und verzichten immer wieder auf soziale Events. So muss sich zum Beispiel Ironman-Weltmeister Jan Frodeno als Schüler entscheiden, ob seine Eltern ihm neue Radschuhe kaufen oder seine Abschlussfahrt bezahlen sollen.[30] Für beides reicht das Geld nicht. Und Frodeno bleibt zuhause, während seine Freunde feucht-fröhlich ihr Abitur feiern. Aber er weiß, wofür er die Entbehrungen in Kauf nimmt: Weil er ein Ziel hat – Olympiasieger werden. Und wie der Titel seiner Biographie treffend formuliert: Es ist „eine Frage der Leidenschaft".

Laut Duden versteht man unter Leidenschaft „große Begeisterung, ausgeprägte (auf Genuss ausgerichtete) Neigung, Passion für etwas, was man sich immer wieder zu verschaffen, was man zu besitzen sucht, für eine bestimmte Tätigkeit, der man sich mit Hingabe widmet".[31] Wenn man an Leidenschaft denkt, fallen einem außerdem Begriffe ein wie Herzblut, Lust und Liebe. Auch wenn sich letztere eher auf die Leidenschaft zwischen Menschen beziehen, die sich körperlich (und/oder emotional) zueinander hingezogen fühlen: Es wird deutlich, wie eng diese Begriffe miteinander zusammenhängen, wie vielfältig, aber eben auch wie groß und stark Leidenschaft sein kann. Gleichzeitig steckt das Wort „Leiden" darin – ganz ohne Schmerz gibt es eben auch keine Leidenschaft. Das gilt vor allem im Sport.

Aber auch in jedem anderen Bereich des Lebens.

> *„Wenn du keinen Spaß und keine Leidenschaft für etwas hast, dann kommst du glaub ich einfach nicht weit."*
>
> Laura Benkarth, deutsche Fußballspielerin

Unternehmerin und Investorin Verena Pausder ist ein gutes Beispiel: In ihrem Podcast „Fast & Curious", den sie wöchentlich mit Gründerin und Speakerin Lea-Sophie Cramer veröffentlicht, sprüht sie in jeder Folge nur so vor Begeisterung. Sei es ihr Engagement beim Frauen-Fußballverein FC Viktoria Berlin oder ihr Einsatz für mehr digitale Bildung: Man merkt ihr an, wie sehr sie für ihre Projekte brennt. Dabei geht sie vor allem den Themen nach, die sie schon als Kind begeistert haben: Als kleines Mädchen spielte sie selbst gerne Fußball und hat viele Bücher gelesen (natürlich hat Verena Pausder mittlerweile auch einen eigenen Online-Buchclub ins Leben gerufen).[32] Wenn man ihr zuhört, wird man unweigerlich angesteckt von diesem Enthusiasmus und ihrer Leichtigkeit. Dabei ist es alles andere als einfach, die eigene Leidenschaft zu finden. Denn oftmals haben wir nicht die Möglichkeit, frei und unvoreingenommen auf unsere innere Stimme zu hören. Schon bei der Berufswahl, am Ende der Schulzeit oder des Studiums, werden wir von Eltern, Lehrern oder auch Freunden beeinflusst, welche Richtung wir einschlagen sollten. „Du kannst doch so gut mit Kindern umgehen!" „Handwerker werden immer gebraucht!" „Sozialwissenschaften sind eine brotlose Kunst, da verdienst du später nichts." Es gibt wohl kaum ein Thema, bei dem so viele Menschen so viele Meinungen haben und uns diese – besonders gerne auch ungefragt – auf dem Silbertablett servieren. 2005 spricht Apple-Gründer Steve Jobs vor den Absolventen der Stanford University und ermuntert sie, ihrer wahren Leidenschaft zu folgen; sie sollten ihre Zeit nicht damit verschwenden, das Leben anderer zu leben.[33] Steve Jobs weiß, wovon er spricht: Er selbst hat sein Studium abgebrochen, obwohl seine Adoptiveltern seiner leiblichen Mutter versprechen mussten, ihren Sohn auf jeden Fall aufs College zu schicken. Leider fällt es uns nachweislich schwer, losgelöst von den Erwartungen, Sorgen und Ängsten anderer zu entscheiden, was wir wirklich wollen.

> *„Man wird geboren mit einer Werkzeugtasche. Und die größte und wichtigste Aufgabe im Leben ist herauszufinden, welche Werkzeuge du da drin hast. Und wenn du das nicht rausfindest, und denkst: Ich bin doch ein guter Schraubenzieher! Dabei bist du eigentlich ein Hammer – dann ist das eine Katastrophe!"*
>
> Cornelia Funke, Bestseller-Autorin

Auch ich habe eine Weile gebraucht, um zu erkennen, dass ich zwar gerne und gut Hockey spielte, aber nicht zu 100 Prozent hinter meinem vermeintlichen Ziel „Olympiasieg" stand. Während mein Umfeld mir schon innerlich die nächste Goldmedaille um den Hals hängte, hatte ich als Kleinkind gerade erst gelernt, den Schläger richtig zu halten. Es sollte knapp 20 Jahre dauern, bis ich mir eingestand: Eigentlich schlägt mein Herz für die Welt der Wirtschaft und des Unternehmertums. Bis heute finde ich es inspirierend, wenn ich Gründergeschichten in Büchern oder auch in der Sendung „Die Höhle der Löwen" verfolge. Es fasziniert mich, wie diese kreativen und visionären Menschen ihre Ideen in die Realität umsetzen und damit die (Wirtschafts-)Welt bereichern. Für mich war schon immer klar: Es geht nicht nur um Zahlen und Gewinne. Es geht um die Kunst, Chancen zu erkennen, Risiken einzugehen und bahnbrechende Ideen zu verwirklichen. Es entstehen Innovationen, die den Alltag revolutionieren und die Gesellschaft voranbringen können. Diese Möglichkeiten haben mich schon immer begeistert. Dazu kristallisierte sich bei mir auch früh ein gewisses Talent für den Umgang mit Geld heraus: Während mich mein bester Freund schon in der Kindheit Dagobert Duck nannte, schüttelte meine Mutter nur den Kopf, als ich ihr erklärte, dass man Spielsoldaten nicht einfach verschenken sollte. Mir war schon als 10-Jähriger klar, dass diese Figuren noch einen beträchtlichen Wert hatten. Und vielleicht befand sich darunter auch ein Exemplar, das aufgrund seiner Seltenheit sogar im Wert gestiegen war? Da es in meinem engeren Umfeld niemanden gab, der mich in unternehmerischer Hinsicht hätte fördern können, habe ich dieses Talent viele Jahre lang nicht genutzt. Immerhin: Die Spielsoldaten verkaufte ich erfolgreich weiter. An meine Mutter, die sie meinem kleinen Bruder schenken wollte.

Wenn Talente und Leidenschaft nicht erkannt und gefördert werden, verstummen sie mit der Zeit. Stattdessen geht es um die bereits oben erwähnten Erwartungen und Vorstellungen, die andere an uns herantragen; wir wählen den vermeintlich sicheren Weg, weil Papa schon Handwerker war, die Lehrer zu einem Studium geraten haben und Tante Erna sowieso der Meinung ist, dass sich mit dem Hobby Musik/Sport/Kunst kein Geld verdienen lässt. Jahre später fragen sich dann viele, ob ihr Beruf jenseits der finanziellen Sicherheit und des Erfolgs noch einen tieferen Sinn hat.

Entdecke deine Leidenschaft: Wie du deine innere Flamme entfachst

Laura Philipp arbeitet als Physiotherapeutin, sie mag ihren Job. Aber diesmal, an diesem Tag im Jahr 2011, behandelt sie eine Patientin, die ihr Leben von Grund auf verändern und sie dazu bringen wird, ihren Beruf bald aufzugeben:[34] Vor ihr auf der Massagebank liegt die Managerin eines Profi-Triathlon-Teams und erzählt begeistert von den aufregenden Wettkämpfen, den herausfordernden Trainingsstunden und der ungeheuren Hingabe, die dieser Sport erfordert. Laura Philipp ist damals 24 Jahre alt und kann nicht mal schwimmen. Trotzdem springt der Funke der Begeisterung irgendwie auf sie über. Sie will mehr erfahren! Also lädt die Managerin sie zu einer gemeinsamen Radtour ein. Früher ist Laura immer mit dem Fahrrad zur Schule gefahren, 30 Kilometer hin und zurück. Außerdem war sie mit dem Hund im Wald unterwegs – das war es dann aber auch schon mit ihren „Erfahrungen" in den erforderlichen Triathlon-Disziplinen. Trotzdem erkennt die Managerin ihr Potenzial. Nach zwei Jahren Training im Perspektivteam ist Laura dann so weit: Sie bekommt das Angebot, zu den Profis zu wechseln. Hat sie den Mut, ihren Job als Physiotherapeutin an den Nagel zu hängen, um in Zukunft alles auf die Karte „Spitzensport" zu setzen? „Ich denke nicht so viel über Zukunft, Sicherheit usw. nach, sondern ich möchte vor allem im Hier und Jetzt glücklich sein und Dinge ausprobieren, die mir Spaß machen."[35] Sie entscheidet sich für das Ungewisse; für die Möglichkeit, sich weiterzuentwickeln und das zu machen, was sie begeistert. Auch wenn sie nicht aus einem Triathlon-Elternhaus kommt – oder gerade deswegen. Sie selbst bezeichnet es als großen Vorteil, ihre Leidenschaft für den Sport selbst entdeckt zu haben. Heute gehört sie zu den weltweit erfolgreichsten Triathletinnen, stellt Bestzeiten auf, gewinnt internationale Titel auf der Mittelstrecke und holt mehrfach den Titel „Ironman"[36]. Und sie ist eine Inspiration für andere; nicht nur für viele Läuferinnen weltweit, sondern auch im direkten Umfeld, zum Beispiel für ihren Ehemann und Trainer Philipp Seipp. Denn der macht es seiner willensstarken Frau nach und gibt seinen sicheren Job als Lehrer (und damit die Verbeamtung auf Lebenszeit) auf, um sich ganz dem Sport zu widmen.

> *„Ich wäre sehr traurig, wenn ich irgendwas machen müsste, wo ich einfach keine Freude finden würde."*
>
> Laura Philipp, deutsche Triathletin

Manchmal reicht eine kurze Begegnung wie bei Laura Philipp aus, um unser Leben in eine andere Richtung zu lenken. Star-Regisseur Steven Spielberg plädiert deshalb dafür, immer offen für neue Eindrücke zu sein: „Träume kommen immer von hinten auf dich zu, nicht direkt vor deinen Augen. Sie schleichen sich an dich heran. (...) Manchmal flüstert ein Traum geradezu."[37] Was Spielberg so blumig beschreibt, ist die sogenannte intrinsische Motivation. Im Gegensatz zur extrinsischen Motivation, die von äußeren Anreizen wie der Bezahlung, einer Beförderung oder Anerkennung durch andere abhängig ist, kommt intrinsische Motivation von innen heraus. Der Nutzen einer Tätigkeit liegt in der Tätigkeit selbst: Der Sportler geht regelmäßig ins Training, auch wenn die große Tageszeitung nicht über seinen Sieg beim nächsten Turnier berichten wird. Die Musikerin übt stundenlang auf dem Klavier, ohne dass ihr ein großes Publikum Beifall klatscht. Und die Erzieherin spielt hingebungsvoll (und unbeobachtet) mit den ihr anvertrauten Kleinkindern, weil sie Freude daran hat, sie bei ihrer Entwicklung zu begleiten. Wer intrinsisch motiviert ist, erlebt den Effekt seiner Tätigkeit direkt, während er ihr nachgeht; wohingegen sich die Glücksgefühle bei der extrinsischen Motivation erst im Nachgang einstellen – nämlich dann, wenn die Belohnung von außen erfolgt, also wir vom Chef ein Lob für die gelungene Präsentation erhalten oder bei der nächsten Beförderungsrunde berücksichtigt werden. Der ehemalige Fußballtrainer und -funktionär Heribert Bruchhagen, der unter anderem bei Eintracht Frankfurt und dem Hamburger SV arbeitete, zweifelt an der dauerhaften Motivation durch externe Anreize: „Ich glaube nicht, dass ein Spieler extra mehr läuft, wenn er für eine Partie mehr Geld bekommen könnte. Dann hätte er seinen Beruf falsch gewählt. Ich habe in der Vergangenheit auch keine Erfahrungen gemacht, dass Sonderzahlungen etwas bringen."[38] Natürlich werden Sportler auch von dem Wunsch angetrieben, Medaillen zu gewinnen oder lukrative Sponsorenverträge an Land zu ziehen. Doch langfristig werden solche oder ähnliche Aspekte keinen Lionel Messi und keine Steffi Graf dazu motiviert haben, jeden Tag, stundenlang, über Jahre hinweg zu trainieren, an sich zu arbeiten und all die Kompromisse einzugehen, die eine Karriere im Leistungssport eben mit sich bringt. Nur: Wie findet man seine wahre Leidenschaft, die einen langfristig motiviert?

> *„Wähle eine Arbeit, die du liebst. Und du wirst keinen Tag deines Lebens mehr zu arbeiten haben."*
>
> Konfuzius

Dafür gibt es leider kein Patentrezept. Doch zuallererst hilft es, sich für diese Suche Zeit zu nehmen. Das funktioniert in der Regel nicht eben so zwischen Feierabend und Kind-ins-Bett-bringen. Man muss Abstand gewinnen, räumlich und emotional, zu den bisherigen Routinen, dem Berufsalltag und den Menschen, mit denen wir uns sonst umgeben. Das soll nicht heißen, dass diese einen schlechten Einfluss auf uns haben – nur, dass sie einen Einfluss haben. Die ehemalige Schwimmerin Sandra Völker hat sich im Laufe ihres Lebens immer wieder bewusst Auszeiten genommen, um Abstand zu ihrem bisherigen Alltag zu gewinnen und auf neue Ideen zu kommen.[39] Auch US-Basketballer Kobe Bryant erkannte während seiner Verletzungspause nach einem Achillessehnenriss, was er mit seinem Leben nach Beendigung seiner aktiven Sportkarriere anfangen wollte; so schrieb er unter anderem für den Animationskurzfilm „Dear Basketball" das Drehbuch und gewann dafür 2018 den Oscar. Entertainer und Autor Hape Kerkeling machte sich 2001 nach einem Hörsturz zu Fuß auf den Weg nach Santiago de Compostela, um auf dem Jakobsweg wieder mehr zu sich selbst zu finden – was ihm zumindest so gut gelungen ist, dass sein Buch über die Pilgerreise „Ich bin dann mal weg" mehr als 100 Wochen auf der SPIEGEL-Bestsellerliste stand. Aber es muss nicht zwingend ein wochenlanger Solo-Marsch nach Portugal sein, wenn man Schwierigkeiten hat, in sich hineinzuhören und zu fühlen, was einen wirklich antreibt (oder zumindest antreiben könnte). Auch ein Wochenendtrip, ein Sabbatical, ein Wanderausflug oder ein paar Abende zuhause, an denen man sich durch inspirierende Filme oder Bücher einen Perspektivwechsel verschafft, können hilfreich sein. Oft sind wir so im Hamsterrad des Alltags gefangen, dass wir die großen Zusammenhänge und Möglichkeiten aus den Augen verlieren. Mir erging es ähnlich.

Sommer 2022. Ich habe zwei Monate Elternzeit! Purer Luxus – nicht nur, weil ich gemeinsam mit meiner Frau und meiner Tochter wunderschöne Wochen verbringe und wir die bis dato längste Reise unseres Lebens machen; sondern auch, weil ich plötzlich ganz viel Zeit habe, in Ruhe über meine Zukunft nachzudenken. Seit der Geburt meiner Tochter stehe ich vor völlig neuen Herausforderungen: Es geht für mich nicht mehr nur darum, beruflich erfolgreich zu sein und die nächste Sprosse auf der Karriereleiter zu erklimmen. Ich möchte meine Zeit sinnvoll nutzen. Aber wie? Während wir in Südfrankreich vormittags in der Sonne liegen und uns nachmittags ein altertümliches Bergdorf nach dem anderen anschauen, beschäftigt mich diese Frage die ganze Zeit. Und dann kommt mir eine Idee. Sie lässt mich nicht mehr los und legt letztlich auch den Grundstein für dieses Buch: Mein ganzes Leben dreht sich um die Themen Sport,

Wirtschaft und Unternehmertum. Warum also nicht diese Leidenschaften miteinander verbinden? Plötzlich ist da dieser kleine Funke. Und der lässt mich nicht mehr los, auch wenn ich zuvor noch nie ein Buch geschrieben habe und es nicht immer einfach ist, im stressigen Alltag neben Vollzeitjob, Sport und meiner Familie auch noch Zeit für Recherche und Schreiben zu finden. Es geht mir bei diesem Projekt nicht darum, Geld zu verdienen (schön ist es trotzdem, also empfiehl dieses Buch fleißig weiter!). Mein Ziel ist es vielmehr, einen Mehrwert zu schaffen und beim Schreibprozess selbst Freude zu empfinden. Und ich kann meine Frau mit meiner Begeisterung anstecken! Es ist schön, gemeinsam an einer Sache zu arbeiten, zu brainstormen, uns aneinander zu reiben (nicht wörtlich gemeint) und dadurch im Team besser zu werden.

„Wer ein Warum hat, für den ist kein Wie zu schwer.“

Friedrich Nietzsche, Philosoph

Dank der freien Zeit, die ich während meiner Elternzeit zum Nachdenken hatte, habe ich also eine neue Leidenschaft für mich entdeckt. Genau wie bei Laura Philipp ist es nie zu spät, sich für etwas Neues zu begeistern und das bisherige Leben zu hinterfragen. Ich habe meine aktive Hockeylaufbahn mittlerweile beendet und investiere viel Zeit in die Verknüpfung von Sport- und Wirtschaftsthemen. Gleichzeitig lässt mich die Leidenschaft, die ich in dieses Projekt stecke, auch schwierige Phasen durchstehen. Denn entscheidend ist nicht, den Funken zu entfachen – sondern ihn am Brennen zu halten. Psychologe, Buchautor und Podcast-Host Dr. Leon Windscheid ist der Auffassung, dass die Suche nach einer Leidenschaft ein zeitaufwendiger Prozess sein kann.[40] In der Wissenschaft gibt es dazu das von Suzanne Hidi und K. Ann Renninger entwickelte Vier-Phasen-Modell, das den Entwicklungsprozess von Leidenschaft veranschaulicht:[41] In der ersten Phase springt der Funke über und das eigene Interesse wird geweckt. In der zweiten Phase gilt es, dranzubleiben und – im übertragenen Sinne – erste Trainingsstunden zu absolvieren. In der dritten Phase taucht man tiefer in das Thema ein und beherrscht bereits die Grundlagen, wodurch der Wunsch entsteht, mehr zu erfahren. Erst in der vierten Phase, dem Versinken, sprechen die Wissenschaftlerinnen vom Gefühl der Leidenschaft und einem stark ausgeprägten intrinsischen Interesse. In dieser Phase erzielt man erste Erfolge und kann zeitweise vollkommen in seiner Tätigkeit aufgehen; aus dem anfänglichen Funken ist ein Feuer geworden. Paul O´Keefe von der Yale University ist einer der führenden Wissenschaftler auf diesem Gebiet und fasst diese Erkenntnisse so zusammen: „Manchmal kommt die Leidenschaft dann ganz schnell. Wie ein Aha-Moment. Und manchmal dauert es länger. Es ist immer ein Prozess. Und der dauert normalerweise eine ganze Weile.“[42] Außerdem warnt er davor, dass viele Menschen ihr Leben lang vergeblich versuchten, ihre Leidenschaft zu finden; das liege vor allem daran, dass sie wenig Bereitschaft zeigten, sich mit neuen Themen auseinanderzusetzen und in diese einzuarbeiten. Es brauche eine grundlegende Offenheit, sich neue Fähigkeiten anzueignen. Und im zweiten Schritt eben auch Ausdauer und Disziplin, um mit all den Herausforderungen und Problemen, die damit einhergehen können, fertig zu werden.

Der höhere Zweck: Warum Leidenschaft allein nicht genügt

Als das Flutlicht das Stadion erhellt und alle Sprinter vorgestellt werden, liegt Anspannung in der Luft. Heinrich Popow steht da, konzentriert und fokussiert, aber auch voller Vorfreude auf das, was gleich kommen wird. Der Sprinter tritt 2012 im 100-Meter-Finale der Paralympics in London an, direkt neben ihm auf der Bahn wartet sein australischer Konkurrent Scott Reardon.[43] Als der Startschuss ertönt und die beiden Athleten aus den Startblöcken stürmen, erwischt der Australier einen etwas besseren Start. Doch Heinrich Popow holt auf! Und siegt am Ende mit einer Zeit von 12,40 Sekunden. Gold für Popow, Gold für Deutschland. Und obwohl der gebürtige Kasache mit dem amputierten linken Bein in seiner sportlichen Laufbahn insgesamt 29 Medaillen bei internationalen Wettkämpfen holt, sind diese Siege für ihn nicht das Wichtigste: „Wir leben von Emotionen und einer großen Leidenschaft, die man einfach erleben muss. Der Para-

Sport hat starke Persönlichkeiten und Geschichten zu bieten, da geht es noch um viel mehr als ausschließlich um die sportliche Leistung“[44], sagt er. Und dieses „viel mehr“ bedeutet für ihn, anderen Menschen einen Mehrwert zu bieten. So kümmert er sich u.a. um Nachwuchssportler und ist als Botschafter für das Projekt „Running Clinics“ des Medizintechnik-Unternehmens Ottobock tätig, um Menschen nach einer Amputation an den Sport heranzuführen. Diese Haltung teilen viele Leistungssportler: Ihre persönliche Leidenschaft und der eigene Erfolg sind wichtig, aber ihr wahrer Wert entfaltet sich erst, wenn sie anderen Menschen etwas Gutes tun können. Der Psychologe Dr. Jim Loehr stellte während seiner Arbeit mit Spitzensportlern und Managern fest, dass viele von ihnen – trotz ihrer herausragenden Leistungen im Sport- oder Berufsleben – nicht wirklich glücklich waren. Einer von diesen erfolgreichen, aber unzufriedenen Spitzensportlern war Tennis-Star Andre Agassi. In seiner Autobiografie „Open“[45] schildert er seine Erfahrungen und offenbart, dass all seine Siege, der Ruhm und das Geld keine langanhaltende Erfüllung brachten. Stattdessen erkannte er, dass wahre Vollkommenheit darin liege, anderen Menschen zu helfen.

„Wo sich die Bedürfnisse der Welt und deine Talente kreuzen, da liegt deine Berufung.“

Aristoteles

Martin Seligman, einer der Begründer der positiven Psychologie, unterscheidet in diesem Zusammenhang zwischen drei Bereichen der menschlichen Motivation: dem angenehmen Leben (Pleasant Life), dem guten Leben (Good Life) und dem sinnvollen Leben (Meaningful Life). Im angenehmen Leben streben wir nach Freude und Spaß, meist in Form von materiellen Dingen oder kurzfristigen Erlebnissen wie Kleidung, Autos, Häusern, Schmuck, Partys oder Urlaub. Jedoch sind solche Dinge vergänglich und verlieren mit der Zeit ihre Bedeutung. Glück können wir nicht kaufen. Im guten Leben hingegen gehen wir in unserer Tätigkeit auf; hierbei geht es darum, Freude an der eigentlichen Handlung zu empfinden (vergleichbar mit dem

Konzept der intrinsischen Motivation). Wir genießen nicht nur den Ausblick vom Gipfel des Berges, sondern auch den Aufstieg dorthin. Das sinnvolle Leben stellt schließlich die Königsdisziplin der Motivation dar: Es zeichnet sich dadurch aus, dass wir nicht nur uns selbst, sondern auch anderen dienen. Es geht darum, einen tieferen Sinn und Zweck in unserem Handeln zu finden, indem wir einen Mehrwert schaffen. So hat Fußballweltmeister und mehrfacher Champions League-Sieger Toni Kroos beispielsweise eine Stiftung gegründet, um schwerkranken Menschen und deren Familien zu helfen. „Ich werde relativ oft gefragt – aufs Sportliche bezogen – ob ich nicht so wahnsinnig stolz sei. Klar, ich freue mich, wenn meine Frau, meine Eltern, mein Bruder stolz sind auf mich. Aber wenn ich auf etwas stolz bin, dann bin ich darauf stolz, dass ich diesem Jungen diesen Tag im Stadion schenken und seinem Papa diese letzten zwei bis drei Monate etwas erleichtern konnte."[46] Kroos schafft mit seiner Stiftungsarbeit einen unbestreitbar wertvollen Mehrwert, doch dieser muss nicht immer mit dem Einsatz von viel Geld einhergehen. Mehrwert kann auch bedeuten, dass ich als Journalistin Menschen über die neuesten Ergebnisse der Stiftung Warentest informiere; dass ich als Produktentwickler ein neues Haushaltsgerät designe, das den Alltag vieler Familien erleichtert. Oder dass ich als Unternehmensberater dazu beitrage, dass eine Firma ihre Finanzen besser aufstellt und keine Mitarbeitenden entlassen muss. Auch vermeintlich kleine Dinge, die wir im (Berufs-)Alltag bewegen können, können für andere einen großen Unterschied machen. Und uns und unserem Wirken einen Sinn geben.

„10 Menschen, die ihren übergeordneten Sinn kennen, sind mächtiger als 1000 Menschen, die von morgens bis abends arbeiten und ihren Sinn nicht kennen."

Muhammad Ali, Box-Legende

„Viele glauben, Klopp spielt an der Seitenlinie Theater, wenn sie ihn dort herumlaufen sehen“, sagt der niederländische Nationalspieler Georginio Wijnaldum über seinen ehemaligen Trainer. „Aber genau so ist er. Er ist wirklich glücklich, wenn diese kleinen Dinge klappen. Die Grätschen. Oder wenn ein Spieler hingeht, aushilft, einen Schuss abblockt.“[47] Jürgen Klopp schafft es so, seine persönliche Leidenschaft für den Fußball in echten Mehrwert zu verwandeln. Für seine Spieler, den Verein und die Fans – weil seine Mannschaft erfolgreich ist. Am 7. Mai 2019, um 21:55 Uhr ist es dann soweit: Mit dem Schlusspfiff sinken die Spieler auf die Knie, schlagen sich die Hände vors Gesicht und springen sich in die Arme. Begleitet von unfassbar lautem Gebrüll der Fans, die das Stadion zum Beben bringen. Denn Liverpool hat das scheinbar Unmögliche möglich gemacht und Barcelona mit 4:0 besiegt. „You'll never walk alone“-Chöre ertönen von den Rängen, und die Mannschaft stimmt mit ein. Aufgereiht vor dem feiernden Fanblock, die Arme um die Schultern gelegt, brüllen sich Spieler und Staff die Anspannung von der Seele. Und mittendrin steht ein breit grinsender Jürgen Klopp, der zum dritten Mal in seiner Trainerkarriere mit einer Mannschaft ins Champions League-Finale einziehen wird.

Es ist eines dieser Fußballmärchen, an das man sich auch Jahre später noch erinnern wird – auch dann, wenn man nicht eh schon Liverpool-Fan ist. Und zwar nicht nur wegen dieses David-besiegt-Goliath-Gefühls. Oder wegen des frechen, unfassbar klugen Eckentors, das Trent Alexander-Arnold und Divock Origi so schnell ausführten, dass Barcelona gerade noch rechtzeitig hinschauen konnte, um den Ball im Netz landen zu sehen. Sondern weil dieses legendäre Comeback gezeigt hat, dass man mit Leidenschaft so ziemlich alles erreichen kann.

F.I.N.E.-Praxistipps:
Finde deine Leidenschaft und dein Warum

✓ **Die Suche nach Leidenschaft braucht Zeit.**
Nimm dir diese Zeit, um herauszufinden, wofür du wirklich brennst. Höre auf deine innere Stimme und ignoriere die Erwartungen anderer. Denke an deine Kindheit und an die Aktivitäten, die dich schon immer begeistert haben. Folgende Fragen können hilfreich sein: Welche Bücher und Filme interessieren dich? Welche Hobbys hast du? Wobei verspürst du echte Freude? Was könntest du von morgens bis abends tun, ohne dafür Geld zu verlangen? Und frage dich abschließend: Was haben all diese Dinge gemeinsam?

✓ **Schaffe dir bewusste Auszeiten.**
Du solltest regelmäßig Abstand von deiner täglichen Routine, der gewohnten Umgebung und den vertrauten Menschen gewinnen. So kannst du deine innere Stimme besser wahrnehmen und neue Perspektiven gewinnen. Eine Weltreise, ein Wanderurlaub, Meditationsübungen, inspirierende Filme oder Bücher können dir dabei helfen, den Blick auf die großen Zusammenhänge und deine Möglichkeiten nicht zu verlieren.

✓ **Leidenschaft muss entwickelt werden.**
Wenn du bei gewissen Dingen Begeisterung verspürst, ist es wichtig, dass du dranbleibst. Nutze als Orientierung das Vier-Phasen-Modell zur Leidenschaftsentwicklung: Initiales Interesse wecken, dranbleiben, tiefer eintauchen und in der Tätigkeit aufgehen (echte Leidenschaft). Gib nicht auf, wenn Herausforderungen auftauchen. Leidenschaft entwickelt sich nicht immer auf Anhieb, sondern braucht oft Zeit und Hingabe. Sei geduldig und lasse dich nicht von Schwierigkeiten entmutigen.

✓ **Definiere dein „Warum“ und schaffe Mehrwert für andere.**
Viele erfolgreiche Menschen erkennen irgendwann im Leben, dass der reine persönliche Erfolg langfristig nicht glücklich macht. Suche deshalb nach Möglichkeiten, anderen Menschen einen Mehrwert zu bieten, sie zu unterstützen oder ihnen bei ihren Zielen zu helfen.

Interview Steffi Nerius

„Ich liebe jetzt auch meinen Job, aber der Leistungssport war eine Berufung. Ich hatte das Gefühl, ich hätte 24 Stunden am Tag trainieren können, weil ich das einfach so gerne gemacht habe.“

Dass Steffi Nerius in ihrem Terminkalender noch einen Slot für unser Interview gefunden hat, ist nicht selbstverständlich. Denn die ehemalige Speerwurf-Weltmeisterin und olympische Silbermedaillengewinnerin von 2004 ist heute nicht nur Leiterin des Sportinternats von Bayer Leverkusen, sondern auch Mitglied im Gutachterausschuss der Deutschen Sporthilfe sowie im Vorstand der Sportstiftung NRW. Und sie arbeitet als Trainerin im Parasport, begleitet u.a. Weitsprung-Weltrekordhalter Markus Rehm auf dem Weg zu den olympischen Spielen in Paris. Sport ist also offenbar ihr Leben – aber wie entwickelt man eine solche Leidenschaft, die Einfluss auf den kompletten Werdegang hat?

Wie genau bist du zu deinem Trainerjob im Parasport gekommen?

Ich hatte Rehabilitation und Behindertensport als Schwerpunkt im Studium an der Sporthochschule, wollte aber eigentlich nie Trainerin werden, sondern im Rehabilitationssport arbeiten. Wenn ein Sportler zum Beispiel einen Kreuzbandriss hat, den wieder fit zu bekommen, das fand ich cool. Das war mein Ziel: Wenn ich mit dem Leistungssport aufhöre, nicht mehr am Wochenende unterwegs zu sein, auch mal Feiertage zu erleben. Parallel zum Studium habe ich in einer ambulanten Reha-Praxis mit Herz- und Diabetespatienten gearbeitet. Da habe ich gemerkt, dass das nicht so das Richtige für mich ist. Die Patienten haben irgendwann zu mir gesagt: „Steffi, ganz im Ernst – wir wollen einfach nur Spaß haben, wir wollen uns nur ein bisschen bewegen.“ Mir fehlte einfach dieser Leistungsgedanke, den ich in mir habe. Ich bin nicht der Mensch, der nur Dehnübungen vorzeigt, wobei gerade in dieser Patientengruppe dieser soziale Part enorm wichtig ist. 2002 wurde die Stelle als Trainerin im Parasport ausgeschrieben. Das habe ich als eine neue Herausforderung angenommen. Ich arbeitete erstmal halbtags und 2009 habe ich drei Wochen nach meinem letzten Wettkampf, dem Weltmeistertitel in Berlin, eine volle Stelle bekommen. Damit begann auch schon direkt die Zusammenarbeit mit Markus Rehm. Markus ist in der ersten Trainingseinheit 5,60 Meter gesprungen – und wir haben uns danach zusammen weiterentwickelt. Er springt mittlerweile 8,72 Meter und ich bin im Prothesensport eine erfolgreiche Trainerin geworden.

Woraus ziehst du die Motivation für deine Arbeit?

Dass die Athleten sich verbessern, dass sie das Training aufsaugen, dass sie mitziehen, dass man sich Gedanken macht: Wo kann man noch etwas optimieren? Wenn du so ein hohes Niveau wie Markus hast, dann musst du das letzte Quäntchen noch rauskitzeln. Es reizt mich schon, dass er noch weiter springt. Allerdings ist es mit ihm auch recht entspannt – er ist seit 2009 in jedem Wettkampf ungeschlagen. Da muss man nicht immer zittern: Schafft er den Sprung jetzt auf das Treppchen oder in den Endkampf? Da gibt es einfach eine gewisse Sicherheit und damit kann man sich darauf konzentrieren, noch etwas aus ihm rauszuholen.

Wie bleibt man so lange an der Spitze – ob als Athlet oder im Beruf?

Es ist schon faszinierend, wie Markus das hinkriegt. Er springt ja gegen sich selbst. Und natürlich weiß er, dass es nicht einfacher wird; aber es reizt ihn, immer weiter zu springen. Im letzten Jahr haben wir uns zum Beispiel auf die weitere Entwicklung der Kraft konzentriert. Außerdem ist unsere Trainingsgruppe größer geworden, was allen die Chance gibt sich gegenseitig zu batteln und damit noch einige Reserven herauszukitzeln. Diese Saison ist das Ziel, noch ein bisschen schneller zu werden. Mal gucken, was sonst noch passiert.

Ist das eine Kerneigenschaft von Spitzensportlern, die über einen langen Zeitraum erfolgreich sind – dass sie nur auf sich selbst schauen?

Ja, das glaube ich schon. Das war auch bei mir so: In meinem letzten Wettkampfjahr 2009 war es für mich wie eine Bergwanderung auf den Gipfel. Ich wusste, was mir guttut und was nicht. Ich wusste, was ich brauche, um auf dem Pfad zu bleiben und nicht durch Verletzungen abzustürzen. In diesem Jahr ging es nur steil bergauf! Ich habe so viele Bestleistungen aufgestellt, weil ich einfach das letzte Fünkchen noch aus meinem Körper rausgeholt habe. Das hätte ich auch nicht nochmal geschafft! Viele haben gesagt: Mensch Steffi, hänge doch nochmal ein Jahr dran! Aber ich wusste, dass ich mich nicht nochmal so hätte motivieren können, wie ich mich in diesem Jahr im Training motiviert habe. Mehr ging nicht.

Wie wichtig ist Leidenschaft für solche Erfolge?

Die Aussage: Hauptsache, man hat Spaß! – wirkt immer ein bisschen flach. Natürlich hat man auch einen gewissen Leistungsanspruch. Aber es ist elementar wichtig, dass man das aus einem eigenen Antrieb heraus macht, dass man sich selbst motivieren kann. Ich liebe jetzt auch meinen Job, aber der Leistungssport war wie eine Berufung. Ich hatte das Gefühl, ich hätte 24 Stunden am Tag trainieren können, weil mir das einfach so viel Spaß gemacht hat. Ich kann an einer Hand abzählen, wann ich mal morgens aufgestanden bin und keine Lust auf Training hatte! Dieses sich-gerne-quälen, um dann auch besser zu werden und auf viele Dinge, insbesondere in der Jugend, zu verzichten – das zahlt sich aus: Wenn dann 70.000 Menschen im Olympiastadion mit dir zusammen die Nationalhymne singen, dann ist dieses Gefühl nicht aufzuwiegen und du weißt genau, warum du so hart dafür gearbeitet hast. So eine Emotion werde ich nie wieder in meinem Job haben. Für einen Leistungssportler ist die Karriere rein alterstechnisch irgendwann zu Ende. Dann einen Job zu finden, der einen genauso oder zumindest annähernd erfüllt – das ist schon schwierig. Da muss man sich die Frage stellen: Was kann ich noch, was macht mir Spaß, was für ein Mensch will ich sein?

Was würdest du (jungen) Menschen raten: Wie findet man seine Leidenschaft?

Hilfreich ist auf jeden Fall eine Potentialanalyse: Was sind meine Stärken, was sind meine Schwächen? Man muss Ideen entwickeln, was man selbst kann und will – und sich dann überlegen, welche Ausbildung, welcher Studiengang, welcher Beruf passen könnte. Das ist eine Herausforderung! Aber es ist wichtig, sich in Vielem auszuprobieren. Man kann von außen nur unterstützen, letztlich liegt die Entscheidung bei jedem Einzelnen. Wenn man merkt, dass der eingeschlagene Weg doch nicht passt, dass man viel investiert, aber sich die Erfolge nicht einstellen wollen – dann muss man auch die Stärke haben und sagen: Okay, das hat nicht gepasst. Ich mache etwas anderes.

Einzigartig erfolgreich – Wie du mithilfe deiner Stärken eine eindeutige Positionierung erreichst

Die Meldung geht über sämtliche Nachrichtenkanäle, in vielen Medien bleibt es aber eine eher kleine Randnotiz:[48] In New York sind die teuersten Schuhe der Welt versteigert worden, für umgerechnet zwei Millionen Euro. Das gibt das Auktionshaus Sotherby's auf seinem Twitter-Account bekannt. Dazu ein Foto der bereits etwas ramponierten, schwarz-roten Turnschuhe. Vorne drauf prangt jeweils eine weiße Unterschrift des ursprünglichen Besitzers. Und den Original-Schweiß bekommt der unbekannte Käufer auch noch mit dazu. Selbst tragen wird er sie wohl nicht. Das liegt weniger daran, dass die Schuhe mit Größe 46 für die meisten Menschen auch etwas zu groß ausfallen. Sondern weil dieses Paar Schuhe ein Stück Geschichte ist: Aus dem Jahr 1998, in dem sie ihr Besitzer während der NBA-Finals getragen hat.

Es sind nur noch wenige Sekunden zu spielen, an diesem 14. Juni. Die Chicago Bulls liegen gegen die Utah Jazz zurück, als sich Michael Jordan links an seinem Gegenspieler Byron Russell vorbeischiebt und zum allerletzten Wurf seiner Bulls-Karriere ansetzt. Mit Blick auf eine Wand aus Utah-Fans, die im nächsten Moment kollektiv die Luft anhalten. Dieses Bild wird um die Welt gehen. „Am Ende des Spiels darf er den Ball nicht haben. Er ist ein Killer"[49], beschreibt ein Kommentator diesen Moment. Und der besagte „Killer" trifft. Die Bulls gehen mit 87:86 in Führung und gewinnen ihren sechsten NBA-Titel. Mit seinem „Last Dance" hat sich Michael Jordan die Krone aufgesetzt: „Michael ist ein Held", sagt sein Trainer Phil Jackson bei der anschließenden Champagner-Dusche in der Kabine. „Er hat immer abgeliefert, wenn er es musste."[50] Doch Michael Jordan gilt nicht nur als einer der erfolgreichsten und bekanntesten Sportler aller Zeiten, er hat mit der Unterstützung seiner Familie schon früh eine eigene Marke rund um seine Sportlerkarriere erschaffen. Als er mit 21 Jahren im Begriff ist, der nächste Superstar der amerikanischen Basketball-Liga zu werden, handelt seine Mutter in seinem Namen einen Vertrag mit dem Sportartikel-Hersteller Nike aus, der Jordan in den kommenden Jahren zum Multimillionär machen wird: Er bekommt einen eigenen Schuh und wird als erster Sportler überhaupt anteilig an den Verkaufserlösen beteiligt. Weil das Modell zu viele rote und zu wenig weiße Anteile enthält, verstößt Jordan gegen die NBA-Richtlinien und muss bei jedem Spiel eine Strafe in Höhe von 5000 Dollar zahlen – deren Kosten Nike übernimmt. Ein sehr wirksamer Publicity-Schachzug.[51]

> *„Niemand kann dich überholen,*
> *wenn du deinen eigenen Weg gehst.“*
>
> Marlon Brando, Schauspieler

Der „Air Jordan“ erlangt Kultstatus. Und ist ein Symbol dafür, was Michael Jordan perfekt verkörpert: Die eigene Positionierung. Als Sportler, aber auch als Marke. Im Sport und in der Wirtschaft gibt es zahlreiche Definitionen des Positionierungsbegriffs; was sie alle eint, sind zwei entscheidende Elemente: Eine klare Abgrenzung von Wettbewerbern und das Streben nach Alleinstellung.[52] Michael Jordan hat beides perfektioniert. Er nutzte seine einzigartige Sprungkraft, um daraus ein Markenzeichen zu machen; so wurde der bekannte Nike-Haken auf dem Schuh bald durch seinen scheinbar fliegenden Schatten ersetzt. Dank seiner strategischen Weitsicht gelang es ihm außerdem, auch an seinen Schwächen zu arbeiten: So nahm er sich zum Beispiel einen eigenen Athletik-Trainer, um seine Physis zu verbessern. Und arbeitete nach den ersten titellosen Jahren bei den Chicago Bulls bewusst daran, ein besserer Teamplayer zu werden. So wurde Michael Jordan über die Jahre ein Vorbild, das für Erfolg, Stil, Exzellenz und Siegeswillen steht, und zwar weit über die Grenzen des Basketballs hinaus. Das machte sich 1991 auch der Getränkehersteller Gatorade zu Nutze und warb für seine Limonaden mit dem einfachen, aber einprägsamen Spruch: Be like Mike. Sei wie Mike.[53]

Von Leidenschaft zur Positionierung: Der Dreiklang des Erfolgs

Es braucht allerdings nicht zwingend ein überragendes athletisches Talent oder eine verhandlungsstarke Mutter, um in Sachen Positionierung ähnlich gut zu werden wie Michael Jordan. Denn letztlich ist er bei seiner Karriere einem einfachen Dreiklang gefolgt, den wir grundsätzlich alle adaptieren können: Der gebürtige New Yorker hatte eine große Leidenschaft fürs Basketballspielen. Er hat sich auf seine Stärken fokussiert und diese bewusst ausgebaut. Und er hat eine Nachfrage bedient, indem er bei den Chicago Bulls die Aufgabe des Leaders übernommen hat. „Sie haben die große Chance, eine Stadt für sich zu gewinnen, die nach einem Siegertypen lechzt. Bringen Sie die Bulls auf Kurs?", fragte ihn ein Reporter, kurz nachdem ihn Chicago bei den NBA-Drafts 1984 ausgewählt hatte. Michael Jordans damals noch sehr bescheidene Antwort: „Ich hoffe, ich kann dazu beitragen. Ich freue mich darauf."[54] Leidenschaft, Stärken, Nachfrage – diese drei Elemente bilden den Grundstein für eine berufliche Positionierung. Jedes für sich genommen ist enorm wichtig, reicht allein aber nicht aus, um langfristig erfolgreich und erfüllt zu sein. Du solltest dich also nicht nur fragen: „Was macht mir Spaß?" Sondern auch: „Was kann ich wirklich gut?" und „Wie löse ich damit ein konkretes Problem bzw. welche Nachfrage bediene ich?" Authentische Positionierung bedeutet die perfekte Schnittmenge dieser drei Bereiche.

> *„Jeder Mensch ist einzigartig. Ich will keine zweite Uschi Disl sein, sondern eine erste Magdalena Neuner."*
>
> Magdalena Neuner, ehemalige Biathletin

Für den Berufsalltag heißt das: Du kannst noch so viel Freude in deinem Job empfinden – wenn es in deinem Unternehmen bereits jemanden gibt, der diese Rolle ausfüllt oder die damit verbundenen Aufgaben nicht deinen Stärken entsprechen, dann wird es sehr schwierig für dich sein, dich nachhaltig zu positionieren. Ein Fußballer, der gerne im Mittelfeld spielt und das Spiel von dort steuert, ist für seine Mannschaft nur ein Gewinn, wenn diese Position aktuell vakant ist.

Sollten bereits drei weitere Mittelfeld-Talente auf der Ersatzbank sitzen, wird er sich wahrscheinlich als Nummer vier einreihen – während er als Verteidiger wesentlich wertvoller für das Team sein könnte. So ähnlich ist es zum Beispiel dem ehemaligen DFB-Kapitän Philipp Lahm ergangen, der 2014 bei der Fußball-WM in Brasilien zunächst im defensiven Mittelfeld aufgestellt war, dann aber von Bundestrainer Jogi Löw aufgrund diverser krankheitsbedingter Ausfälle als rechter Außenverteidiger eingesetzt wurde. Ein Glück, dass Lahm so flexibel war und auf beiden Positionen großes Talent mitbrachte. Denn jede noch so große Nachfrage bringt dir (und deinem Team) nichts, wenn du die notwendigen Stärken nicht hast. Für deine persönliche Positionierung solltest du also in erster Linie ehrlich mit dir selbst sein und dich hinterfragen, in welchen Bereichen du wirklich gut bist – oder zumindest werden kannst.

Im Sport fiel mir die Positionierung leicht: Beim Hockey war ich mir meiner Stärken und Schwächen nämlich sehr bewusst. Ich war wendig, ballsicher und hatte eine gute Übersicht. Allerdings war ich alles andere als torgefährlich. Und als schneller Flügelspieler war ich auch nicht unbedingt verschrien... Deshalb habe ich mich früh auf die Position des zentralen Mittelfeldspielers fokussiert und diese Stärken bewusst gefördert. Parallel dazu habe ich an meinen Schwächen (Kraft und Sprintschnelligkeit) gearbeitet und blieb die allermeiste Zeit meiner aktiven Karriere im zentralen Mittelfeld beheimatet. Das machte mir Spaß und passte zu meinen Fähigkeiten – die perfekte Kombination. Im beruflichen Kontext fiel es mir deutlich schwerer, die für mich ideale Positionierung zu finden. Und damit bin ich nicht allein.

Die Kraft der Selbstreflexion: Entdecke deine Stärken und Schwächen für berufliche Positionierung

Meine feste Überzeugung ist: Jeder Mensch besitzt einzigartige Talente und Fähigkeiten. Es ist schade, dass sich viele ihrer Stärken, gerade im beruflichen Kontext, gar nicht bewusst sind oder sie nicht nutzen; sei es aus Unwissenheit, mangelndem Selbstvertrauen oder weil sie den gesellschaftlichen Erwartungen entsprechen möchten.

Oftmals bringen wir „Arbeit“ gar nicht erst mit „Talent“ oder „Leidenschaft“ in Verbindung! Stattdessen verorten wir diese Begriffe in unserer Freizeit. Der Gedanke dahinter: Ich gehe meinen Talenten nur als Hobby nach, während ich im Beruf etwas anderes machen muss, um den Lebensunterhalt zu verdienen. Im Gegensatz dazu sind sich Top-Sportler ihrer Stärken und Schwächen sehr bewusst. Und: Sie bauen genau darauf ihre Positionierung auf. Sie nutzen Selbstreflexion, Leistungsanalysen und kontinuierliches Feedback als zentrale Bestandteile ihrer persönlichen Entwicklung. Im Berufsleben ist dieses Vorgehen weniger stark ausgeprägt. Aber wie kann man das ändern?

Du kannst zunächst eine Liste erstellen: Was ist dir in der Vergangenheit gut gelungen? Welche Erfolge hast du in den verschiedenen Lebensbereichen erzielt? Und wie haben deine Stärken dazu beigetragen? Stell dir vor, du arbeitest als Projektleiter, der typische Skills wie Projektmanagement, Teamführung, Organisation und Planung beherrschen sollte. Dann kannst du zunächst auflisten, welche bisherigen Projekterfolge du vorweisen kannst und welche deiner Fähigkeiten dazu beigetragen haben. Hast du zum Beispiel ein Projektrisiko frühzeitig erkannt und behoben? Eine weitere Möglichkeit ist, Feedback einzuholen, von Freunden oder Familienmitgliedern, aber auch von Kollegen oder Vorgesetzten. Letzteres ist auch losgelöst von routinemäßigen, meist jährlich stattfindenden Feedbackgesprächen hilfreich. Wie bewerten deine Kollegen beispielsweise dein Führungsverhalten und deinen Kommunikationsstil? Oft erfährst du Dinge über dich, die du selbst gar nicht vor Augen oder denen du nicht so viel Bedeutung beigemessen hattest (und das muss nicht immer negativ sein!). Solltest du dich mit dieser Variante schwertun, kannst du auch einen (Online-) Persönlichkeitstest machen. Solche Tests können dir Einsichten in deine Präferenzen, Arbeitsstile und Persönlichkeitsmerkmale geben. Und zu guter Letzt kannst du auch professionelle Unterstützung in Anspruch nehmen, zum Beispiel durch einen Karriereberater oder Coach. Sie können dir helfen, deine Stärken zu identifizieren, deine beruflichen Ziele zu klären und Strategien zu entwickeln, um deine Schwächen anzugehen und dich weiterzuentwickeln. Möglicherweise gibt es Zusammenhänge aus der Vergangenheit, die deine aktuelle Rolle beeinflussen? Oft werden solche Einflussfaktoren erst in einem Coachingprozess erkannt und bearbeitet. Zwar nehmen diese (nicht ganz günstigen) Dienstleistungen meistens nur Top-Führungskräfte bzw. Selbständige in Anspruch. Aber denke daran: Alle Leistungssportler haben einen Coach! Diese Erkenntnisse liefern dir zwar einen ersten, wichtigen Hinweis, auf welche Eigenschaften du dich bei deiner Positionierung konzentrieren solltest; aber sie sind nicht in Stein gemeißelt. Du kannst dich auch ganz bewusst dafür entscheiden, an deinen Schwächen zu arbeiten, so wie es Michael Jordan gemacht hat. Obwohl er selbst schon früh herausragend spielte, lernte er mit der Zeit, dass er mehr Teamgeist entwickeln und seinen Mitspielern den Raum lassen musste, ihre persönlichen Talente auszuspielen. Es ist also nicht entscheidend, dass du dich nur auf deine Stärken konzentrierst, sondern dass du dir erstmal bewusst machst, welche Talente und Fähigkeiten du hast. Und welche nicht.

> *„Sei nicht eingeschüchtert von dem, was du nicht weißt, besonders am Anfang. Das kann deine größte Stärke sein, weil du dadurch Dinge anders machst als alle anderen."*
>
> Sara Blakely, Unternehmerin

Auch ich stand irgendwann vor der nicht ganz unwichtigen Frage: Wo soll mein beruflicher Weg eigentlich hinführen? Ich habe dann entschieden, meine beruflichen Erfahrungen und persönlichen Interessen noch stärker miteinander zu verknüpfen. Also Sport und Unternehmensberatung – und daraus habe ich meine Positionierung abgeleitet: Digital & Agile Leadership inspired by sports. Damit ich mir meiner Stärken immer bewusst bin, habe ich mich an einem Tipp von Bernhard Peters, ehemaliger Hockeybundestrainer, bedient: Er hat sich für jeden Buchstaben seines Vornamens Adjektive notiert, die ihn ausmachten.[55] In meinem Fall sind das: Fokussiert, ehrgeizig, leidenschaftlich, innovativ und extrem. Zugegeben: Beim X habe ich ein bisschen geschummelt, aber welches Adjektiv mit X fällt dir spontan ein? Eben.

Besser als die Konkurrenz: Wie du deine Konkurrenten analysierst und Wettbewerbsvorteile entwickelst

Nachdem du dich intensiv mit dir, deinen Wünschen und deinen Fähigkeiten auseinandergesetzt hast, sollte im nächsten Schritt der Blick nach außen folgen – genau wie im Sport: Denn da gehört die Wettbewerberanalyse ab einem gewissen Leistungsniveau zum Alltag. Sowohl Teams als auch Einzelsportler analysieren ihre Konkurrenten in der Vorbereitungs- und Wettkampfphase bis ins kleinste Detail und leiten daraus Stärken und Schwächen der Gegner ab. Hierbei können u.a. Taktik, individuelle Fähigkeiten, mentale oder physiologische Aspekte genau unter die Lupe genommen werden. Bevor Dirk Nowitzki 1998 in die NBA wechselte und seine Karriere bei den Dallas Mavericks begann, analysierte er gemeinsam mit seinem persönlichen Trainer Holger Geschwindner die anderen NBA-Spieler. Dabei haben sie früh erkannt, dass Nowitzki eine einzigartige Stärke besaß: Er war mit 2,13 Metern nicht nur sehr groß, sondern konnte sowohl unter dem Korb als auch von weit entfernten Positionen gut werfen. Eine Kombination, die es so noch nicht gab! Diese Erkenntnis ermöglichte es ihnen, Nowitzkis Spielstil und sein Trainingsprogramm gezielt auf diese Fähigkeiten auszurichten und sie zu seinem Alleinstellungsmerkmal in der NBA zu machen. Die Wettbewerberanalyse bietet also mehrere Vorteile: Sie kann dir nicht nur dabei helfen, potenzielle Schwachstellen deiner „Konkurrenten“ zu erkennen, sondern darauf aufbauend auch deine Alleinstellungsmerkmale zu schärfen.

> *„Anderssein muss man nicht verstecken.*
> *Man muss es betonen.“*
>
> Lady Gaga, Sängerin

Mal trug er sie in auffälligem grün, mal blond mit eingefärbter roter Schleife als Solidaritätssymbol für HIV-Betroffene. Und dann konnten die Zuschauer in Dennis Rodmans Haaren sogar die Nummer 33 erkennen – ein Willkommensgruß für seinen nach einer Verletzung genesenen Teamkollegen Scotty Pippen, der die Rückennummer 33 hatte.[56] Es sind diese besonderen Frisuren, die aus einem großartigen Basketballspieler eine echte Kultfigur machten, an die sich auch Nicht-Basketballfans Jahrzehnte später noch erinnern können. Auch Megan Rapinoe, zweifache Weltmeisterin, Olympiasiegerin und FIFA-Weltfußballerin des Jahres 2019, nutzte ihre kurzen, oft bunt gefärbten Haare, um noch mehr aufzufallen. Und zwar nicht nur für ihre herausragenden sportlichen Leistungen; sondern auch für ihre starken Botschaften: So ist die Kalifornierin eine bekennende Kritikerin des ehemaligen US-Präsidenten Donald Trump und setzt sich lautstark für Werte wie Gleichberechtigung und Toleranz ein.[57]

Natürlich gibt es als Sportler auch andere (wenngleich weniger plakative) Wege, um sich von anderen abzugrenzen: Über besondere Leistungen beispielsweise. So hat Robert Lewandowski die Position des Mittelstürmers durch seine jahrelange Qualität beim FC Bayern quasi neu definiert. Und Serena Williams hat sich mit ihren harten, schnellen Aufschlägen eine besondere Fähigkeit erarbeitet, die keine andere Tennisspielerin der Welt beherrschte: Denn während viele Damen den Aufschlag lediglich als Einstieg in den Ballwechsel betrachteten, nutzte die Amerikanerin ihn mit Geschwindigkeiten von bis zu 200 km/h als direkten Weg zum Punktgewinn.[58] Auch sogenannte „Signature Moves“ können zum Alleinstellungsmerkmal werden. Wer Sprint-Superstar Usain Bolt gewinnen sah, der wusste: Gleich wird der Jamaiker den linken Arm diagonal nach oben strecken, den rechten abgewinkelt davor, beide Zeigefinger ausgestreckt, der Blick folgt – fertig war seine ganz persönliche Siegerpose. Natürlich wirst du nach einer erfolgreich gehaltenen Präsentation im Büro keine personalisierte Jubelchoreografie aufführen; aber klar ist: Auch im Job ist es wichtig, aufzufallen. Herauszustechen. Anders zu sein! Also: Was macht dich besonders? Was kannst du, was andere nicht können?

Die Auseinandersetzung mit deinen Wettbewerbern – seien das andere Selbstständige, andere Unternehmen oder deine Kollegen – bietet dir zudem die Möglichkeit, dich regelmäßig auf den Prüfstand zu stellen. Und daran zu wachsen: Tennisspieler John McEnroe bettelte seinen damaligen Widersacher Björn Borg an, dass dieser seine Karriere nach dem verlorenen Wimbledon-Finale 1980 doch fortsetzen solle: „Wenn du deinen größten Gegner verlierst, verlierst du auch einen Teil deiner selbst.“[59] Top-Sportler nutzen Konkurrenten also nicht nur, um sich abzugrenzen, sondern auch um die eigene Leistung dauerhaft zu verbessern.

Im beruflichen Kontext ist die Wettbewerber-Analyse häufig unter dem Begriff Benchmarking bekannt. Hierbei geht es darum, sich bewusst von Konkurrenten abzugrenzen. Das ist auf den ersten Blick vor allem für Unternehmer und Selbstständige interessant, kann aber auch als Arbeitnehmer extrem hilfreich sein. Durch den Vergleich mit anderen kann man wertvolle Erkenntnisse gewinnen und „Best Practices“ identifizieren – also im Idealfall Antworten auf folgende Fragen ableiten: Was will ich von anderen übernehmen, das schon funktioniert, und wo will ich mich bewusst von ihnen unterscheiden? Um diese Informationen zu erhalten, kann man zum Beispiel Branchenberichte, Studien und Marktforschungsergebnisse durcharbeiten. Auch Fallstudien und Erfolgsgeschichten von Fachkräften oder Selbständigen, die in ähnlichen Bereichen tätig sind, können wichtige Einblicke in deren Strategien, Vorgehensweisen und Erfolgsfaktoren geben. Networking-Veranstaltungen sind ebenfalls gut geeignet, um sich auszutauschen und dazuzulernen. Gleiches gilt für Online-Communities und Foren, die sich mit deinem Fachgebiet oder deiner Branche befassen: Auch hier findest du einen (virtuellen) Platz zum Erfahrungsaustausch. Und zu guter Letzt kann natürlich auch ein Blick in andere Märkte hilfreich sein, beispielsweise nach Amerika. Welche Produkte, Dienstleistungen, Arbeitsweisen oder Marketingstrategien gibt es dort, die auf dem deutschen Markt noch nicht existieren?

Zugegeben: „Wettbewerberanalyse“ ist ein Begriff, bei dem meine Frau häufig die Augen verdreht hat. Denn sie wusste, was das bedeutete. Samstagvormittag, der Frühstückstisch war gerade abgeräumt, die Essensreste unserer kleinen Tochter lagen noch auf dem Boden. Und ich saß mit dem Laptop auf dem Schoß im Sessel und starrte wie gebannt auf den Bildschirm, um mir unsere Konkurrenten genau anzusehen. Wie bewegten sich meine gegnerischen Mittelfeldspieler? Wo waren Schwachstellen, wo konnte ich ansetzen? Ja, in dieser Situation ging es um ein Hockeyspiel, nicht um meinen beruflichen Werdegang. Trotzdem betreibe ich auch da eine Art Videoanalyse (begleitet von etwas weniger Augenrollen meiner Frau): Ich schaue mir regelmäßig Videos inspirierender Persönlichkeiten an und verfolge Reden von erfolgreichen Change Managern und Top-Führungskräften meiner Branche. Es gehört für mich einfach dazu, auf diese Weise immer wieder neue Denkanstöße und Impulse zu bekommen. Von anderen zu lernen und Kontakte zu knüpfen, ob digital oder auf Netzwerkveranstaltungen, ist aus meiner Sicht ein ganz entscheidender Faktor bei der Entwicklung der eigenen Positionierung. Wettbewerberanalyse lohnt sich. Und man muss sie ja nicht am Familien-Samstag erledigen (Ergänzung meiner Frau).

Die Frage nach der idealen Positionierung – und ihre vielen Optionen

73,5 Meter. Letzter Platz bei den Nordischen Skiweltmeisterschaften in Oberstdorf. Was für die allermeisten Skispringer wohl den peinlichsten Moment ihrer Karriere darstellen würde, ist für Michael Edwards der entscheidende Wendepunkt in seiner noch sehr jungen Wintersportlaufbahn: Denn so mickrig seine Sprungweite im Vergleich zur internationalen Elite auch erscheint – der gelernte Maurer stellt damit einen britischen Rekord auf. Denn Michael Edwards ist der erste britische Skispringer, der sich für die olympischen Winterspiele qualifiziert. „Ich hatte kein Geld, keinen Trainer, keinen Schnee, keine Trainingsmöglichkeiten,“[60] sagt er später über die Zeit. Und trotzdem wird er 1988 im kanadischen Calgary zur Legende. Denn was „Eddie the Eagle“ ausmacht, ist seine einzigartige Positionierung: Sein ungebrochener Wille, sich für die olympischen Spiele zu qualifizieren und sich dafür zur Not auch von 120 Meter hohen Skisprungschanzen zu stürzen, obwohl sich das erfahrene Skispringer erst nach jahrelangem Training trauen. Sein scheinbar grenzenloser Optimismus, dass er diese waghalsigen Manöver nicht nur überleben, sondern damit sogar erfolgreich sein würde. Und – abgesehen von seiner dicken Brille, den schiefen Zähnen und den paar Kilo zu viel, die er im Vergleich zu all seinen Konkurrenten auf den Rippen trägt –

sein Alleinstellungsmerkmal: Als erster britischer Skispringer überhaupt in die Geschichte einzugehen. Das nennt man eine erfolgreiche, spitze Positionierung!

Nicht nur, dass Eddie keinerlei (nationale) Konkurrenz hatte; mit seinem bodenständigen Auftreten (er grüßte vor jedem Sprung seine Mutter) und der Verkörperung des Dabei-sein-ist-alles-Gedankens hat er sich ein ganz klares Profil zugelegt, das vor allem eine Nachfrage bediente: Die nach Unterhaltung. Wer sportliche Höchstleistungen sehen wollte, wird kein Fan des Jungen aus Cheltenham gewesen sein. Dass er an die Weiten eines Matti Nykänen, damaliger Rekordhalter und Olympiasieger, nicht herankommen würde, war Eddie klar. Und trotzdem ist es sein Name, an den sich heute, mehr als 35 Jahre später, noch viele erinnern. Auch im beruflichen Kontext wird häufig die Meinung vertreten: Je spitzer die Positionierung, desto besser! Als Selbständiger auf eine kleinere, dafür aber klare Zielgruppe zu setzen bietet den Vorteil, Marketingmaßnahmen zielgerichtet einsetzen zu können; es gibt weniger Mitbewerber und man erlangt schneller einen Expertenstatus. Auch als Angestellter kann es von Vorteil sein, sich auf ein spitzes Fachgebiet zu fokussieren, an diesem besonders intensiv zu arbeiten und sich darin zu verbessern. Nur: Wird im Team gerade genau so jemand gebraucht, mit diesem speziellen Expertenwissen? Oder sucht der Chef eher eine Mitarbeiterin, die in vielen Bereichen gute, statt in wenigen sehr gute Arbeit leistet? Eine spitze Positionierung birgt auch immer die Gefahr, dass die Nachfrage (aktuell) nicht so groß ist. Wichtig ist, dass du deine Zielgruppe (deine Kunden, Kollegen und Vorgesetzten) und deren Bedürfnisse kennst.

> *„Auf einem belebten Marktplatz nicht aufzufallen, ist dasselbe wie unsichtbar zu sein.“*
>
> Seth Godin, Autor und Unternehmer

Vielleicht mag dir das Thema Positionierung als Angestellter noch fremd erscheinen und du denkst: Das ist doch eher für Selbstständige und Unternehmer relevant! Ja, für diese Personen (da sind wir wieder beim Thema Zielgruppe) ist eine gute Positionierung essenziell; aber auch als Mitarbeitende in einem Unternehmen kann es hilfreich sein, sich zu positionieren. Das fängt schon beim Selbstverständnis deines Jobs an: „Unternehmensberater“ oder „Arzt“ ist keine Positionierung, sondern eine Berufsbezeichnung. Anstatt dich nur „Programmierer“ zu nennen, könntest (und solltest!) du deine Stärken sowie Erfahrungen mehr in den Fokus stellen. Du bist z.B. ein Experte für die Entwicklung mobiler Apps im Gesundheitswesen. Oder du bist eben nicht „nur“ Versicherungsvertreter, sondern Experte für betriebliche Altersvorsorge in der Chemiebranche. Das klingt nicht nur spannender, wenn du dich bei der nächsten Party vorstellst – es entspricht auch der Wahrheit und schärft dein Profil. Und genau damit wirst du in der Regel bei einem passenden Arbeitgeber erfolgreich sein. Versetzen wir uns gedanklich mal in die Lage der Personalabteilung einer Bank, die einen neuen Marketingexperten sucht. Zwei Bewerber mit ähnlichen Stärken und ähnlichen Erfahrungen sind in der Endauswahl. Einer war bereits in zahlreichen, unterschiedlichen Unternehmen tätig – der andere betont mehrfach seine Spezialisierung auf Marketing im Bankensektor. Auch auf seinem LinkedIn-Profil macht er mit seinen Postings deutlich, dass er in dieser Branche beheimatet ist. Für welchen Kandidaten wird sich die Personalabteilung wohl entscheiden? Genau: Für den vermeintlichen Spezialisten. Vielleicht ist der erste Kandidat genauso gut wie der zweite. Und vielleicht kennt er sich auch in der Bankenbranche genauso gut aus. Aber er hat sich nicht so wahrnehmbar am Markt positioniert. Es geht also nicht nur um den reinen Wert, sondern es geht um den wahrgenommenen Wert beim Kunden (und in diesem Beispiel ist der „Kunde“ der Arbeitgeber). Die beste Positionierung bringt dir nichts, wenn du sie für dich behältst.

Aus der Masse herausstechen: Wie du mit deiner Positionierung sichtbar wirst

02. Juli 2004. Die Schläfen des dunkelhaarigen Mannes sind schon leicht angegraut, sein Blick wirkt ein bisschen verhangen, die Miene ausdruckslos. Und doch wird José Mourinho bei seiner Vorstellung als Trainer des FC Chelsea für einen ganz besonderen Moment seiner

Karriere sorgen. „Nennen Sie mich bitte nicht arrogant, nur weil ich die Wahrheit sage: Ich habe die Champions League gewonnen. Ich denke, ich bin jemand Besonderes."[61] Und „The Special One", wie er sich bei dieser Pressekonferenz selbst getauft hat, wird sein Profil in den kommenden Jahren weiter schärfen. Man kann von ihm halten, was man will – aber wer an José Mourinho denkt, denkt unweigerlich an grenzenloses Selbstbewusstsein, puren Ehrgeiz und Leidenschaft für den Fußball. Und die geht sogar so weit, dass er sich für das Champions League-Viertelfinalspiel seines damaligen Vereins FC Chelsea im Wäschekorb versteckte! Denn Jose Mourinho war 2005 von der UEFA für die Partien gegen den FC Bayern gesperrt worden und durfte eigentlich keinen Kontakt zur Mannschaft haben. „Ich ging tagsüber in die Kabine und habe mich bis zum Spiel dort aufgehalten. Ich wollte unbedingt dort sein, wenn die Mannschaft ankommt. Ich ging dorthin und niemand sah mich." Und raus aus der Kabine ging es für ihn dann aufgrund der UEFA-Kontrolleure eben im Wäschekorb – eine waghalsige Aktion, denn Mourinho bekam laut eigenen Angaben kaum noch Luft.[62] Mit seinen Teams gewinnt der Fußball-Fanatiker dann die italienische, die spanische und die englische Meisterschaft, wird zwei Mal Champions-League Sieger und vier Mal zum Weltclubtrainer des Jahres gewählt. Erfolge, die der Portugiese auch gerne nach außen trägt. Das ist in der extremen Form sicher nicht jedermanns Sache; aber grundsätzlich gilt: Du musst mit deiner Positionierung sichtbar werden und kommunizieren, wofür du stehst. Eine Positionierung ohne Sichtbarkeit hat keinen Mehrwert.

> *„Positionierung bedeutet nicht, dass Sie jeder mag.*
> *Aber es bedeutet, dass jeder weiß, wofür Sie stehen."*
>
> Bodo Schäfer, Motivationstrainer

Zunächst sollte natürlich dein direkter Vorgesetzter wissen, welche Aufgaben dir besonders gut liegen und welche weniger, für welche Themen du dich begeistern kannst und welche Werte du vertrittst. Entweder lässt du deine effektive Arbeitsweise und persönliche Projekterfolge für sich (bzw. für dich) sprechen; oder du nutzt ein Gespräch, um deine Führungskraft aktiv über deine Ansichten, Fähigkeiten und Interessen zu informieren. Auch deine Kollegen sollten wissen, was du zu bieten hast. Es geht darum, als kompetent und vertrauenswürdig wahrgenommen zu werden; das erreichst du am besten durch gute Zusammenarbeit. In der heutigen digitalen Welt ist es zudem wichtig, auch außerhalb deines Unternehmens sichtbar zu sein. Das bedeutet, deine Expertise und dein Fachwissen über verschiedene Online-Kanäle zu teilen, wie z.B. soziale Medien, Blogs, Gastbeiträge oder Online-Communities. Durch deine digitale Präsenz kannst du dein Fachwissen einem breiteren Publikum zugänglich machen und als Experte in deiner Branche wahrgenommen werden. Natürlich kannst du dich auch offline positionieren, indem du an Branchenkonferenzen teilnimmst, Vorträge hältst oder Fachartikel veröffentlichst. Und wenn du irgendwann so weit bist, dass du als Experte giltst und ein echtes Vorbild bist – dann bist du in Sachen Positionierung genauso gut wie Michael Jordan. Dann reicht es nämlich, die Rückkehr zum Basketball nach einer kurzen NBA-Pause am 18. März 1995 mit der wohl kürzesten Pressemitteilung der Welt zu verkünden. „Ich bin zurück." Und alle wissen Bescheid.

F.I.N.E.-Praxistipps:
Wie du mithilfe deiner Stärken eine eindeutige Positionierung erreichst

✓ **Identifiziere deine Stärken und Schwächen.**
Schreibe auf, in welchen Situationen du besonders gut abgeschnitten hast und welche Fähigkeiten dabei eine Rolle gespielt haben. Bitte vertrauenswürdige Personen in deinem beruflichen und privaten Umfeld um ehrliches Feedback. Nutze außerdem Persönlichkeitstests oder Coaching-Angebote, um deine Stärken und Schwächen herauszuarbeiten. Mit bildhaften Tricks, zum Beispiel der Verknüpfung deines Vornamens mit passenden Adjektiven, kannst du dir immer wieder vor Augen führen, welche Eigenschaften dich besonders auszeichnen.

✓ **Analysiere deine Konkurrenten.**
Beobachte Kollegen mit ähnlichem Hintergrund, studiere Branchenberichte, höre Vorträge von erfolgreichen Persönlichkeiten in deinem Fachgebiet und vernetze dich auf Netzwerkveranstaltungen. Sammle umfassende Daten, um die Stärken, Schwächen und Alleinstellungsmerkmale deiner Wettbewerber zu verstehen.

✓ **Entwickle eine einzigartige Positionierung,**
die auf Leidenschaft (was liebst du?), Stärken (was kannst du?) und Marktnachfrage (wie kannst du Nutzen stiften?) basiert. Betone deine besonderen Merkmale und finde eine Nische, in der du Expertise aufbaust. Dies ermöglicht dir, dich von der Konkurrenz abzuheben und einen Expertenstatus zu erlangen.

✓ **Vermarkte deine Positionierung.**
Sobald du deine Positionierung erarbeitet hast, teile sie aktiv mit anderen. Nutze Plattformen wie LinkedIn oder Branchenveranstaltungen, um deine Fachkompetenz und Expertise zu präsentieren. Zeige durch Beiträge, Projekte oder Vorträge, wie du Mehrwert für Kunden oder Arbeitgeber schaffst. Deine Positionierung kann nur erfolgreich sein, wenn sie effektiv kommuniziert wird.

Interview Mathias Mester

„Ich wusste und weiß immer: Das kann alles jederzeit vorbei sein. Deshalb habe ich mich auch breiter aufgestellt. Buch, Speaker, Botschafter für soziale Projekte, Sportexperte usw."

Ehemaliger Leichtathlet, mehrfacher Welt- und Europameister in paralympischen Wurfdisziplinen, außerdem Podcaster, Autor, Botschafter und TV-Host: Mathias Mester ist ein echtes Multitalent. Und trotzdem weiß jeder sofort, wofür der 142,5 cm große gebürtige Münsteraner steht: Gute Laune, Grenzenlosigkeit, eine klare Meinung. Immer garniert mit einer ordentlichen Portion Selbstironie. „Matze" hat es geschafft, aus seiner vermeintlichen Schwäche – der Kleinwüchsigkeit – eine echte Marke zu machen. Und sich so zu positionieren, dass seine Aussagen ankommen.

Wenn man an Mathias Mester denkt – welche Werte sollen einem da sofort in den Kopf kommen, welche sind Ihnen besonders wichtig?

Natürlich möchte ich vermitteln, dass man alles schaffen kann, wenn man nur an sich glaubt. Dass es nur einen Weg gibt, und der geht geradeaus. Egal, wer man ist, wie man ist, wo man herkommt: Man sollte sich Ziele stecken und diese Ziele kann man auch erreichen. Egal auf welche Weise – wir sind ja alle unterschiedlich.

Wie haben Sie sich neue Ziele gesteckt und sie dann umgesetzt?

Von zuhause aus war ich immer sportbegeistert, ich komme aus einer Sportler-Familie. Und dann war es irgendwann so, dass ich nicht nur der Mitläufer sein wollte. Als ich mich irgendwann auf Augenhöhe mit anderen Kleinwüchsigen messen konnte, war für mich klar: Ich möchte der beste Kleinwüchsige der Welt werden! Das war mein Ziel, mein Traum, meine Aufgabe, meine Passion. Dafür musste ich dann auch umziehen, alles neu aufbauen, das war ein riesiger Schritt. Ich hatte weniger Zeit für Familie und Freunde, das war für mich sehr herausfordernd. Und die Entscheidung habe ich auch nicht ganz allein getroffen: Ich war auf einer Party, stand neben einem Kumpel und wie das dann so ist, quatscht man, philosophiert ein bisschen rum – und dann kam auch dieses Thema auf. Er hat dann gesagt: Matze, das ist eine Riesenchance für dich. Du musst dir keine Gedanken machen, wir stehen hinter dir, was auch immer passiert. Das war für mich der Impuls, zu sagen: Okay, ich mache das. Ich bin dann nach Leverkusen gezogen.

Und die anderen Sachen (Anm: Berufliche Ziele nach der Sportlerkarriere) mache ich natürlich auch für mich, aber ich mache es auch dafür, dass ich den Parasport bekannter machen kann. Ich sehe mich als eine Art Botschafter, um das Thema Inklusion voranzutreiben, Barrieren zu Fall zu bringen. Und wenn die Leute einfach nur sehen: Ach krass, der ist genauso ein verrückter Vogel wie ich – also ganz normal. Das ist meine Message dahinter.

Wie schaffen Sie es, authentisch zu bleiben?

Das Schöne ist ja: Egal, wo ich mich zeige – ob auf Social Media, im Fernsehen oder jetzt hier beim Interview – ich bin so, wie ich bin. Und ich finde es natürlich toll, dass ich so Leute motivieren und inspirieren kann. Ich brauche mich nicht zu verändern. Als ich vor zwei, drei Jahren wieder zurück in meine Heimat gezogen bin, bin ich direkt wieder von meinen Kumpels „aufgenommen" worden. Da ist mir gesagt worden: Matze, du bist 13,5 Jahre weg gewesen, du warst sportlich sehr erfolgreich, bist jetzt viel im Fernsehen – und trotzdem bist du der gleiche, der hier vor so vielen Jahren weggegangen ist. Ich finde das auch sehr wichtig! Man sollte sich einfach selbst treu bleiben. Es ist doch total anstrengend, wenn man sich verstellen muss. Für mich ist es normal, dass ich ich bin.

Fiel Ihnen der Wechsel in die Karriere nach dem Sport schwer?

Ich konnte mir in sportlicher Hinsicht nie vorstellen, dass irgendwann der Punkt kommt, an dem ich denke: Das war's, jetzt ist der beste Zeitpunkt, um aufzuhören. Ich habe im Juni 2021, kurz vor den Olympischen Spielen in Tokio, noch die Europameisterschaft im Speerwurf mit 30 Zentimetern Vorsprung gewinnen können – und dann ist so eine Last von meinen Schultern gefallen, dass ich gesagt habe: Das ist mein Moment, mein goldener Abschluss. Und ich bereue bis heute nichts. Ich hatte dann auch ein bisschen Glück, dass ich in den letzten Jahren meiner sportlichen Karriere schon den Weg für die Zeit danach ebnen konnte; ich habe ein bisschen Fernsehluft schnuppern können, ich habe Vorträge gehalten, habe mein Buch geschrieben... Aber ich wusste und weiß immer: Das kann alles jederzeit vorbei sein. Deshalb habe ich mich auch breiter aufgestellt. Buch, Speaker, Botschafter für soziale Projekte, Sportexperte usw. – für mich war klar, dass ich nach meinem Sport nicht mehr in meinen alten Job (Anm: Mathias hat eine Ausbildung zum Bauzeichner und Bürokaufmann gemacht) zurückgehen werde, dass ich nicht irgendwo im Büro vorm Rechner sitze. Das war überhaupt nicht meins. Deshalb habe ich auch eine Agentur an meiner Seite, in der ganz viele Experten arbeiten, die mich auf diesem Weg unterstützen und die ich jederzeit um Rat fragen kann.

Inwiefern steckt denn hinter all ihren Marketing-Erfolgen – der eigene Hashtag #weltmester, erfolgreiche Social Media-Kanäle usw. – eine Strategie? Wie viel Planung gehört dazu?

Die Idee zum Begriff „Weltmester“ hatte ein Kumpel, aus einer Laune heraus. Aber ich habe sofort gedacht: Da kann man so viel draus machen, das ist toll! Das ist genau meine Marke. Dann haben wir rumgesponnen und diese Dinge ausgearbeitet. Mit einem Logo, einer Homepage, Visitenkarten. Irgendwann haben wir auch Merchandise gemacht. Und bei Social Media ist es tatsächlich so: Ich liebe es, mich über mich selbst und meine Behinderung lustig zu machen. Das bin ich, ich will das so. Da kommt kein RTL zu mir und sagt: Du musst jetzt bei Let´s Dance als Schlumpf tanzen! Ich stehe zu 100% hinter den Dingen. Ich habe oft viele Ideen, die entstehen dann meist spontan. Dann schreibe ich sie mir schnell auf. Früher habe ich mir allerdings mehr Druck gemacht, dass ich die Leute entertainen wollte. Mittlerweile bin ich da entspannter.

Gucken Sie auch links und rechts, was die Konkurrenz so treibt?

Natürlich lernt man im Sport, dass man Konkurrenz hat. Und man möchte natürlich der Beste sein! Keiner tritt an, um Zweiter zu werden. Klar hatte ich da auch mal Gedanken wie: Warum wird der genommen und nicht ich? Das ist kein schönes Gefühl, aber mittlerweile habe ich mir ein Mindset erarbeitet, dass mir solche Dinge nicht mehr so wichtig sind. Ich könnte zum Beispiel mit Social Media noch viel mehr Geld verdienen; aber grundsätzlich ist es so, dass ich keine einmaligen Kooperationen eingehe. Das bin nicht ich – es muss zu mir passen und ich muss mich damit identifizieren können. Ich habe eine große Partnerschaft mit der Sparda Bank und Toyota Deutschland; mit beiden Partnern unterstütze ich soziale Projekte. Und das Coole ist: Ich kann so sein, wie ich bin. Ich finde es toll, dass sie sagen: Du bist der Typ, der das gut rüberbringen kann, so wie wir auch dahinterstehen. Das mache ich dann auch gerne.

Was würden Sie Menschen raten, die noch auf der Suche nach dem eigenen, beruflichen Weg sind?

Bei mir wurde am Anfang sehr oft reingeredet. Auch aus Schutz! Die Oma zum Beispiel, die meinte: Ach Junge, bist du dir sicher, kannst du das überhaupt schaffen, du mit deiner Größe? Man sollte sich nicht reinreden lassen. Man kann wirklich alles schaffen, wenn man sich Ziele steckt und Gas gibt. Vielleicht dauert es länger, man muss eine Extrarunde drehen, was auch immer. Aber man sollte sich von seinem Umfeld nicht zu sehr beeinflussen lassen. Klar – ich werde kein Basketballer. Aber jemand mit einer starken Sehschwäche wird auch kein Pilot. Das habe ich im Rückblick gemerkt: Dass ich mich doch manchmal zu sehr habe beeinflussen lassen.

Haben Sie Eigenschaften und Strategien aus dem Sport auch ins spätere Business mitgenommen?

Auf jeden Fall! Ohne den Sport wäre ich heute nicht da, wo ich jetzt bin. Und das hat nichts damit zu tun, dass ich sportlich so erfolgreich war. Ohne den Sport wäre ich nie so selbstbewusst geworden. Man lernt mit Niederlagen umzugehen, wie man zurückkommt. Aber auch, wie man mit Erfolgen umgeht! Mein Motto im Sport war immer: Jeden Tag, an dem ich nicht trainiere, ist mir mein Gegner einen Schritt voraus. Und so ist es ja auch in der Wirtschaft. Du kannst dir natürlich freinehmen und nicht so sehr an deine Ziele glauben. Aber dann darfst du dich auch nicht wundern, wenn dir jemand die Idee weggeschnappt hat oder auf einmal auf deinem Stuhl sitzt. Jeder ist für sich selbst verantwortlich.

Was ist denn für Sie wichtiger: Stärken auszubauen oder Schwächen abzubauen?

Ich glaube, man darf auch ein bisschen schwach sein. Aber wenn man seine Stärken ausbaut, dann verliert man die Angst vor seinen Schwächen.

Mit Klarheit voran – Wie du dir konkrete Ziele setzt und verfolgst

Seine Mutter macht sich bereits große Sorgen. „Alle seine Freunde haben Mädchenbilder über dem Bett hängen. Mein Sohn hat kein einziges Mädchen da hängen, nicht eines! Nur nackte Männer, eingeölt! Was haben wir nur falsch gemacht?“[63] Doch der Teenager aus Thal in Österreich hat eine Vision, und deshalb hängen in seinem Kinderzimmer eben Fotos von muskelbepackten Männern, die im Scheinwerferlicht glänzen. Er will genauso werden wie sie. Und noch besser.

> *„Ob du glaubst etwas erreichen zu können oder nicht – du liegst immer richtig.“*
>
> Mark Twain, amerikanischer Schriftsteller

Rund 60 Jahre später sitzt Arnold Schwarzenegger in seinem Wohnzimmer und erzählt, wie aus dem Jungen mit Zahnlücke einer der erfolgreichsten Menschen der Welt wurde. „Je mehr ich über die Welt außerhalb Österreichs las, desto mehr hatte ich das Gefühl, nicht am richtigen Ort zu sein.“[64] Arnold wächst im Nachkriegs-Österreich auf, seine Eltern sind streng, zwischenzeitlich wünscht er sich sogar, sein Vater wäre eigentlich ein amerikanischer Soldat. „Irgendwas stimmt hier nicht“, beschreibt er dieses Gefühl. Und dank eines Kinoplakats findet er seinen ganz eigenen Weg, diesem Gefühl zu entkommen: Als er mit seinem Bruder durch die Straßen von Graz schlendert, entdeckt er eine Plakatwerbung für den neuen Herkules-Film, mit Mister Universe Reg Park in der Hauptrolle. Arnold sieht sich den Film an. „Ich war so erstaunt über diesen Körper, dass er mir nicht mehr aus dem Sinn ging. (...) Alles war plötzlich anders.“[65] Er besorgt sich eine Zeitschrift, in der das Trainingsprogramm seines großen Vorbilds beschrieben ist, eifert ihm nach, gewinnt erste Wettbewerbe. Und wenn er in seinem Bett liegt, umgeben von den bereits erwähnten Fotos seiner öligen Idole, stellt er sich immer wieder vor, wie er selbst irgendwann den Mister Universe-Pokal in die Höhe stemmen und das begeisterte Publikum seinen Namen rufen wird. „Das war nicht nur Fantasie. Man braucht eine sehr starke Vision – und wenn man die klar vor Augen hat, dann zweifelt man nicht daran.“[66] Denn hinter all der Schufterei, den Muskelbergen und den Posen steckt eine noch größere Idee, sein wahrer Traum: Rauszukommen aus Österreich, ab nach Amerika, wo er reich, berühmt und einflussreich sein will.

Die Macht der Vision: Warum ein klares Zukunftsbild entscheidend ist

Arnold Schwarzenegger hat erkannt, wie wichtig es ist, ein großes, übergeordnetes Ziel zu haben. Eine Art Leitgedanken, nach dem er sein ganzes Leben ausrichtet. Für ihn war es der Traum, in Amerika erfolgreich zu werden – und das hat er geschafft. Als Bodybuilder, als Filmstar und als Politiker.[67] Im Laufe seines Lebens hat er sich immer wieder neue (Zwischen-)Ziele gesteckt, neue Herausforderungen gesucht; aber was auch immer er anpackte, all das zahlte auf seine große Lebensvision ein. Solche Visionen haben viele Spitzensportler: Kobe Bryant beschloss mit 13 Jahren, einer der erfolgreichsten Basketballer aller Zeiten zu werden. Auch wenn ihm nicht immer klar war, wie der Weg dorthin aussehen würde: „Es gibt viele Antworten, die ich nicht habe. Und sogar Fragen, die ich nicht habe. Aber ich werde einfach weitermachen. Und ich werde diese Dinge im Laufe der Zeit herausfinden.“[68] Auch Jahre nach seinem tragischen Tod durch einen Helikopterabsturz gilt er noch immer als einer der erfolgreichsten, diszipliniertesten Spieler der NBA. Venus Williams beschloss bereits als Kind, irgendwann die beste Tennisspielerin der Welt zu sein; ihre kleine Schwester Serena wollte gleich die Beste aller Zeiten werden. Was für viele utopisch klingen mag, war bzw. ist für Sportler ein Ziel, das sich messen und mit Talent und Disziplin (theoretisch) irgendwann erreichen lässt. Solche Visionen im eigenen (Berufs-)Alltag zu entwickeln, ist nicht ganz so einfach: Es gibt keinen Wettbewerb für den besten Unternehmensberater und keine Medaille für die beste Marketing-Managerin. Man kann keine internationalen Titel für den erfolgreichsten Vertriebler oder die beste

Ärztin zählen. Insbesondere dann, wenn deine Arbeit keinen direkt messbaren Effekt auf ein Unternehmensergebnis hat (und das ist in den allermeisten Branchen der Fall), wird es schwierig. Wir müssen uns daher proaktiv mit unseren Visionen auseinandersetzen und diese für uns persönlich definieren. Wo will ich hin? Was stelle ich mir für mein Leben vor? Eine Vision bietet Orientierung und hilft uns insbesondere dabei, (schwierige) Entscheidungen zu treffen. Wenn man sich unsicher ist, ob man zum Beispiel den Job wechseln, in eine andere Stadt ziehen oder ein potenziell kritisches Gespräch mit einem Kollegen führen soll, dann kann es helfen, diese Frage im Sinne der eigenen Vision zu beleuchten: Wenn ich kündige, umziehe oder die Auseinandersetzung suche – hilft mir das dabei, meine Vision zu erfüllen, ihr ein Stückchen näher zu kommen? Gleichzeitig verhilft mir die Vision zu mehr Ausdauer und Entschlossenheit, trotz widriger Umstände dranzubleiben. Und sie motiviert! Beispielsweise durch starke Bilder, so wie Arnold Schwarzenegger sie genutzt hat: „Mein ganzes Leben lang hatte ich das ungewöhnliche Talent, die Dinge vor mir sehr klar sehen zu können. Wenn ich es sehen kann, muss es auch erreichbar sein." Mit dem sogenannten Bannister-Effekt[69] sind genau solche Errungenschaften gemeint, mit denen scheinbar Unmögliches möglich gemacht und dadurch für die Nachfolgendenden eine Art psychologische Mauer durchbrochen wird. Namensgeber war der Brite Roger Bannister, der als erster Mensch überhaupt eine Meile in unter vier Minuten gelaufen ist. Ja, das ist schon ein paar Jahre her – aber vor 1954 deklarierten sogar Wissenschaftler diese Zeitmarke als physiologisch nicht machbar. Mit seinem Rekord belehrte Bannister nicht nur alle Zweifler eines Besseren, sondern ebnete vielen Läufern nach ihm den Weg. Mittlerweile ist sogar die magische Zwei-Stunden-Grenze auf der Marathon-Distanz gefallen: 2019 schaffte der Kenianer Eliud Kipchoge die rund 42 Kilometer in einer Zeit von 1:59:40,2 Stunden – wenn auch unter Laborbedingungen.[70]

„Ich habe immer Dinge getan, für die ich nicht ganz bereit war. So wächst man.“

Marissa Meyer, Autorin

Auch Arnold Schwarzenegger gelang eine steile Karriere, die ihm die Allermeisten wohl nicht zugetraut hätten. Nachdem er sich das Ziel gesetzt hatte, Mister Universe zu werden, setzte er seinen Kopf gedanklich auf den Körper von Filmstar Reg Park; diese Vision motivierte ihn so sehr, dass er sein ehemaliges Idol in Sachen Muskelmasse schnell einholte. Arnold Schwarzenegger war gerade 20 Jahre alt, als er das erste Mal zum Mister Universe gekürt wurde. Wie groß der Effekt der Visualisierung ist, haben auch Wissenschaftler des „National Center of Medicine and Science in Sports“ in Tunis bestätigt.[71] Mit einer Gruppe von 16 männlichen Sprintern haben sie verschiedene Mentaltechniken ausprobiert; das Ergebnis: 14 von 16 Sprintern konnten ihre Lauf-Leistung signifikant verbessern, wenn sie sich ihren Weg zum Ziel zuvor bildlich konkret vorstellten (mehr dazu im Kapitel Drucksituationen).

„Menschen, die verrückt genug sind, um zu denken, sie könnten die Welt verändern, sind diejenigen, die es auch tun.“

Steve Jobs, Apple-Gründer

Aber: Der Begriff Vision kann abschreckend wirken – weil er so groß und so mächtig erscheint. Dabei geht es genau darum: Deiner Vision keine Grenzen zu setzen. Natürlich hilft es nicht, nach etwas Unrealistischem zu streben; wenn ich eine angeborene rot-grün-Farbenblindheit habe, werde ich vermutlich nie der beste Pilot der Welt sein, auch wenn ich mich noch so sehr anstrenge. Das gleiche gilt für Personen, die mit 1,60 Meter Körpergröße eher klein gewachsen sind und daher – mit an Sicherheit grenzender Wahrscheinlichkeit – niemals die Basketballkünste eines Michael Jordan übertreffen werden. Aber wenn du dich fragst: Was kann ich gut? Was macht mir Freude? Womit kann ich anderen helfen? Dann werden dir diese

Antworten eine Idee davon geben, wie deine eigene Lebensvision aussehen könnte. Und weil eine Vision so universell und endgültig klingt, hat John Strelecky das Konzept der „Big Five For Life“[72] entwickelt, das ich selbst sehr schätze und persönlich anwende. In dem gleichnamigen Buch beschreibt Strelecky, dass jede Person fünf Dinge in ihrem Leben definieren solle, die ihr wirklich wichtig seien. Wenn du am Ende deines Lebens auf die vergangenen Jahrzehnte zurückblickst – was möchtest du erlebt und erreicht haben, welcher Mensch möchtest du gewesen sein? Das kann eine Weltreise oder der Anspruch sein, ein guter Ehemann und Vater gewesen zu sein. Vielleicht möchtest du ein eigenes Unternehmen gründen oder in deinem Job eine wichtige Führungsposition übernehmen: Wichtig ist nur, dass du DEINE Wünsche, Träume und Ziele definierst – nicht die, die andere an dich herantragen oder von denen du denkst, dass du sie haben und erfüllen solltest. Arnold Schwarzenegger hat bis heute nicht herausgefunden, woher sein tiefes Bedürfnis, nach Amerika auszuwandern, kam; es wurde ihm nicht vorgelebt, es gab niemanden in seinem engeren Umfeld, dem er mit dieser Vision gefallen wollte – im Gegenteil. Seine Eltern waren alles andere als begeistert von seiner Träumerei. „Wenn du Muskeln willst, geh Holz hacken,“[73] hat sein Vater ihm gesagt. Hat Arnold nicht gemacht – und sich stattdessen immer wieder neue Ziele gesteckt, um seine Vision zu verwirklichen.

Von der Vision zur Realität: Wie man konkrete Ergebnisziele formuliert

Wie bereits erwähnt, verfolgen viele Spitzensportler eine Vision, die sich oft in irgendeiner Weise messen lässt – beispielsweise in der Anzahl bestimmter Titel, die man gewinnen möchte, um mit dem großen Idol gleich- oder sogar daran vorbeizuziehen. Kobe Bryant hatte es sich zum Ziel gesetzt, genauso erfolgreich zu werden wie Basketball-Legende Michael Jordan, heißt: Er wollte mindestens sechs NBA-Titel und eine olympische Goldmedaille gewinnen. Bei Olympia stand er dann sogar zwei Mal mit der amerikanischen Nationalmannschaft oben auf dem Siegertreppchen, bei den NBA-Titeln kommt er letztlich mit fünf gewonnen Meisterschaften nicht ganz an sein großes Idol heran. Doch bevor er am Ende seiner Karriere auf diese Titelsammlung zurückblicken konnte, musste er auf dem Weg dorthin konkrete Ergebnisziele formulieren. Step by Step: Was braucht es, um irgendwann so viele Pokale in die Luft stemmen zu können? Genau – den ersten Titel. Sein (Ergebnis-)Ziel war es also, mit den LA Lakers die nächste Meisterschaft zu gewinnen. Der Vorteil von solchen Ergebniszielen ist, dass sie die Vision greifbarer und konkreter machen; gleichzeitig beschränken sie den Zeithorizont und wirken dadurch nicht mehr übermächtig, sondern bezwingbar. Wenn du weißt, dass du einen bestimmen Zeitraum hast, um dein Ziel zu erreichen, dann fällt es dir leichter, den Fokus auf die Dinge zu legen, die dich diesem Ziel näherbringen – und gleichzeitig auch öfter „Nein“ zu sagen. „Es gilt, sein Ziel genau festzulegen, den dafür nötigen Preis zu bestimmen – und dann diesen Preis zu zahlen“[74], beschreibt es der ehemalige Handballnationalspieler Jörg Löhr, der mittlerweile als Speaker und Coach arbeitet. Wenn du dir beispielsweise vornimmst, dich in einem Jahr selbstständig zu machen, dann bedeutet das: Voller Fokus auf dein Projekt. Kommt plötzlich dein Chef um die Ecke und bietet dir einen neuen Posten mit mehr Verantwortung (und Zeitaufwand) an, dann mag das im ersten Moment sehr reizvoll sein – doch eine Zusage würde deinem Ziel der Selbstständigkeit entgegenstehen. Auch wenn es dir schwerfallen sollte: Betrachte mögliche (Entwicklungs-)Schritte ab sofort immer unter dem Gesichtspunkt: Zahlt das wirklich auf mein langfristiges Ziel ein? Oder hindert es mich eher daran, mein Ziel in dem von mir gesteckten Zeitrahmen zu erreichen?

> *„Man muss sein Leben so organisieren,*
> *dass man seine Träume konkret lebt.“*
>
> Kurt Bendlin, Zehnkämpfer

Nur: Wie formuliert man seine Ziele eigentlich? Wenn du nicht gerade mit einer eigenen Geschäftsidee durchstarten möchtest, fällt es dir vielleicht gar nicht so leicht, ein konkretes Ziel für dich und deinen (Berufs-)Alltag festzulegen. Zuallererst gilt: Setze dir große

Ziele. Halte es wie Unternehmerin Verena Pausder, die für sich ein altbekanntes deutsches Sprichwort umformuliert hat: „Übermut tut gut“[75]. Schon Kinder sollten ihrer Meinung nach dazu motiviert werden, große Träume zu haben, statt mit Bedenken und Zweifeln in ihrem Handeln gedeckelt zu werden. Christian Schwarzer, der mit der deutschen Handball-Nationalmannschaft 2007 Weltmeister wurde, ist sich sicher: „Hätten wir vor der WM gesagt, wir wollen Fünfter werden, dann wären wir wohl auch Fünfter geworden.“[76] Zum Glück hatten sich die Handball-Männer ein höheres Ziel gesteckt, das sie dann auch mit dem Titelgewinn erreicht haben. Bei der Zielformulierung kann es zudem hilfreich sein, sich an die sogenannte SMART-Formel zu halten. Deine Ziele sollten spezifisch, messbar, ambitioniert, realistisch und terminierbar sein. Wie funktioniert das? Fangen wir mit dem Gegenbeispiel an: „Ich werde irgendwann Führung auf oberster Ebene in meinem Unternehmen übernehmen“ ist kein SMARTes Ziel. Es ist zwar ein ambitioniertes und vielleicht auch realistisches Ziel, allerdings gibt es keinen klaren Zeithorizont, es ist nicht spezifisch genug und dadurch kannst du es auch nur schwer messen. Stattdessen könntest du definieren: „Ich werde in fünf Jahren Finanzvorstand in meinem Unternehmen sein und Summe X pro Jahr brutto verdienen.“ Um zu bewerten, ob dieses Ziel realistisch ist, könntest du mit erfolgreichen Finanzvorständen sprechen und so herausfinden, wie sie dieses Ziel erreicht haben.

Hast du erstmal dein persönliches Ziel formuliert, bist du bereits einen großen Schritt weiter als viele andere. „Du musst strukturierte Ziele haben. Du musst dir sagen: Okay, was sind meine Ziele auf kurze Sicht? Was sind meine Ziele auf lange Sicht? Du musst in deinem Kopf so klar sein, was du genau tun willst und was du erreichen willst. Und für mich funktioniert es nicht ohne Ziele“[77], sagt auch Tennislegende Roger Federer. Aber wie erreichst du nun dein Ziel? Eine Studie der Dominican University of California hat 2007 gezeigt, dass es hilfreich ist, Ziele schriftlich festzuhalten und sie mit anderen zu teilen.[78] Wenn du also eine Art Rechenschaft schuldig bist, weil Freunde und/oder Familie über deine Ziele Bescheid wissen und dich regelmäßig danach fragen – oder du dir wenigstens der Tatsache bewusst bist, dass sie nachfragen könnten – dann wirst du dein Ziel mit einer höheren Wahrscheinlichkeit erreichen. Ganz gleich, ob du dich auf eine neue Stelle bewerben möchtest, eine Zusatzausbildung machen willst oder du dir vornimmst, beim nächsten Jahresgespräch mit deiner Chefin endlich nach einer Beförderung zu fragen: Informiere wichtige Menschen aus deinem Umfeld über dein Ziel, damit sie dich stetig daran erinnern.

> *„Ziele zu setzen ist der erste Schritt, das Unsichtbare in das Sichtbare zu verwandeln."*
>
> Tony Robbins, Motivationstrainer

„Wir schreiben ein Buch", platzt es aus meiner Frau heraus, als wir mit ein paar Freunden zusammen am Hockeyplatz sitzen und ich gerade dabei bin, mir die erste Portion Grillkäse vom Pappteller in den Mund zu schaufeln. Die anderen starren uns an. „Ist klar." – „Wirklich, wir schreiben ein Buch. Einen Ratgeber, was man vom Leistungssport für den Berufsalltag lernen kann", versucht sie, unsere offenbar ziemlich ungläubigen Freunde zu überzeugen, dass es sich bei dieser Ankündigung nicht um eine Schnapsidee nach der ersten Runde Aperol Spritz handelt. Zu diesem Zeitpunkt haben wir zwar bereits eine Coachin engagiert, um gemeinsam mit ihr ein professionelles Buch-Exposé zu erarbeiten – aber wir sind noch weit davon entfernt, einen Buchvertrag bei einem Verlag zu unterschreiben. Trotzdem verkündet Lisa voller Stolz, dass wir dieses Projekt angehen werden. Auch wenn ich zu diesem Zeitpunkt eine 110 Prozent-Stelle bei meinem Arbeitgeber habe, Lisa ebenfalls viel arbeitet und wir uns noch um unsere kleine Tochter kümmern. Während meine Frau sich also spontan um den Punkt „Informiere andere über deine Ziele" gekümmert hat, war ich derjenige, der unseren Plan verschriftlicht hat. So gehe ich bei jedem Projekt vor, egal ob beruflich oder privat: Ich notiere und terminiere, was ich bzw. wir erreichen wollen. In diesem Fall (getreu dem Motto: Denke groß!) hieß das Ziel: Wir schreiben einen Bestseller. Und der sollte spätestens im Sommer 2024 erscheinen, rechtzeitig vor Beginn der Fußball-Europameisterschaft in Deutschland und den Olympischen Spielen in Paris. Im zweiten Schritt definiere ich Gründe, warum ich dieses Ziel unbedingt erreichen möchte. In diesem Fall steckte vor allem meine Motivation dahinter, meine Leidenschaften – Sport und Wirtschaft – sinnstiftend zu kombinieren und andere Menschen mit diesem Buch zu inspirieren. Gleichzeitig trieb mich auch der Gedanke an, etwas Bleibendes zu hinterlassen. Und was wäre, sollte ich das Ziel nicht erreichen? Die Gefahr besteht und ist sogar ziemlich groß! In Deutschland kommen jedes Jahr rund 100.000 neue Bücher auf den Markt; durchschnittlich erreicht ein Sachbuch weniger als 300 verkaufte Exemplare. Nur ganz wenige Titel können ganz viele Leser begeistern. Trotzdem: Mir war klar, dass ich es immer bereuen würde, es nicht wenigstens versucht zu haben! Deshalb habe ich im nächsten Schritt ein Vision Board erstellt. Ähnlich wie es Arnold Schwarzenegger (gedanklich) mit seinem Kopf auf dem Körper von Reg Park gemacht hat, habe ich ein Foto aus dem Buchladen bearbeitet, den Titel unseres Buches darübergelegt und einen Bestseller-Sticker aufgeklebt. Noch ein paar Fotos von Top-Sportlern und motivierende Zitate ergänzt, fertig. Das Ziel hatte ich jetzt also auch bildlich klar vor Augen. Den Weg dahin musste ich allerdings noch planen. Und dazu gehörte als erstes die Frage: Was kann ich – und vor allem: Was kann ich nicht? Als ungelernter Autor eines Erstlingswerks war mir klar, dass ich Hilfe brauchte. Mit meiner Frau hatte ich zum Glück eine passende Sparringspartnerin an meiner Seite. Aber auch wenn sie bereits bei verschiedenen Produktionsfirmen und Fernsehsendern gearbeitet hat: Wie man ein Buchkonzept erstellt, es bei Verlagen anbietet und im Anschluss vermarktet – davon hatten wir beide keine Ahnung. Also holten wir uns für die Erstellung des Buch-Exposés professionelle Hilfe einer Coachin und stellten einen Zeitplan auf, wann wir (realistischerweise) zum Schreiben kommen würden. Das ging in unserem Fall morgens, vor der Arbeit – der Wecker klingelte also oft schon um 05:30 Uhr. Und natürlich abends, wenn die Kleine schlief. Ciao Netflix, bis bald Amazon Prime! Nur Sportfilme waren noch erlaubt. Darüber hinaus nahmen wir häufiger Hilfe unserer Familien in Anspruch, damit wir auch am Wochenende mal gemeinsame Slots hatten, um an dem Buch zu arbeiten. Im letzten Schritt definierte ich wichtige Meilensteine wie Manuskriptabgabe, Lektorat und Start der Marketingkampagne, sodass wir uns dann ausrechnen konnten, wie viel Zeit uns pro Kapitel zum Recherchieren und Schreiben blieb. Erkenntnis: Es war nicht viel. Und auch wenn Lisa häufig (und nicht ganz zu Unrecht) einwarf, dass es mit einem kleinen Kind immer wieder Überraschungen geben würde, die wir jetzt zeitlich noch gar nicht einkalkulieren konnten – Kita-Keime lassen grüßen! – so schafften wir es doch, unseren Plan einzuhalten. Und jetzt hältst du das fertige Buch in den Händen, worüber wir uns sehr freuen.

Die Macht der Zwischenziele – Wie sie den Weg zu Ergebniszielen ebnen

Wenn das Ziel, das einer größeren Vision folgt, erstmal feststeht und auch ein Plan – ob analog oder digital – verschriftlicht ist, folgt der letzte Schritt: Die Definition von Zwischenzielen. Für den ehemaligen Bundestrainer der deutschen Hockeynationalmannschaften, Markus Weise, sind diese enorm wichtig. Unter seiner Leitung gewannen die Hockeydamen 2004 Olympisches Gold, die Hockeyherren legten 2008 und 2012 nach. Wie man große Titel gewinnt, weiß er also. Aber er weiß auch: „Erfolgsziele sind wichtig. Die sollten inspirierend sein – also das Ziel vor den Olympischen Spielen in London war: Lasst uns mal als Team die Goldmedaille holen! Ein ambitioniertes Ziel, ein inspirierendes Ziel. Und das sollte dich ungefähr 5% deiner gesamten Zeit beschäftigen, aber auf keinen Fall mehr. Viel wichtiger ist die Ebene darunter: Die sogenannten Leistungs- oder Handlungsziele.“[79] Damit meint er zum Beispiel Taktikziele, Athletikziele, Technikziele – aber auch mentale Ziele. Alle diese Zwischenziele zahlten letztlich auf das große Ziel Olympiasieg ein. Mit einem entscheidenden Unterschied: „Erfolgsziele können dir relativ zügig um die Ohren fliegen“, sagt Weise. „Und zwar deshalb, weil es ganz viele Faktoren gibt, die dieses Ziel beeinflussen, die nicht in deinem eigenen Einflussbereich liegen.“[80] Wer sich also auf die Zwischenziele – oder wie er es nennt: die Leistungs- und Handlungsziele – konzentriert, behält das Heft in der eigenen Hand. In Summe steige dann die Wahrscheinlichkeit, auch dem großen Ziel näher zu kommen. Seine Erfolgsbilanz als Bundestrainer spricht für sich. Und für sein Konzept, den Zwischenzielen große Bedeutung beizumessen.

Wer am Ende der Tour der France das gelbe Trikot tragen und sich mit dem Gesamtsieg krönen will, muss auf insgesamt 21 Etappen durchgängig gute Leistungen erbringen. Es reicht nicht, zu Beginn des dreiwöchigen Rennens Vollgas zu geben; man muss seine Kraft über die gesamten rund 3.500 Kilometer einteilen. Gleiches gilt, wenn man als Unternehmer seinen Umsatz in einem gewissen Zeitraum steigern, beim Jahresgespräch um eine Beförderung kämpfen oder sich als engagierte Mitarbeiterin bei der nächsten Vorstandspräsentation beweisen will: Es braucht einen Plan, welche Zwischenschritte man gehen muss, um dem jeweiligen Ziel näherzukommen.

> *„Der Weg ist das Ziel."*
>
> Konfuzius, Philosoph

Natürlich zehrst du vor allem vom Erreichen deines eigentlichen Ziels; aber auch die Zwischenziele, sei es die Fertigstellung der Präsentation oder das Lösen eines internen Konflikts im Kollegium, lassen dich wachsen. Sie motivieren und liefern kleine Erfolgserlebnisse, die im Alltag enorm wichtig sind. Denn es wird auch Phasen geben, in denen nicht alles so klappt, wie du es dir vorstellst; in denen die Arbeit länger dauert als geplant und dir zudem auch noch schwerer fällt als sonst. Jeder Sportler kennt das: Nicht jedes Training ist effektiv, nicht jeder Lauf bringt eine Leistungssteigerung, nicht jedes Spiel endet mit einem Sieg. Wenn man all diese Schritte aber nur im Licht des großen Ergebnisziels sieht – beispielsweise den Gewinn des nächsten internationalen Turniers – dann könnte man schnell aufgeben wollen: Das schaffe ich eh nicht. Das hat keinen Sinn! Wenn dein Zwischenziel auf dem Weg zum Titel aber lautet: Ich möchte jeden Monat ein bisschen schneller/treffsicherer/stärker werden, dann ist die Wahrscheinlichkeit, diese Steps zu erreichen, wesentlich größer. Und es wiegt nicht so schwer, solltest du eines (oder auch mal mehrere) verfehlen. Genau darin sieht Oliver Kahn,

Torwartlegende und ehemaliger Vorstandsvorsitzender des FC Bayern München, sogar eine Chance: „Es geht nicht um den Plan, es geht um die Planung. Während man sich einen Plan macht, beschäftigt sich das Gehirn andauernd mit der Situation und lernt während der Planung sehr viel.“[81] Zwischenziele auf dem Weg hin zu einem großen Ziel förderten die Flexibilität. Und die wiederum sei unerlässlich, um auf Veränderungen und Unvorhergesehenes reagieren zu können. Also: Zwischenziele helfen in vielerlei Hinsicht auf dem Weg hin zum großen (Ergebnis-)Ziel – das wiederum auf deine persönliche (Lebens-)Vision einzahlt. Wie könnten solche Zwischenziele im Berufsalltag konkret aussehen? Zwei Beispiele: Ein Vertriebsmitarbeiter hat das langfristige Ziel, die Umsatzzahlen des gesamten Jahres zu steigern. Dafür könnte er sich einer regelmäßigen Challenge stellen; zum Beispiel wöchentlich 20 Kundengespräche führen, daraus 10 Angebote erstellen und im finalen Schritt dann auch entsprechend 5 Verkaufsabschlüsse erreichen. Eine Projektmanagerin, die das langfristige Ziel hat, ihr aktuelles Projekt erfolgreich abzuschließen, sollte auf dem Weg dorthin Meilensteine definieren, die sie erreichen möchte: Zum Beispiel die Einhaltung eines bestimmten Zeitplans oder die Erreichung gewisser Qualitätsstandards. Schauspieler und Oscar-Gewinner Will Smith formuliert es so: „Du sagst nicht: Ich werde die größte, großartigste Mauer bauen, die je gebaut wurde. Du fängst nicht dort an. Du sagst: Ich werde diesen Ziegelstein so perfekt legen, wie es nur möglich ist. Das tust du jeden einzelnen Tag. Und irgendwann hast du eine Mauer.“[82]

> *„Du kannst nicht nach den Sternen greifen, wenn du denkst, der Himmel ist die Grenze.“*
>
> Andreas Wolff, Handball-Nationaltorwart

Arnold Schwarzenegger hat seine ganz eigene Mauer aus Erfolgsbausteinen gebaut. Er ist Terminator, mehrfacher Mister Universe und Mister Olympia, ehemaliger Gouverneur von Kalifornien. Heute, mit Mitte 70, steht er immer noch vor der Kamera und witzelt gemeinsam mit Action-Kollege Chris Hemsworth selbstironisch über seine bekanntesten Filmzitate.[83] „Hasta la Vista, Baby“ ist eines davon. Oder jenes, das seine Lebensgeschichte kaum besser beschreiben könnte: Vom jungen Mann aus Österreich, der nackte Männerbilder über dem Bett hängen hatte und der auszog, um in Amerika die Fitness-, Film- und Politikwelt zu revolutionieren. „I'll be back“. Denn Arnold Schwarzenegger lebt seine Vision und setzt sich immer wieder neue Ziele.

F.I.N.E.-Praxistipps:
Wie du dir konkrete Ziele setzt und verfolgst

✓ **Definiere deine „Big Five for Life“.**
Identifiziere die fünf wichtigsten Dinge, die du in deinem Leben erreichen möchtest. Diese können von persönlichen Errungenschaften bis hin zu sozialem Engagement oder beruflichen Zielen reichen. Wichtig ist, dass du dich regelmäßig hinterfragst, ob du immer noch nach diesen fünf Lebenszielen streben willst. Denke dabei nicht zu klein, sondern in großen Dimensionen; sonst besteht die Gefahr, dass du dein volles Potenzial nicht ausschöpfen wirst.

✓ **Formuliere konkrete Ziele schriftlich und SMART.**
Durch das Notieren konkreter Ziele steigt die Wahrscheinlichkeit, dass du deiner Vision näherkommst. Verwende hierzu die SMART-Methode: Du solltest deine Ziele spezifisch, messbar, ambitioniert, realistisch und terminiert definieren.

✓ **Notiere die Gründe.**
Frage dich, warum du dieses Ziel unbedingt erreichen möchtest bzw. musst. Überlege dir auch, was passieren wird, wenn du dein Ziel nicht erreichen solltest. Indem du deine persönlichen Gründe schriftlich festhältst, schaffst du ein Bewusstsein für die Konsequenzen und erinnerst dich gleichzeitig an den Wert deines Ziels. Außerdem gibt dir diese Fixierung Kraft, um Hindernisse zu überwinden und fokussiert auf deinem Weg zu bleiben.

✓ **Erstelle ein Vision Board.**
Bilder motivieren mehr als Worte. Nutze deshalb ein Vision Board, um deine Zukunftsvision und deine langfristigen Ziele visuell darzustellen. Sammle Bilder, Zitate und Symbole, die deine Ziele repräsentieren und bringe sie auf einer Tafel oder in einem digitalen Format zusammen.

✓ **Identifiziere Hürden auf dem Weg zur Zielerreichung.**
Definiere klar, welche Zweifel, Ängste oder Hürden dich daran hindern könnten, deinem Ziel näher zu kommen. Und entwickle Strategien, um damit proaktiv umzugehen. Indem du die Hindernisse konkret benennst, schaffst du Klarheit und kannst gezielt darauf reagieren.

✓ **Setze Zwischenziele.**
Definiere konkrete Zwischenziele, die auf dem Weg zu deinen langfristigen Zielen liegen. Diese Zwischenziele helfen dir, den Fortschritt zu messen, den Fokus auf den aktuellen Schritt zu legen und dich motiviert zu halten. Formuliere Handlungs- oder Leistungsziele, die spezifische Aktionen oder Fähigkeiten betreffen und in deinem Einflussbereich liegen.

✓ **Lege Rechenschaft ab.**
Die Einbeziehung anderer Personen und die regelmäßige Abgabe von Fortschrittsberichten steigern signifikant die Erfolgsaussichten bei der Zielerreichung. So entstehen eine Art Verantwortlichkeit und zusätzliche Motivation, um kontinuierlich am Ball zu bleiben.

Interview Dr. Julian Hosp

„Es gibt kein Wenn und Aber.
Es gibt keine Alternative.
Ich halte mich an den Plan."

Julian Hosp ist das, was man gemeinhin ein „Multitalent" nennt. Mit 16 Jahren geht der gebürtige Tiroler nach Amerika, um dort Basketball zu spielen. Stattdessen wird er Profi-Kitesurfer, studiert Medizin und arbeitet als Unfallchirurg. Um dann wieder alles hinzuwerfen und nach Asien zu ziehen und dort Unternehmer zu werden. Heute ist er als Speaker, Bestseller-Autor und Krypto-Experte erfolgreich. Und hat ein ganz klares Ziel vor Augen.

Bist du heute mit dem Gefühl aufgestanden, dass du etwas bewirken wirst?

Heute: Ja! Das ist aber nicht jeden Tag so. Heute haben wir ein paar wichtige Meetings, aber es gibt auch Tage, an denen ich aufstehe und weiß: Den muss ich jetzt einfach durchziehen.

Wie motivierst du dich an solchen Tagen, an denen du „nur durchziehen" musst?

Motivation ist überbewertet. Ich glaube, das Wichtigste ist Selbstdisziplin. Man hat ein Ziel vor Augen, man hat dieses „größere Etwas" und weiß genau, was man dafür machen muss. Da gibt es keine Alternative.

Was ist denn dein Ziel, was treibt dich an?

Mein Hauptziel ist es, eine Firma zu entwickeln. Vom Start Up bis an die Börse. Das habe ich fest vor Augen; mittlerweile sind wir auch kein Start Up mehr, wir sind ein relativ großes Unternehmen. Und bevor ich das Ziel nicht erreicht habe, höre ich nicht auf.

Was bedeutet es für dich, dieses Ziel zu haben und es mit Leidenschaft zu verfolgen?

Ich glaube schon, dass man auch ohne Ziele sein kann. Aber dann kommst du wahrscheinlich nicht wirklich weit. Wenn du etwas erreichen willst, solltest du dich fragen: Macht dich das glücklich und wenn ja, warum? Es muss dir nicht immer alles Spaß machen, du brauchst nicht für alles Leidenschaft. Aber das sollte dir auch im Klaren sein. Bei Ausdauersportlern ist das auch so, bei Radfahrern zum Beispiel. Denen macht auch nicht jeder Kilometer Spaß, aber sie wissen, wofür sie das machen. Es gehört dazu. So ist es auch, wenn ich mein Business aufbaue. Ich habe oft Spaß, aber ich habe genauso oft Tage, an denen ich denke: Der Nachmittag heute kotzt mich an. Und wenn ich nur solche Nachmittage hätte, dann geht es nicht. Aber es gibt genug Momente, die ich genieße. Und ich weiß genau: Wir haben den Plan, an die Börse zu gehen. Wir haben einen Zeitplan, bis wann wir das erreichen wollen; dann kann ich zurückrechnen: Ich muss das und das machen, in diesem und jenem Zeitraum, um das zu schaffen.

Bei deinem Werdegang könnte man dir auch unterstellen, dass du nicht so richtig wusstest, wo du hinwillst – oder sagst du jetzt rückblickend: Jeder Schritt war wichtig und richtig?

Also ich weiß nicht, ob es einen besseren Weg gegeben hätte – die Möglichkeit habe ich nicht mehr, zurückzugehen und es anders zu machen. Aber für mich hat jeder Lebensabschnitt Sinn ergeben. In den USA habe ich viele Sachen gelernt, auch wenn ich kein Basketball gespielt habe. Kitesurfen war dann in meinen Zwanzigern das Beste, das mir hätte passieren können. Und genauso sehe ich das mit dem Medizinstudium und meiner anschließenden Arbeit als Arzt. Die Medizin hat mich dann zum Unternehmertum gebracht, weil ich ursprünglich ein Medizin-Startup gründen wollte. Deshalb würde ich nicht sagen, dass ich irgendwas bereue – auch wenn ich dann vielleicht mit 27 Jahren schon da gewesen wäre, wo ich heute mit 37 bin. Aber so haben meine Interessen und meine Disziplin immer zu meinem jeweiligen Alter gepasst. Heute, mit drei Kindern, würde ich nicht mehr 250 Tage im Jahr aus der Tasche leben, nur reisen und Party machen wollen.

Ziele können sich also im Laufe des Lebens ändern?

Auf jeden Fall. Abgesehen davon, dass die meisten Menschen einen gewissen finanziellen Status erreichen wollen, ist es wichtig, dass sie eine Aufgabe im Leben haben. An der du wächst, als Mensch; dass du etwas hast, wo du merkst, du forderst dich heraus. Das kann der 80-Jährige und das kann der 18-Jährige machen. Und ich glaube, dass jeder Mensch schauen sollte, dass er tiefgründige und bedeutungsvolle Beziehungen aufbaut. Das ist am Ende das, was Menschen glücklich macht.

Wie gehst du vor, wenn du dir Ziele setzt?

Das Wichtigste ist, dass du Idole hast. Ich bin ein riesiger Fan von Vorbildern! Für mich war das als Basketballer Michael Jordan, danach beim Kitesurfen Robbie Naish, als Arzt habe ich zu berühmten Chirurgen aus Innsbruck aufgeschaut, die die ersten Transplantationen gemacht haben. Außerdem arbeite ich mit Vision Boards: Ich schaue mir jedes Jahr meine Vision Boards an und update sie. Ich gucke da nicht jeden Tag drauf, aber ich habe Phasen, da merke ich: Ich brauche das jetzt stärker, ich muss mich wieder fokussieren und an mein Ziel erinnern. Ich habe mir ein Fake-Bild gemacht, wie ich an der Wallstreet stehe und die Glocke läute an unserem ersten Handelstag. Das ist ganz tief in mir drin. Und dann versuche ich noch, von Leuten zu lernen, die in eine ähnliche Richtung gegangen sind: Was haben sie gemacht?

Was passiert, nachdem du dieses Ziel erreicht hast?

Ich hatte das schon ein paar Mal, dass ich meine Ziele erreicht habe. Beim Kitesurfen und in der Medizin. Und es war beide Male unfassbar schwer für mich! Es war so, wie das manche Sportler beschreiben: Ich fühlte mich verloren, mein Antrieb war weg. Deshalb will ich auch noch nicht an den Tag denken, an dem wir an die Börse gehen werden. Noch freue ich mich über jeden Tag, an dem ich noch auf dem Weg bin.

Fließe zum Erfolg – Wie du durch Flow produktiver wirst

Weiter. Weiter. Weiter! Eine Stunde, 48 Minuten und ein paar Sekunden liegen schon hinter ihm. In dieser Zeit ist er 1,5 Kilometer geschwommen, 40 Kilometer Radgefahren und fast zehn Kilometer gelaufen. Es sind nur noch knapp 200 Meter bis zur Ziellinie. Die Fans auf den Rängen jubeln laut, sie schwenken Fahnen in ihren Nationalfarben. Rot-Weiß für Kanada ist dabei, aber vor allem die schwarz-rot-goldenen Fahnen dominieren jetzt. Die deutschen Fans feuern ihren Athleten nochmal ordentlich an! Denn Jan Frodeno läuft nur ganz knapp hinter seinem kanadischen Konkurrenten Sam Whitfield. Der schaut sich immer wieder über die linke Schulter um. Wo ist Frodeno? Wie nah kommt er mir? Und dann, nach 01:48:37, ist er weg. Raus aus dem Windschatten, rein ins Rampenlicht. Jan Frodeno überholt Whitfield, nur wenige Sekunden vor der Ziellinie, setzt seinen finalen Sprint unbeirrt fort und gewinnt Triathlon-Gold bei den Olympischen Spielen 2008 in Peking.[84]

„Eines war ganz merkwürdig. Das Zuschauergebrüll, die Hubschraubergeräusche und der ganze andere Umgebungslärm verschwanden plötzlich für mich. Ich hörte nur noch das Atemholen und Luftschnappen meiner Konkurrenten, ein nahezu irrealer Moment“[85], schreibt Jan Frodeno über die Momente kurz vor seinem Sieg in seiner Biographie. Ein Gefühl, das viele Leistungssportler kennen: Er war total im Flow und hatte seinen Fokus auf das Wesentliche geschärft. Eine Eigenschaft, die für Spitzensportler enorm wichtig ist: Man muss in der Lage sein, sich beim entscheidenden Wettkampf voll und ganz auf die gegenwärtige Situation zu konzentrieren. Wie oft hört man von Kommentatoren bei Fußballspielen: Die Mannschaft sei noch gar nicht richtig auf dem Platz und mit dem Kopf woanders? Ein Vorwurf, den sich auch die deutsche Frauennationalmannschaft kurz nach dem 1:1-Unentschieden gegen Südkorea bei der Fußball-WM 2023 in Australien und Neuseeland anhören musste. Denn obwohl die torlosen Südkoreanerinnen in der Gruppenphase bis dahin noch keinen Punkt holen konnten und als absolute Außenseiterinnen galten, kickten sie die deutschen Damen aus dem Turnier. „Wir haben nicht in unser Spiel gefunden“[86], zog die damalige Bundestrainerin Martina Voss-Tecklenburg nach dem Ausscheiden ein bitteres Fazit. Und beschrieb damit einen Zustand, den viele Arbeitnehmer kennen werden: Wenn man im Büro zwar anwesend, mit den Gedanken aber nicht ganz bei der Sache ist. Wenn man sich eigentlich auf die anstehende Präsentation vorbereiten müsste, aber ständig neue Mails im Postfach erscheinen und für Ablenkung sorgen. Wenn die Kollegen am Nachbar-Schreibtisch so laut telefonieren, dass man sich nicht richtig auf die eigene Arbeit konzentrieren kann. Kurzum: Wenn man nicht in der Lage ist, sich zu fokussieren.

„Nur weil du viel mehr machst, bedeutet das nicht, dass du auch viel mehr erledigst.“

Denzel Washington, Schauspieler

Seit einiger Zeit diskutieren wir gesellschaftlich über die Frage, ob wir mehr oder weniger Stunden arbeiten sollten. Die Vertreter der Vier-Tage-Woche sind im regelmäßigen, lautstarken Schlagabtausch mit den nicht weniger lauten Mahnern, Stichwort Fachkräftemangel. Dabei geht diese Diskussion meiner Meinung nach am eigentlichen Thema vorbei. Denn Forscher haben herausgefunden, dass der Mensch sowieso nur maximal vier bis sechs Stunden am Tag konzentriert arbeiten kann.[87] Auch Unternehmer Carsten Maschmeyer findet die Arbeitszeiten-Frage „in vielen Bereichen überflüssig (...). Sie setzt Arbeit immer noch mit abgeleisteter Arbeitszeit gleich.“[88] Dabei gehe es im Kern doch um Ergebnisse und Leistung. „In einem gesunden Arbeitsverhältnis stehen Effizienz, Vertrauen und das ehrliche Bemühen, das bestmögliche Ergebnis zu erreichen, im Vordergrund – nicht die Anzahl der Stunden pro Tag oder Arbeitstage pro Woche.“ Also: Legen wir den Fokus auf den Fokus.

Die Bedeutung von Priorisierung, Fokus und Disziplin

Leistungssportler müssen oft Prioritäten setzen, um ihre sportlichen Ziele zu erreichen. Das erfordert maximalen Fokus, knallharte Disziplin und die Bereitschaft, auf gewisse Dinge (vorübergehend) zu verzichten. Statt Pizza gibt es Salat, statt zur nächsten Party geht es früh ins Bett. WM-Torschütze André Schürrle hat sich während seiner Anfangsphase beim 1. FSV Mainz 05 nur an einem Tag in der Woche ungesundes Essen erlaubt.[89] Tennisspielerin Andrea Petkovic hat ausgelassen auf einer Hochzeit gefeiert und stand am nächsten Tag morgens um 10 Uhr wieder beim Training.[90] Und der bereits erwähnte Marathon-Olympiasieger Eluid Kipchoge setzt bei seiner Erfolgsformel auf das sogenannte „Vitamin N“: „N bedeutet, du musst lernen, Nein zu sagen.“[91]

> *„Die Erfolgreichen tun Dinge, auch wenn sie nicht immer wollen. Und das ist der Unterschied.“*
>
> Michael Phelps, Schwimmer

Auch ich habe die Erfahrung gemacht, ab einem bestimmten Leistungsniveau zu vielen Dingen “Nein“ zu sagen. Ich habe zum Beispiel meinen Abiball verpasst, weil ich auf einem Hockey-Lehrgang war. Auch die Abschlussfahrt fand ohne mich statt. Anfangs fühlte sich das alles wie Verzicht an; doch als ich die ersten größeren Erfolge im Sport feiern konnte, wurde mir klar: Meine Entscheidungen waren richtig. Sie haben sich gelohnt! Allein das Gefühl, die deutsche Nationalhymne im U18 EM-Finale zu hören, war all die Entbehrungen wert. Kobe Bryant beschrieb die Bedeutung von Disziplin und Fokus so: „Alles wurde unternommen, um zu lernen, wie man ein besserer Basketballspieler wird. Und wenn man diese Perspektive hat, wird die Welt zu deiner Bibliothek, um sich in diesem Bereich zu verbessern.“[92] Das gilt aber nicht nur für den Leistungssport, sondern auch für das Privatleben, das Studium und den Job. Welche Aufgaben, welche Aktivitäten, welche Verhaltensweisen sind wirklich wichtig und bringen dich deinem Ziel – ein guter Vater zu sein, einen erfolgreichen Abschluss zu machen, die nächste Beförderungsstufe zu erreichen – wirklich näher? Der US-amerikanische Unternehmer und Bestsellerautor Gary Keller betont in seinem Buch „The ONE Thing", dass es entscheidend sei, seine Energie zu bündeln und sich auf eine einzelne Aufgabe zu konzentrieren, statt viele Dinge parallel zu verfolgen.[93] Auch wenn diese Sichtweise sehr extrem und im Alltag die Reduktion auf lediglich eine Tätigkeit kaum zu handeln sein wird: Ich versuche, insbesondere im Berufsleben ähnlich vorzugehen. Und dabei helfen mir zwei ganz einfache Fragen weiter.

Erstens: Tue ich die richtigen Dinge? Spitzensportler wissen meist sehr genau, welche Tätigkeiten sie zu erledigen haben (regelmäßiges Training, ausreichend Regeneration, gesunde Ernährung), um sich bestmöglich auf einen Wettkampf vorzubereiten. Und was sie besser vermeiden sollten (viele Feiern, Fastfood, wenig Schlaf). Natürlich kann und muss an vielen Stellschrauben nochmal individuell gedreht werden, aber entscheidend ist: Top-Athleten sind sich dieser Tatsachen bewusst und beherzigen sie. Im Arbeitsalltag ist das hingegen oft gar nicht so einfach.

> *„Derjenige, der zwei Hasen gleichzeitig jagt, wird keinen davon fangen."*
>
> Konfuzius, Philosoph

Die bekannteste Methode in diesem Zusammenhang ist das Pareto-Prinzip bzw. die 80-20-Formel. Das Prinzip besagt, dass etwa 80% der Ergebnisse mit 20% der Anstrengungen erreicht werden. Oder einfach ausgedrückt: Ein kleiner Teil deiner Tätigkeiten und Verhaltensweisen hat einen großen Einfluss auf deinen Output bzw. deine Ziel-Erreichung. Indem wir uns also auf diese 20% der Aufgaben konzentrieren, können wir unsere Zeit und Energie effizienter nutzen. Auch ich musste in meiner beruflichen Laufbahn schon häufig priorisieren. Als ich vor einiger Zeit ein wichtiges Strategieprojekt geleitet habe, sind die Aufgaben immer umfangreicher geworden. Das war eine extrem herausfordernde Situation! Denn ich wusste, dass ich nicht alle Aufgaben allein erledigen könnte. Also habe ich mir meine Arbeit der vergangenen drei Monate angeschaut und akribisch notiert, wie viel Zeit ich in die verschiedenen Aktivitäten investiert hatte. Meetings mit meinem Projektteam, Gespräche mit Stakeholdern, Abstimmungstermine mit dem Projektauftraggeber, Erstellen von Präsentationen, Projekt-Organisation, diverse Zusatzaufgaben... Die Liste war lang. Worauf sollte ich bei meinem aktuellen Projekt den Fokus legen? Mit meinem mittelfristigen Ziel vor Augen – eine herausragende Projekt-Abschlusspräsentation für den Vorstand zu erstellen – richtete ich meine eigene Arbeitszeit genau darauf aus.

Abstimmungstermine mit Schlüssel-Stakeholdern, dem Auftraggeber und meinem Projektteam waren wichtig, genauso die Vorbereitung der Abschlusspräsentation. Dafür konnte ich aber viele Stakeholder-Gespräche sowie die Organisation und Moderation von Meetings guten Gewissens an Kollegen delegieren. Und einige Aufgaben habe ich nach Rücksprache mit meinem Vorgesetzten sogar komplett zurückgestellt. Ich habe also ein eigenes 20-60-20 Modell definiert: Ich fokussiere mich auf jene 20% der Aktivitäten, die den größten Beitrag zur Zielerreichung leisten. 60% versuche ich zu delegieren bzw. zu automatisieren und 20% meiner Aufgaben streiche ich komplett. Bei mir waren das beispielsweise Meetings, bei denen ich zwar anwesend war, aber keine entscheidende Rolle spielte. Daran würden übrigens viele Arbeitnehmer gerne etwas ändern: 70% der rund 31.000 Befragten des jährlich stattfindenden Microsoft Work Trend Index gaben 2023 an, dass ineffiziente Meetings die größten Arbeitszeitkiller seien und sie vom konzentrierten Arbeiten abhielten.[94]

Auch viele Arbeitgeber legen mittlerweile großen Wert darauf, Meetings auf die notwendigsten Termine einzustampfen. So hat der Softwarehersteller SAP einen „Focus Friday“ eingeführt, an dem keine Meetings stattfinden sollen.[95] Und der kanadische E-Commerce-Dienstleister Shopify hat 2023 mit der Meldung Schlagzeilen gemacht, weltweit 12.000 Termine aus den Kalendern der Mitarbeiter gelöscht zu haben – das entspricht 76.500 Meetingstunden.[96] Ich habe jedenfalls schon nach kurzer Zeit gemerkt, dass mir meine Arbeit mit dieser Priorisierung nicht nur mehr Spaß machte, sondern ich auch bessere Ergebnisse lieferte. Ähnlich wie bei Steve Jobs, der Apple wieder auf Kurs brachte, nachdem er eine Menge Projekte von der eigentlichen To-Do-Liste strich und das vor seinen Mitarbeitenden kurz und schmerzlos so erklärte: „Fokussierung bedeutet, Nein zu sagen.“[97] Und Matthew McConaughey machte sowohl sein Musiklabel als auch seine Filmproduktionsfirma dicht, um sich auf die für ihn wirklich wichtigen Dinge konzentrieren zu können: „Als unser Kind geboren war, habe ich gesagt: Ich bin Vater und Ehemann, Schauspieler, und ich habe eine Stiftung. Diese drei Dinge bleiben. Ich will nicht, dass mich irgendjemand wegen irgendetwas anderem anruft, es sei denn für einen netten Plausch.“[98] Und das hat funktioniert: 2014 erhielt er den Oscar als bester Hauptdarsteller für den Film „Dallas Buyers Club“.

> *„Die Basis einer gesunden Ordnung ist ein großer Papierkorb.“*
>
> Friedrich Schlegel, Philosoph

Priorisierung kann also sehr hilfreich sein, wenn es darum geht, deine Ziele zu erreichen. Nur ist sie eben nicht alles. Denn was machen Leistungssportler, wenn das Wetter schlecht ist, sie sich gerade nicht fit fühlen und der Wecker um 5 Uhr klingelt, damit sie noch vor der Arbeit eine Trainingseinheit absolvieren können? Genau: Sie stehen auf. Und trainieren. Denn ohne Disziplin bringt auch die beste Priorisierung nicht viel. Sie sorgt für Beständigkeit und Erfolg. Jan Frodeno ist quasi ein Musterbeispiel an Disziplin: Als der Corona-Lockdown 2020 diverse Wettkämpfe unmöglich machte und in seiner spanischen Wahlheimat Girona strenge Ausgangssperren galten, absolvierte er einen kompletten Ironman zuhause: „Es ist mental eine große Herausforderung, diese 226 Kilometer zu bewältigen, ohne mich nicht mehr als fünf Meter von der Stelle zu bewegen“[99], sagte er nach dieser besonderen Einheit. Die hatte zwar auch das Ziel, möglichst viele Spendengelder für Pandemie-Hilfsmaßnahmen zu sammeln (was er mit einer Gesamtsumme von mehr als 200.000 Euro auch geschafft hat), aber ist eben auch ein Beleg für Frodenos eiserne Disziplin. „Irgendwann wird es weitergehen! Und darauf freue ich mich sehr, auf die echten Wettkämpfe, wenn man den Konkurrenten vor dem Startschuss in die Augen blickt, auf diese ganzen kleinen Spielchen. Davon habe ich noch nicht genug.“[100] Ironman daheim – statt Ironman Hawaii. Nur: Wie wird man so diszipliniert wie ein Weltklasse-Triathlet, eine Tennis-Olympiasiegerin, ein Deutscher Fußballmeister? Klar ist: Man kann nicht an jedem einzelnen Tag Bestleistung zeigen. Weder im Sport, noch im Arbeitsalltag. Aber ein paar Veränderungen und Tricks können dazu beitragen, dass man zumindest die meiste Zeit in der Lage ist, sich auf das Wesentliche zu konzentrieren und sehr gute Leistungen zu erbringen.

> *„Ich fange früh an und bleibe bis spät, Tag für Tag, Jahr für Jahr. Ich habe 17 Jahre und 114 Tage gebraucht, um über Nacht erfolgreich zu werden.“*
>
> Lionel Messi, Fußballer

„Ich habe nie diese Gedanken – ich muss morgen eine Stunde Joggen, dann eine Stunde Kraftraum, drei Stunden Tennis. Ich habe keinen Bock, wieso muss ich das machen? Aber gut, es bringt mir was, dann mache ich es ... Will ich es machen? – Ich habe das nicht. Ich mache es einfach.“[101] Andrea Petković ist eine der erfolgreichsten deutschen Tennisspielerinnen der vergangenen Jahre, stand zwei Mal auf Platz 9 der Weltrangliste, wurde zweifache deutsche Meisterin. 2022 beendete sie ihre sportliche Karriere, arbeitet mittlerweile u.a. für das ZDF als Moderatorin der Sportstudio-Reportage und als Autorin. Noch während ihrer aktiven Tennislaufbahn hat sie ihr erstes Buch geschrieben, den Erzählband „Zwischen Ruhm und Ehre liegt die Nacht“. Und auch während des Schreibprozesses orientierte sie sich strikt an einem Plan: „Ich habe irgendwann festgestellt: Wenn ich einmal in der Woche vier Stunden schreibe, komme ich viel weniger voran, als wenn ich jeden Tag eine Stunde an meinem Werk sitze (...) Ich habe mich dann stupide sonntags hingesetzt, meinen Wochenplan angeguckt und mir jeden Tag eine bis zwei Stunden rausgenommen und angekreuzt. Montags: Drei bis fünf Uhr – Schreiben.“[102] Der Grundgedanke dahinter: Man muss nicht über jeden einzelnen Schritt nachdenken, nicht zweifeln, keine Alternativen abwägen. Genau solche Routinen können uns auch im Berufsalltag weiterbringen. Wenn wir nicht jeden unliebsamen Arbeitsschritt tagtäglich aufs Neue hinterfragen und uns über nervige, aber leider notwendige Aufgaben beschweren – sondern sie einfach als das akzeptieren, was sie sind: Ein Teil, der zum (Arbeits-)Leben dazu gehört. Routinen bedeuten, eine Struktur zu haben und sich daran zu halten; insbesondere auch dann, wenn unsere Motivation vielleicht nicht gerade zum nächsten Wimbledon-Sieg ausreicht.

> *„Einen von zwei Schmerzen müssen wir ertragen: den Schmerz der Disziplin oder den eines schlechten Gewissens. Der Unterschied ist, Disziplin wiegt Gramm, ein schlechtes Gewissen wiegt Tonnen."*
>
> Jim Rohn, US-amerikanischer Motivationstrainer

Eine 2009 im European Journal of Social Psychology veröffentlichte Studie proklamiert, dass man eine Tätigkeit im Schnitt 66 mal wiederholen müsse, damit diese zur Gewohnheit werde.[103] Neue Routinen zu etablieren erfordert also etwas Geduld, aber es lohnt sich. Mehr Disziplin liefert auch die sogenannte „Eat that frog"-Methode. Die Aufgabe, die du am wenigsten magst oder als schwierig empfindest, zum Beispiel ein Meeting mit dem anstrengenden Kollegen, das Protokoll der letzten Brainstorming-Runde oder die Aktualisierung der Excel-Tabelle, solltest du als erstes erledigen. Dann kannst du einen (gedanklichen) Haken dahinter machen und dich den angenehmeren Tätigkeiten widmen. Und natürlich sind auch Pausen und Belohnungen enorm wichtig! Nur, wer sich regelmäßig regeneriert – so wie Sportler es machen – hat die Kraft, motiviert und diszipliniert (an sich) zu arbeiten. Denn niemand kann dauerhaft Höchstleistung erbringen (mehr dazu im Kapitel mentale Gesundheit). Mir helfen beispielsweise sogenannte „Sprints": Dabei fokussiere ich mich über einen kurzen Zeitraum voll und ganz auf eine einzige Aufgabe. Ich habe dann, genau wie beim Sport, ein konkretes und in absehbarer Zeit erreichbares Ziel vor Augen, auf das ich mich dann fokussiere.

Solche kurzen und intensiven Phasen können äußerst effektiv sein; ich kann meine Produktivität steigern und meine Ziele oft auch schneller erreichen. Ich erinnere mich in diesem Zusammenhang immer wieder gerne an meine Vorbereitung auf die Endrunde der deutschen Feldhockeymeisterschaft 2012: Damals habe ich mehrere Wochen lang auf jeglichen Alkoholkonsum und Partys verzichtet, stattdessen jeden Morgen zusätzliche Laufeinheiten eingelegt – für mein 21-jähriges Ich alles andere als selbstverständlich. Aber ich wusste: Das Ziel ist terminiert. Und diese Sprint-Strategie half mir, meine Motivation hochzuhalten. Viele meiner Mannschaftskollegen haben es genauso gemacht, daher waren wir beim entscheidenden Turnier so fit wie nie in unserer Sportlerlaufbahn und holten den Titel gegen den Favoriten aus Köln. Zugegeben: Danach war erstmal Schluss mit der alkohol- und partyfreien Zeit.

Flow: Der Schlüssel zum Glück und zur Höchstleistung

Nachdem wir Prioritäten gesetzt und Wege gefunden haben, diese diszipliniert zu verfolgen (unsere Antwort auf die Frage: Tue ich die richtigen Dinge?), folgt darauf aufbauend Frage Nummer zwei: Tue ich die Dinge richtig? Es geht also darum, sich im entscheidenden Moment voll und ganz auf die gerade anstehende Aufgabe zu konzentrieren. Jan Frodeno beschreibt den Idealzustand dieser Fokussierung als Flow – aber was genau ist das? Psychologieprofessor Mihály Csikszentmihályi war einer der führenden Forscher auf diesem Gebiet und beschrieb den Flow als einen Zustand, in dem Menschen völlig in einer Tätigkeit aufgehen und dabei sogar die Zeit vergessen. Dabei gehe es darum, die perfekte Balance zu finden zwischen einer Herausforderung und den eigenen Fähigkeiten: Wenn die Herausforderung zu klein und die eigenen Fähigkeiten zu groß sind, langweilt man sich. Im umgekehrten Fall ist man überfordert (mehr dazu im Kapitel *Energy*). Doch nichts ist laut Mihály Csikszentmihályi „befriedigender, als eine schwere Aufgabe unter Darbietung all deiner Kraft und Konzentration zu bewältigen und dabei Willensstärke und Selbstvertrauen zu tanken“[104]. Flow ist für ihn daher der Schlüssel zum Glück. Dieser Zustand sei wichtiger als Erfolg, Geld oder eine Beförderung.

> *„Ich denke nicht über die Vergangenheit oder die Zukunft nach. Ich lebe einfach im Moment.“*
>
> Cristiano Ronaldo, Fußballer

Viele Sportler kennen dieses Gefühl, im Flow zu sein. Ohne geht es kaum! Ein Formel 1-Fahrer, der mit über 300 km/h über die Rennstrecke rast, sollte nicht darüber nachdenken, ob er für Omas Geburtstag noch ein Geschenk besorgen muss oder ob ein Blumenstrauß von der Tankstelle reicht – denn dann wird er mit an Sicherheit grenzender Wahrscheinlichkeit nicht nur das Rennen verlieren, sondern bringt sich und viele andere Menschen in Gefahr. Auch Reinhold Messner, der wohl bekannteste Bergsteiger, musste bei seinen Auf- und Abstiegen in den Flow-Zustand finden: „Wenn ich beim Klettern hundertprozentig gefordert bin und allein zum Überleben jede Bewegung sitzen muss, ist das nichts anderes als Meditation. Es entsteht ein Flow-Zustand, ein aus der Zeit genommener, auf wenige Quadratmeter fokussierter Zustand, in dem das Außen und die Zeit nicht mehr existieren.“[105] Diese Fähigkeit, so schildert er es in einem Interview, übertrage er mittlerweile auf alles, was er tue. Auch abseits der Berge. „Heute verstehe ich mich nicht mehr als extremer Bergsteiger, sondern als Grenzgänger, der zwischen „möglich“ und „unmöglich“ versucht, zurecht zu kommen.“ Damit folgt er fast der wissenschaftlichen Definition von Mihály Csikszentmihályi. Nur: Wie kommt man in diesen Flow-Zustand? Lorraine Huber, österreichische Freeride-Weltmeisterin von 2017, versetzte sich mit Hilfe von kleinen Ritualen in einen Flow-Zustand: „Zum Beispiel vor dem Start die Oberschenkel abklopfen, Fäuste ballen, tiefes Ein- und Ausatmen, in die Hände klatschen. Dann lenke ich meinen Fokus auf das Hier-und-Jetzt und bin auch körperlich aktiviert und ganz da, um meine Leistung genau jetzt, in den folgenden Minuten, erbringen zu können.“[106] Eine genaue Abfolge von Körperreizen kann insbesondere in Drucksituation ein enorm wichtiger Anker sein (mehr dazu im entsprechenden Kapitel). Mittlerweile gibt Lorraine ihr Wissen als Mentaltrainerin weiter. Ihr Tipp: Auch Musik kann helfen, in den Flow zu finden.[107] Das mag im Arbeitsalltag vielleicht etwas ungewöhnlich wirken, aber ich nutze auditive Stimulation genauso! Natürlich nicht, wenn ich eine Präsentation vor Publikum halte; aber wenn ich mich zum Beispiel auf eine Denk-Aufgabe fokussieren und nicht von anderen Einflussfaktoren (Kollegen, E-Mails, Telefonate) abgelenkt werden möchte, setze ich mir Kopfhörer auf und höre Musik. So kann ich alles um mich herum ausblenden. Und die Kopfhörer signalisieren meine Kollegen gleichzeitig, dass ich gerade nicht angesprochen werden möchte.

Und wenn es dir gelingt, dich in einen Flow-Zustand zu versetzen, dann hat das nicht nur positive Auswirkungen auf dich und deine Arbeitsweise – es kann auch eine Strahlkraft auf dein Umfeld haben. Thomas Tuchel beispielsweise hat in seiner Anfangsphase als Trainer der U19-Mannschaft beim 1. FSV Mainz 05 mit seiner extremen Fokussierung beeindruckt. So sagte Nachwuchsdirektor Volker Kerstin über ihn: „Er hat in dieser Zeit nur in seiner Aufgabe gelebt. Viele andere Trainer im Jugendbereich schielen nur auf den nächsten Schritt und überlegen, wie sie den schaffen können. Thomas hat mit großer Gelassenheit im Moment gearbeitet. Im Vertrauen darauf, dass sich alles Weitere irgendwann findet.“[108] So ist ihm genau das gelungen, was sich viele Trainerkollegen laut Volker Kerstin wohl auch gewünscht haben: Die nächsten großen Schritte einer erfolgreichen Trainerlaufbahn zu gehen. Mittlerweile war Tuchel Cheftrainer beim 1. FSV Mainz 05, Borussia Dortmund, Paris Saint-Germain, dem FC Chelsea und FC Bayern München. 2021 wurde er sogar zum FIFA-Welttrainer des Jahres gewählt. Wer, so wie Tuchel und viele andere Sportler und Trainer, in den Flow-Zustand findet, kann und muss diesen natürlich nicht dauerhaft auf hohem Level aufrechterhalten. Auch Jan Frodeno war nicht siebeneinhalb Stunden im Flow, wenn er einen Ironman absolvierte. Da schlichen sich auch mal Gedanken ein, die mit dem Wettkampf selbst gerade nichts zu tun hatten. Ob er den Herd morgens ausgemacht hatte, zum Beispiel. Aber: „Ich akzeptiere die Gedanken, ich lasse sie zu. Und dann versuche ich, sie wieder auszuatmen. Ohne jetzt zu esoterisch zu klingen: Aber über Atemübungen ist da viel zu machen. Dass man sich selbst sagt: Akzeptiere es und lasse die Gedanken ins Universum zurück."[109] Und wenn er während eines Laufs über etwas anderes nachdachte, dann versuchte er, nur positive Gedanken zuzulassen. „Das ist für mich eigentlich der größte Akt: Das immer wieder von der Konzentration her so hinzubiegen." So viel wie möglich im Hier und Jetzt zu sein, das sei sein Ziel. Und dieses Mantra wende er zum Beispiel auch auf seine Zeit mit der Familie an.[110] Es geht also darum, eine Balance zu finden zwischen verschiedenen Lebensbereichen, die einem wichtig sind. Und sich dann voll und ganz auf diese einzulassen.

Flow im Job: So erreichst du höchste Konzentration und Produktivität

Leistungssportlern gelingt es häufig, sich im Moment des entscheidenden Wettkampfs zu fokussieren und in den Flow zu finden – aber danach lassen sie auch wieder los. Permanente Anspannung, extreme Konzentration, totaler Fokus: All das kostet enorme Kraft. Doch während sich Formel 1-Weltmeister Nico Rosberg nach einer langen Rennfahrsaison viel Zeit mit der Familie gönnte (da sind wir wieder beim Thema Regeneration!), arbeiten viele Menschen heutzutage permanent unter großem Leistungs- und Zeitdruck. In ihrem Arbeitsalltag gibt es eben keine Fokus-Phasen, die ihnen viel abverlangen, und im Anschluss wieder ruhigere Zeiten. Es gibt häufig eine Menge unterschiedlicher Aufgaben zu erledigen und man neigt dazu, diese sogar parallel abzuarbeiten. Wer hat nicht schon mal während eines virtuellen Meetings nebenbei Mails gelesen und beantwortet? Laut einer Umfrage des Unternehmens Asana, für die weltweit 9.615 Personen befragt worden sind, gaben 80% an, mit geöffnetem Posteingang zu arbeiten. Dieses Multitasking stresst jedoch 72% der Befragten. Und es funktioniert nicht. Das gilt übrigens nicht nur für Männer! Wer versucht, mehrere Aufgaben gleichzeitig zu erledigen, macht keine so wirklich richtig. Und seit wir durch den digitalen Fortschritt (und die Coronapandemie) nicht nur schier unendliche Möglichkeiten haben, immer und von überall aus zu arbeiten, sondern auch auf diversen

Kanälen angeschrieben oder angerufen zu werden, verlieren wir unseren Fokus noch schneller: Die kalifornische Psychologin Gloria Mark forscht seit rund 20 Jahren zum Thema Ablenkung und hat herausgefunden, dass sich die Aufmerksamkeitsspanne des durchschnittlichen Büroarbeiters von 2,5 Minuten (2004) auf jetzt gerade einmal 47 Sekunden reduziert hat.[111] Und wer einmal abgelenkt ist, kommt laut Mark so schnell auch nicht mehr in den Konzentrationsmodus zurück. Zudem ist es nicht nur unproduktiv, mehrere Arbeiten parallel erledigen zu wollen, sondern auch noch gesundheitsgefährdend. Denn wer schnell zwischen kognitiv anspruchsvollen Aufgaben hin und her switcht, bei dem können sich Blutdruck und Herzfrequenz erhöhen. Mehr noch: Multitasking kann sich sogar auf die Hirnstrukturen auswirken und Nervenzellen, insbesondere im präfrontalen Kortex, zerstören.[112]

Wir sollten uns also aktiv darum bemühen, auch im Job in einen Flow-Zustand zu finden – oder wie es im Businesskontext oft heißt: „Deep Work“, also laut des amerikanischen Informatik-Professors und Autoren Cal Newport „die Fähigkeit, sich ohne Ablenkung auf eine kognitiv anspruchsvolle Aufgabe zu konzentrieren.“[113] Damit mir genau das gelingt, starte ich jeden Arbeitstag mithilfe der Eisenhower-Matrix: Ich erstelle eine To-Do-Liste und priorisiere meine Aufgaben nach Dringlichkeit und Wichtigkeit. Dabei gehe ich so vor: Unter Prio A fallen dringliche und wichtige Aufgaben, die direkt als erstes angegangen werden sollten. Prio B meint dann jene Aufgaben, die zwar wichtig, aber nicht dringlich sind und später am Tag eingeplant werden können. Prio C wiederum sind nicht so wichtige, aber dringliche Aufgaben; wenn möglich, delegiere ich sie. Und Prio D sind dann Aufgaben, die weder wichtig noch dringlich sind. Im Idealfall kann ich diese komplett weglassen oder zumindest auf ein Minimum reduzieren. Wenn dein Arbeitsalltag es zulässt, könntest du auch feste Slots für konzentriertes Arbeiten in deinen Kalender eintragen; ich versuche, mir diese Zeiten vormittags zu nehmen, damit ich noch frisch im Kopf bin. Das klappt leider auch nicht immer, da viele Abstimmungstermine mit meinen Kollegen vormittags stattfinden; aber ich habe zumindest jeden Tag einen Blocker im Kalender, an dem ich einfach nur konzentriert arbeiten kann. Und wenn ich Zeit habe, dann teile ich mir sie in Phasen nach der sogenannten Pomodoro-Technik ein: Ich arbeite fokussiert 25 Minuten und mache dann 5 Minuten Pause, in denen ich mir einen Kaffee hole, auf Toilette gehe oder kurz aufs Handy schaue. Diese Methode habe ich mir von einem ehemaligen Vorgesetzten abgeschaut. Ich musste etwas Dringendes mit ihm besprechen, er sagte „okay, ich habe aber nur kurz Zeit für dich“, und stellte daraufhin irgendetwas auf seinem Handy ein. Dann richtete er seine volle Aufmerksamkeit auf mich und wir diskutierten über das Thema. Etwa nach 25 Minuten unterbrach uns plötzlich sein Handyklingeln: Er hatte sich einen Timer gestellt. Zum Glück hatten wir mein Anliegen schon klären können. Er erklärte mir, dass er diese Methode bei all seinen Aufgaben anwandte, um sich vollkommen auf den Moment konzentrieren zu können. Um diesen Effekt noch zu verstärken, lege ich mein Handy immer zur Seite, mache oft den Flugmodus an oder lasse es am besten ganz in meiner Tasche, damit es aus meinem Blickfeld (und aus meinen Gedanken) verschwindet. Ablenkungen zu minimieren ist heutzutage extrem schwer, aber an ein paar Stellschrauben können wir drehen. Dazu gehört für mich auch, Mails nicht immer mal wieder im Laufe des Tages, sondern zu zwei festgelegten Zeiten gesammelt abzuarbeiten. Damit schaffe ich eine für mich gute Mischung aus aktiven (fokussiertes Arbeiten) und reaktiven (Mails beantworten) Tätigkeiten. Und wenn ich dann doch mal merke, dass sich der Fokus so gar nicht einstellen will, gehe ich raus – und mache einen Spaziergang. Klar ist das im Arbeitsalltag nicht immer möglich, aber in vielen Firmen haben sich mittlerweile sogenannte „Walk-and-Talk-Termine“ etabliert: Kollegen gehen zusammen eine Runde an der frischen Luft, um den Kopf wieder freizubekommen und so neue Ideen und kreative Lösungsansätze für ein Problem zu finden.

Jan Frodeno hatte sich die Lösung für sein Problem – den führenden Kanadier Sam Whitfield, direkt vor seiner Nase – schon vor dem Olympia-Rennen überlegt: Das eigene Tempo durchziehen, sich nicht von Sprints der anderen verunsichern lassen und erst ganz zum Schluss zum Angriff ansetzen. 150 Meter vor der Ziellinie war es dann so weit. Unter strahlend blauem Himmel wird Jan Frodeno zum ersten deutschen Triathlon-Olympia-Sieger überhaupt. „Das ist die purste Form des Lebens. Ich fühle mich in dem Moment wie die Katze, die die Maus jagt. Es gibt nichts anderes“[114], beschreibt er im Gespräch mit Podcaster Matze Hielscher diesen ganz besonderen Zustand, wenn er total im Fokus ist. Wenn er den Flow spürt. „Es ist ein extrem komplexer Cocktail an Euphorie, an Freude, an Angst, an Anspannung, an Konzentration... Die in einem Moment zusammenschmelzen. (...) In dem Moment gibt es nur mich selbst. Es ist mein Moment.“

F.I.N.E.-Praxistipps:
Wie du durch Flow produktiver wirst

✓ **Priorisiere mit dem 20/60/20 Prinzip.**
Fokussiere dich auf die 20% der Aktivitäten, die den größten Beitrag zur Erreichung deiner Ziele leisten. Identifiziere die 60% der Aufgaben, die du möglichst delegieren bzw. automatisieren kannst und eliminiere die 20%, die keinen wesentlichen Beitrag zur Zielerreichung leisten.

✓ **Plane mittelfristige Sprint-Phasen.**
Kurze Fokussierungsphasen können äußerst effektiv sein. Setze dir z.B. für einen Abschnitt von 4-6 Wochen ein klares, dominantes Ziel und belohne dich selbst nach erfolgreicher Absolvierung. In dieser Zeit wird es dir leichter fallen, auf gewisse Dinge zu verzichten, da es nur für einen kurzen/begrenzten Zeitraum ist.

✓ **Bleibe diszipliniert durch tägliche Routinen.**
Starte jeden Tag mit einer To-Do Liste und priorisiere die Aufgaben nach Dringlichkeit und Wichtigkeit. Nutze zudem die „Eat that frog“-Methode, um die schwierigsten oder unangenehmsten Aufgaben zuerst anzugehen. Dies schafft eine solide Basis für den Rest des Tages und verhindert das Aufschieben wichtiger Aufgaben.

✓ **Plane strukturierte Zeitslots für konzentriertes Arbeiten.**
Integriere bewusst fokussierte Arbeitszeit in deinen Terminkalender. Reserviere jeden Morgen 2-3 Stunden für konzentrierte Produktivität. Andere Termine solltest du auf den Nachmittag verschieben. Wende dabei die Pomodoro-Technik mit kurzen Intervallen an: Arbeite z.B. 25 Minuten ohne Ablenkung mit voller Energie und gönne dir dann 5 Minuten Pause.

✓ **Minimiere Ablenkungen für ungestörten Flow.**
Schalte Benachrichtigungen stumm, aktiviere den „Bitte nicht stören"-Modus und platziere dein Handy außer Reichweite. Ein ununterbrochener Flow-Zustand ist entscheidend, um maximale Effizienz zu erreichen.

✓ **Nutze weitere Ansätze, um in deinen persönlichen Flow-Zustand zu gelangen.**
Setze auf auditive Begleitung und/oder probiere Spaziergänge in der Natur aus, um dich vom Alltag zu lösen und dich auf kreative Lösungen zu fokussieren.

Interview Pauline Schäfer

„Es geht um mich und man muss auch ein Stück weit lernen, egoistisch zu werden."

Sie ist eine von nur drei Turnerinnen, die Deutschland bei den Olympischen Spielen 2024 vertreten wird – denn das Team hat die Qualifikation ganz knapp verpasst. Deshalb heißt es für Pauline Schäfer jetzt: Voller Fokus auf Paris. Dazu gehört für die Schwebebalken-Weltmeisterin von 2017 auch, manchmal unbequeme Entscheidungen zu treffen. Wie schafft sie es, nicht nur alles auf ein Ziel auszurichten, sondern auch im entscheidenden Moment hochkonzentriert zu sein?

Du hast dich als beste deutsche Mehrkämpferin bei der Turn-WM 2023 für Olympia qualifiziert – wie geht es jetzt für dich weiter?

Der Druck ist erstmal weg, seit ich weiß, dass ich sicher bei Olympia dabei bin! Das ist auf jeden Fall eine enorme Erleichterung, weil ich auch das Training ganz anders vorbereiten kann. Man kann sich die Wettkämpfe mehr oder weniger aussuchen, sich einen sehr guten Plan machen: Wie bereite ich mich optimal vor? Ohne diesen ganzen emotionalen Stress.

Wie setzt du Prioritäten? Wo ziehst du Grenzen: Das mache ich, das mache ich aber auch ganz bewusst nicht?

Das ist eine sehr schöne Frage. Im Leistungssport geht es auch darum, erwachsen zu werden und ein mündiger Athlet zu sein. Damit geht auch einher, Entscheidungen zu treffen. Ich muss zum Beispiel gucken: Welche Wettkämpfe sind für mich sinnvoll, welche sind nicht sinnvoll? Welche Trainingslager mache ich mit, welche lasse ich weg? Und wie sieht einfach mein perfekter Weg für mich persönlich aus? Da sind auch Unsicherheiten dabei, weil ich Angst habe, an der einen oder anderen Stelle nicht die richtige Entscheidung zu treffen. Aber ich habe jahrelange Erfahrung und mit meinen Trainern ein Team an meiner Seite, sodass ich weiß, worauf es ankommt, damit beim Jahreshöhepunkt alles stimmt.

Fällt es dir schwer, „Nein" zu sagen?

Mir fällt es nicht nur in der Turnhalle schwer, Nein zu sagen; auch in meinem Privatleben! Daran muss ich definitiv arbeiten. Es geht um mich und man muss auch ein Stück weit lernen, egoistisch zu werden. Das ist ein starkes Wort, aber es kommt letztlich auf meine persönliche Leistung an und der Verband profitiert auch davon, wenn ich diese Leistung erbringe. Natürlich gibt es immer unterschiedliche Meinungen, aber ich versuche, meine Argumente plausibel darzulegen und wenig Raum für Missverständnisse zu lassen. Ich bin zum Beispiel auch beim Bundesligafinale nicht dabei, weil ich gemerkt habe: Ich bin körperlich noch nicht fit. Daher muss ich auf meine langfristigen Ziele Rücksicht nehmen und das Verletzungsrisiko minimieren. Auch wenn es mir schwerfällt.

Wie machst du das im Wettkampf – wie schärfst du deinen Fokus, wenn es darauf ankommt?

Das ist wahnsinnig schwer! Es sind tausend Eindrücke, mit denen du erstmal umgehen musst. Eine absolute Reizüberflutung: Es sind jedes Mal andere Umstände, andere Geräte, anderes Publikum, andere Turnerinnen... Sehr viele Dinge, mit denen man sehr schnell umgehen muss. Und dann muss innerhalb von 1:30 Minuten die Performance stimmen. Zu dem Zeitpunkt hat man nur eine einzige Chance, um zu zeigen, wofür man jahrelang trainiert hat. Ich persönlich versuche einfach, mich auf die Dinge zu konzentrieren, die ich im Training verinnerlicht habe. Ich mache auch viel Mentaltraining, gehe meine Übungen im Kopf durch. Ich versuche, den Fokus auf die Dinge zu legen, die für mich wesentlich in der Übung sind. Und ich reguliere meine Atmung, um dann zum Zeitpunkt X voll da zu sein.

In welcher Situation gelang es dir besonders gut, zu 100% bei dir zu sein und deine Leistung im entscheidenden Moment abzurufen?

Ich bin eine sehr perfektionistische Person, in der Turnhalle und außerhalb. Ich finde immer irgendwas, das nicht perfekt ist; auch bei meiner WM-Übung 2017, mit der ich gewonnen habe. Aber ich glaube, bei dieser Übung ist es mir sehr gut gelungen, genau wie bei der WM 2021, bei der ich Silber geholt habe. Ich war voll im Fokus, ich war einfach da! Genau dieses Gefühl möchte man sich von Wettkampf zu Wettkampf erarbeiten, das ist ein langer Weg. Daher versuche ich, die Vorbereitung so zu gestalten, dass ich stabil in den Elementen bin, dass ich möglichst wenig Nachdenken muss. Dass ein gewisser Automatismus da ist und ich die Übungen einfach abspulen kann. Dass ich quasi über meinem Programm stehe. Als ich 2021 vom Balken runtergekommen bin, wusste ich gar nicht mehr, ob ich schon alles in meiner Übung geturnt habe – ich war so im Tunnel, dass ich erstmal meinen Trainer fragen musste: „War denn alles drin in meiner Übung?“

Gab es denn umgekehrt auch Situationen, in denen du unzufrieden warst, weil dir der Fokus gefehlt hat? Weil du es nicht geschafft hast, in deine Konzentration zu finden?

Bei der Heim-EM in München habe ich die Medaille knapp verpasst, weil ich nicht zu 100% funktioniert habe. Da saß vor einer Übung zum Beispiel ein Schmetterling auf dem Balken. Es gab auch schon Wettkämpfe, da lief eine Katze durch die Arena. Es gibt nichts, das es nicht gibt! Wenn man kurz nicht im Fokus ist, dann macht man Fehler, dann läuft die Übung nicht durch, dann werden die anderthalb Minuten zu einer halben Ewigkeit, weil du nicht in deinem Rhythmus bist. Du hast die Abläufe nicht drin und dann ist das einfach nur ein Kampf.

Gibt es Methoden, die du anwendest, um zurück in deinen Fokus zu finden?

Ich versuche, meine Gedanken so schnell es geht wieder auf die wesentlichen, technischen Dinge zu lenken. Am Balken hast du wahnsinnig viel Zeit, über Gott und die Welt nachzudenken! Und deshalb ist es so ein schweres Gerät: Fünf Meter lang, zehn Zentimeter breit. Und du bist der Situation mehr oder weniger ausgeliefert. Und wenn du deine Gedanken nicht unter Kontrolle hast, dann bist du aufgeschmissen, vor allem in einer Wettkampfsituation. Du musst sehr viel Willensstärke mitbringen, um im Fokus zu bleiben.

Interview Valerie Bures-Bönström

„Mir ist es viel wichtiger, neue Dinge zu lernen, anstatt mit alten Geld zu machen.“

Der Start unseres Gesprächs ist ein bisschen holprig – denn Valerie Bures-Bönström ist erstmal nicht erreichbar. Kurz vor unserem geplanten Termin entscheidet sie sich, während des Interviews spazieren zu gehen. Frische Luft und Beine vertreten; Gelegenheiten nutzen, die sich einem bieten: Das gehört für die Seriengründerin und DACH-Chefin der Risikokapitalgesellschaft XAnge zum Alltag. Und als wir uns dann mit ein paar Minuten Verspätung doch noch am Hörer haben, ist es ein inspirierendes und sehr sympathisches Gespräch über eine Taschen-packende Steffi Graf, die Bedeutung von Flow und die Frage, was eine dreifache Mutter und erfolgreiche Unternehmerin immer wieder aufs Neue antreibt.

Du bist selbst passionierte Sportlerin, hast u.a. Hockey gespielt. Was hast du vom Sport mit ins Berufliche genommen?

Eigentlich bin ich gar nicht so von Grund auf der super-sportliche Typ, mir ist das immer eher schwergefallen. Aber: Dieses Spielen in einem Team, das war eine der interessantesten Erfahrungen! Dass man mit anderen Menschen etwas gemeinsam gestaltet, jeder hat seine Rolle und jeder hat seinen Charakter. Man muss nicht unbedingt „best friend“ miteinander sein und trotzdem kann man gemeinsam gewinnen, gemeinsam verlieren und eine schöne Zeit haben. Und die Tatsache, dass nicht unbedingt der gewinnt, der am meisten Talent hat, sondern dass da viel Disziplin dahintersteckt. Das sind Spielregeln, die funktionieren im Businessleben auch.

Hast du diese Prinzipien dann auch ganz bewusst in deine Gründungen übertragen – zum Beispiel beim Thema Führung?

Am Anfang nicht, das muss ich zugeben. Ich war Anfang 20, als wir die erste Firma gegründet haben (Anm.: gemeinsam mit ihrem damaligen Ehemann die Fitnesskette Mrs. Sporty), da habe ich mich noch nicht so reflektiv mit solchen Themen auseinandergesetzt. Das erste Mal, dass ich darüber nachgedacht habe, war, als wir Steffi

Graf mit an Bord hatten und ich sie dann auch ein bisschen aus der Nähe beobachten konnte. Ich saß mal mit ihr im Taxi und dann hat sie gescherzt, dass sie ihre Tasche immer am Vorabend vor wichtigen Terminen packt und sie immer noch total durchorganisiert ist. Da habe ich gedacht: Wahnsinn! Wenn man von außen nochmal auf Sportler guckt – und damals stand ich ja dann schon auf der anderen, auf der Business-Seite – dann ist mir diese Verbindung aufgefallen. Ich habe auch viele Sportlerfreunde und wir reden oft darüber, Sportler und Unternehmer verstärkt zusammenzubringen und ein Bewusstsein für diese Parallelen zu schaffen.

Was du persönlich sowohl aus dem Sport als auch aus deinem Berufsleben kennst, ist der Flow. Du hast sogar deine dritte Gründung, den Fitness-Spiegel VAHA (bedeutet Flow auf Punjabi), danach benannt. Wie wichtig ist es für dich, in all deinen Tätigkeiten einen Flowzustand zu erleben?

Ich bin auf den Flow durch das Thema Glück gekommen. Ich habe mich damit auseinandergesetzt: Was ist für mich ein erstrebenswerter Zustand im Leben? Dazu gehört für mich heute zum Beispiel auch, mal mitten am Tag spazieren zu gehen, mir die Sonne ins Gesicht scheinen zu lassen, während ich ein Gespräch führe – statt zehn Stunden am Stück am Schreibtisch zu sitzen. Ich habe jedenfalls die Theorie des Flows kennengelernt und fand diese Idee unheimlich toll! Jetzt bin ich schon ein Stück weiter und versuche, das meinem Unterbewusstsein zu überlassen. Das ist für mich kein Zustand mehr, den ich bewusst schaffen muss, sondern es ist ein Automatismus.

Wie hast du dir denn früher bewusst Flow-Momente geschaffen?

Ich habe mich an dem ungarischen Flowforscher Mihály Csikszentmihályi orientiert: Flow entsteht, wenn man so viel Challenge hat, dass man unsicher ist, ob man es schafft – das Ziel aber grundsätzlich erreichbar ist. Da steckt ein Wachstumsgedanke dahinter. Und ich finde es wichtig, dass man gleichzeitig einen gewissen Feedbackloop hat: Hey, man macht es gut, man kommt voran – wir Menschen brauchen eben auch ein bisschen Validation von außen. Und wenn es nur die Joggingstrecke ist, die man trackt und dadurch die eigenen Fortschritte sehen kann. Das ist meine Formel, um im Flow und letztlich glücklich zu sein: Man kann sich immer wieder neue Ziele setzen, man kann sich herausfordern und daran wachsen, man kann sich Feedback einholen. Es gibt so viele Dinge, die man nicht steuern und kontrollieren kann – aber diese Flow-Mechanismen kann man beeinflussen.

Wie schaffst du es, bei all deinen Aufgaben richtig zu priorisieren und dir dadurch die Möglichkeit zu geben, in den Flow zu kommen?

Am Anfang wusste ich gar nicht: Was fehlt mir im Leben, um glücklich zu sein? Dann habe ich entdeckt: Es gibt so etwas wie Flow, aber ich wusste nicht, wie ich das erreiche. Das habe ich dann gelernt und versucht, alle meine Erlebnisse und Entscheidungen danach auszurichten. Welche Freunde möchte ich zum Beispiel haben? Wenn das Menschen sind, die mir kein ehrliches Feedback geben, dann sind das Menschen, die mir nicht guttun. Ich brauche dieses Feedback. Und in meinem Job gehe ich genauso vor. Ich möchte nur Projekte machen und mit Menschen zusammenarbeiten, die mich weiterentwickeln. Mir ist es viel wichtiger, neue Dinge zu lernen, anstatt mit alten Geld zu machen. Wenn ich wählen müsste zwischen einem bekannten Projekt, das mir viel Geld bringt, und einem neuen, das mir weniger Geld bringt – dann würde ich immer das neue wählen. Weil ich weiß: Durch das Gefühl, das ich dabei habe, komme ich in den Flow, das macht mich glücklich. Und irgendwann ist es für mich normal geworden, solche Entscheidungen zu treffen. Dieses Lebensmotto gibt mir sehr viel Energie! Ich kann so viel schaffen, weil ich so lebe.

Ist es dir schwergefallen, zu bestimmten Personen, zu bestimmten Projekten und Anfragen „Nein“ zu sagen?

Total! Ich glaube, dieses „Nein“ sagen ist ein sehr großer Schritt, den habe ich jetzt auf allen beruflichen Ebenen einmal durchlebt. Das hat mich einige Jahre gekostet. Aber ich glaube total daran, was auch viele Psychologen und Coaches predigen: Man muss sein Feld erstmal freiräumen, um es mit neuen Dingen füllen zu können. Und das bedeutet eben auch, erstmal Abschied zu nehmen. Kann man diese Leere aushalten? Das ist sehr schwer. Und trotzdem habe ich es noch nie erlebt – weder bei mir, noch bei anderen – dass man „vereinsamt" ist oder sich der Erfolg nicht eingestellt hat. Im Gegenteil. Wenn ich mein Zimmer zugemüllt habe mit irgendwelchem Zeug, dann kann ich auch nicht schön aus dem Fenster gucken. Das ist logisch, aber fällt menschlich natürlich schwer. Es hat auch 40 Jahre gebraucht, bis ich das so richtig verstanden habe. Es gibt wahrscheinlich niemanden in meinem Umfeld, der nicht mindestens einmal gedacht hat: Valerie, die hat einen Schuss!

Ist dir denn so ein Feedback auch mal konkret entgegengebracht worden?

Ja, hunderttausend Mal! Und das finde ich auch schön. Denn das bedeutet, dass ich mich damit auseinandersetzen muss. So kann ich mich immer wieder fragen: Will ich das jetzt wirklich so? Das ist viel besser, als wenn die Leute das nur denken, aber nichts sagen. Ich habe mich dann auch immer bei den Kritikern bedankt, auch bei meinen Kindern. Und habe es dann meistens trotzdem gemacht. Aber wir haben wenigstens mal darüber gesprochen.

4

I wie Innovation – Wie du langfristig erfolgreich bleibst und persönliche Veränderungen meisterst

Erfolgreich bleiben – Wie du dich regelmäßig neu erfindest

„Es wird ungemütlich werden. Es wird schwer werden. Es wird stressig sein, aber wir müssen besser werden. Und ihr müsst das verstehen und mitmachen.“[115] Jill Ellis weiß, dass sie ihren Spielerinnen mit dieser Forderung viel abverlangt. Denn der Schmerz sitzt noch tief: Die amerikanische Frauen-Nationalmannschaft, die viermal Olympisches Gold gewonnen und im vergangenen Jahr (mal wieder) den Weltmeistertitel geholt hat, ist gerade bei den Spielen in Rio de Janeiro ausgeschieden, im Viertelfinale gegen Schweden. Noch nie zuvor hat es im Olympischen Frauenfußball eine Entscheidung im Elfmeterschießen gegeben.[116] Und noch nie sind die Amerikanerinnen so früh aus einem großen, internationalen Turnier gekickt worden. Für ihre Trainerin ist diese Niederlage ein Weckruf: „Ich musste Leute rauswerfen, Verträge kürzen, Leute aus der Aufstellung entfernen.“[117] Ein Jahr später läuft Jill Ellis mit einem wesentlich jüngeren Team beim sogenannten „She Believes-Cup“ auf. In der Gruppenphase treffen die Amerikanerinnen unter anderem auf England und Frankreich – und verlieren. Schon wieder.

„Der Erfolg ist kein Besitz, er ist nur gemietet, und die Miete wird jeden Tag fällig.“

Hansi Flick, Fußballtrainer

Was Jill Ellis erlebt, ist eine ganz typische Entwicklung im Sport: Ein Athlet, ein Team ist erfolgreich, gewinnt Spiele und Titel, vielleicht sogar mehrere Jahre hintereinander. Aber dann kommt die erste Niederlage, vielleicht folgt kurz darauf schon die zweite. Die Fans sind unzufrieden, Pressestimmen werden laut, verlangen nach einer Veränderung. Einen großen Erfolg zu erzielen ist schwierig, aber ihn aufrechtzuerhalten und zu bestätigen stellt eine noch größere Herausforderung dar: „Ich weiß nicht, wie das andere sehen. Aber ich denke, als Trainer ist es leichter, ein Außenseiter zu sein. Es ist immer leichter, das Team zu sein, das ein anderes jagt, als selbst gejagt zu werden“[118], sagt Jill Ellis. „Man hat eine Zielscheibe auf dem Rücken.“ Dauerhaft, über einen sehr langen Zeitraum hinweg immer wieder herausragende Leistungen abzurufen, scheint schier unmöglich zu sein; im Teamsport wird dann häufig zuerst an der Trainer-Stellschraube gedreht. Dass es Sinn machen kann, den oder die Trainer zu entlassen, ist sogar wissenschaftlich belegt: Harvard-Professor Boris Groysberg hat die Daten der Amerikanischen Football Liga (NFL) von 2000 bis 2015 ausgewertet und herausgefunden, dass die Effektivität eines Trainers nach rund sechs Jahren deutlich nachlässt – und zwar um durchschnittlich 24 Prozent.[119] Aber: Es gibt auch Trainer, die diese kritische Schwelle überstehen und mit ihren Sportlern dauerhaft Top-Leistungen erbringen. Groysberg hat fünf zentrale Eigenschaften identifiziert, die diese Langzeit-Erfolgsträger teilen: Anpassungsfähigkeit, kontinuierliche kleine Verbesserungen, effektive Zusammenarbeit mit Stakeholdern, cleveres Delegieren sowie unermüdlicher Wissensdurst. Was auffällt: Das Thema „Veränderungen“ im weitesten Sinne taucht bei seiner Auflistung gleich dreimal auf.

Erfolge erzielen und bestätigen: Die Herausforderungen des Wachstums

Sowohl im Sport als auch im Berufsleben ist es enorm wichtig, Neuerungen als Chance zu begreifen und sich kontinuierlich anzupassen. Nicht nur Jupp Heynckes, ehemaliger Trainer des FC Bayern München, ist davon überzeugt: Ohne Innovationen geht es im Sport nicht: „Man muss auf Neuerungen eingehen. (...) Man muss die Wissenschaft dazunehmen, sei es bei der Leistungsdiagnostik oder in der Spielanalyse. Mir macht das Spaß, ich stehe diesen Innovationen offen gegenüber."[120]

> *„Es ist nicht die stärkste Spezies, die überlebt, auch nicht die intelligenteste, sondern diejenige, die am ehesten bereit ist, sich zu verändern."*
>
> Charles Darwin

Einer, der sich gemeinsam mit seiner Mannschaft immer wieder neu erfunden hat, ist Phil Jackson. Der ehemalige Trainer der Chicago Bulls hat mit dem Team um Michael Jordan insgesamt sechs Mal den NBA-Titel geholt. Wie haben sie das geschafft? Phil Jackson hat seine Spieler stets dazu animiert, sich auf den Prozess und nicht zu sehr auf das Ziel zu fokussieren.[121] Seine Jungs sollten sich kontinuierlich weiterentwickeln; nicht nur als Basketballspieler, sondern auch als Menschen. So suchte er zum Beispiel für alle Spieler individuelle Bücher aus, die sie während der langen Auswärtsfahrten lesen sollten. Insbesondere nach den Titelgewinnen 1991 und 1992 brauchte es neue Impulse: „Unser größter Feind in der Saison war Langeweile."[122] Neben der Lektüre organisierte er außerdem Expertenvorträge aus verschiedenen Fachgebieten: So referierten Yogalehrer, Ernährungsberater, verdeckte Ermittler und sogar ein Gefängnisdirektor vor Jordan und Co. Jacksons Ziel war es, seine Spieler auf diese Weise mit neuen Denkansätzen für komplexe Probleme vertraut zu machen.

Fixed Mindset vs. Growth Mindset: Die Macht der Denkmuster

Diese Haltung zur kontinuierlichen Verbesserung spiegelt das sogenannte Growth Mindset wider. Carol Dweck, Psychologie-Professorin an der Stanford University, zählt zu den führenden Forscherinnen auf diesem Gebiet und ist der Meinung: Es hänge vom Selbstbild eines Menschen ab, ob er mehr oder weniger stark an die Möglichkeit glaube, zu lernen und sich zu verändern.[123] Sie definiert in dieser Hinsicht zwei Extreme: Das statische (Fixed Mindset) und das dynamische (Growth Mindset) Selbstbild. Menschen mit einem statischen Selbstbild glaubten, dass Begabungen von Natur aus vorhanden seien – oder eben nicht. Während Menschen mit einem dynamischen Selbstbild davon überzeugt seien, dass jeder ein herausragender Performer werden könne, wenn er sich ausreichend anstrenge. Menschen mit statischem Selbstbild suchten Bestätigung, seien oft arrogant und ruhten sich auf ihren Erfolgen aus; Menschen mit dynamischem Weltbild seien hingegen auf der Suche nach Wachstum, sie seien demütig und anpassungsfähig. Diese Eigenschaften sind auch für Thomas Tuchel wichtig; 2015 betonte der damalige Borussia Dortmund-Trainer in einem Interviewgespräch auf dem „Global Summit" die Bedeutung von Demut für dauerhaften Erfolg.[124] Als Positivbeispiele führte er den FC Barcelona und den FC Bayern München an; beide Mannschaften seien stets bescheiden geblieben und hätten sich auf ihre Weiterentwicklung fokussiert. „Sie haben sich losgelöst davon, gegen wen sie spielen, in welchem Stadion sie spielen, zu welcher Uhrzeit sie spielen. Sie haben für sich selbst gespielt."[125]

> *„Zum Gewinnen braucht man Talent.*
> *Zum wiederholten Gewinn bedarf es Charakter."*
>
> John Wooden, College-Basketballtrainer

Der entscheidende Unterschied ist also, dass Menschen mit einem Growth Mindset davon ausgehen, dass sie an ihrer Situation aktiv etwas ändern (und verbessern!) können, während Menschen mit einem Fixed Mindset sich eher als Gefangene der Umstände und Rahmenbedingungen betrachten. Und Ausreden suchen, wenn es mal nicht so gut läuft: Als der spanische Profigolfer Sergio Garcia 1999 kurzzeitig in ein Leistungsloch fiel, entließ er wütend einen Caddy nach dem anderen, schob das Scheitern auf seine Schuhe und zog sie dann auch noch aus, um einen unschuldigen Zuschauer damit zu bewerfen.[126] Dass er sein eigenes Spiel hinterfragen und nach neuen Lösungsansätzen suchen könnte – auf diese Idee scheint Garcia nicht gekommen zu sein. Tennislegende Roger Federer hingegen stand seinem eigenen Spiel immer und immer wieder kritisch gegenüber: „In den besten Zeiten, selbst als ich über viele, viele Wochen und Monate hinweg (...) die Nummer eins der Welt war, fragte ich mich: Was kann ich verbessern? Was muss ich ändern? Denn wenn man nichts tut oder einfach immer dasselbe macht, bleibt man auf demselben Stand. Und auf demselben Stand zu bleiben bedeutet, dass man sich zurückentwickelt."[127] Für Menschen wie Federer, also Menschen mit einem dynamischem Selbstbild, geht es gar nicht unbedingt darum, besser zu sein als alle anderen; sie wollen ihr eigenes Wachstumspotenzial ausschöpfen.

> *„Egal, ob man die Nummer eins im Land oder in der Welt ist: Man muss immer die Einstellung haben, dass man was zu beweisen hat."*
>
> Jill Ellis, ehemalige Fußballnationaltrainerin

Deshalb lassen sie sich von anderen erfolgreichen Persönlichkeiten in ihrer Branche inspirieren (mehr dazu im Kapitel Positionierung), sie überdenken und verwerfen immer wieder ihre bisherigen Strategien und überlegen unentwegt, wie sie ihre Fehler und Schwächen ausmerzen können. Und die gute Nachricht ist: So ein Growth Mindset kann man entwickeln und bewusst fördern. Das gilt theoretisch auch für einen Schuhe-werfenden Golfspieler. Und für Menschen, die ihre Passion nicht unbedingt auf einem Sportplatz, sondern im Büro gefunden haben.

VUCA-Welt: Überleben in einer sich wandelnden Umgebung

In der heutigen Zeit sind wir gefordert, uns schneller und flexibler anzupassen als jemals zuvor. Informationen stehen auf Knopfdruck zur Verfügung, die Digitalisierung schreitet rasant voran, die frühere berufliche Sicherheit gibt es nicht mehr. Wer sich trotzdem im Bürostuhl zurücklehnt und meint, er könne die nächsten Jahre und Jahrzehnte weitermachen wie bisher – selbst dann, wenn er sehr gute Arbeit geleistet hat – der wird den Anschluss verlieren.

Die Einstellung „Schuster, bleib bei deinen Leisten!" kommt mittlerweile einer schleichenden Kündigung gleich. Denn wir leben in einer sogenannten VUCA-Welt. Unser (beruflicher) Alltag ist geprägt von Volatilität, Unsicherheit, Komplexität und Ambiguität (Mehrdeutigkeit). Es geht also nicht mehr nur darum, einmal erworbenes Wissen anzuwenden – wir müssen uns stattdessen kontinuierlich mit neuen Informationen und Entwicklungen auseinandersetzen. Und wir sollten unsere eigenen Glaubenssätze und Methoden stetig hinterfragen; damit wir uns nicht nur auf veränderte Umstände einlassen, sondern sie auch positiv für uns nutzen können. Künstliche Intelligenz ist ein Thema, das in diesem Zusammenhang aktuell große Aufmerksamkeit erfährt.

2023 diskutierten alle über ChatGPT, das ganze Aufsätze in Sekundenschnelle schreiben und sogar das bayerische Abitur bestehen kann (zugegeben: erst im zweiten Anlauf).[128] Es gibt Grafiktools, die täuschend echt aussehende Fotos erstellen. Und Voice-Programme, die nur wenige Schnipsel einer Originalstimme brauchen, um diese perfekt imitieren und mit jedem möglichen Inhalt füllen zu können. Die Möglichkeiten scheinen unendlich. Und die Diskussion um Chancen und Risiken einer KI fängt gerade erst an! Fest steht jedoch: Technologische Entwicklungen verändern die Art und Weise, wie wir arbeiten, und erfordern von uns die Fähigkeit, unser Wissen ständig zu aktualisieren und uns auf neue Arbeitsmethoden einzustellen. Diese Bereitschaft zur Anpassung und zum Erwerb neuer Fähigkeiten wird immer mehr zu einer Schlüsselkompetenz in der heutigen Berufswelt. Dass die Menschheit dazu in der Lage ist, hat sie während der Corona-Pandemie bewiesen: Nicht nur virtuelle Zusammenarbeit im Home Office wurde vom einen auf den anderen Tag zur neuen Normalität, auch Produkte und ganze Geschäftsmodelle haben sich geändert. Messen wurden digital abgehalten, Weinhändler verschickten Probierpakete für virtuelle Weinproben, Lieferdienste von Supermarktketten kamen mit der Bearbeitung nicht hinterher.

Wer einen wichtigen Trend (auch wenn das Wort im Zusammenhang mit einer dreijährigen Pandemie seltsam erscheinen mag) verschläft, erlebt das sogenannte „Innovator's Dilemma". Nach der Definition des Harvard-Professors Clayton Christensen heißt das: Unternehmen fokussieren sich zu sehr auf die Optimierung bereits bestehender Produkte und haben daher Schwierigkeiten, auf disruptive (technologische) Veränderungen zu reagieren. Eines der berühmtesten Beispiele ist der Handyhersteller Nokia[129]: Früher war er ein dominanter Akteur in der Mobiltelefonindustrie mit mehr als 50 Prozent Marktanteil an Multimedia-Handys, berühmt für seine robusten und benutzerfreundlichen Modelle. Heute ist Nokia nur noch eine Randerscheinung in der Branche. Oder kennst du noch jemanden, der im Alltag ein solches Handy nutzt? Eben. Das Nokia 3310 ist zwar mittlerweile Kult – aber genau da liegt das Problem: Denn Nokia hat den Anschluss verpasst und die Einführung des IPhones vom Konkurrenten Apple gnadenlos unterschätzt.

Ein Kultmodell in den eigenen Produktreihen ist zwar schön, verhilft aber nicht zum ehemals milliardenschweren Umsatz. Auch für Kodak ging es nach der Entwicklung der Digitalkamera erstmal nur noch in eine Richtung: Nach unten. Denn das Unternehmen hatte sein Geschäftsmodell darauf ausgerichtet, die Qualität und Effizienz seiner Filmproduktion zu steigern. Die bildlich zwar weniger qualitativen, aber deutlich handlicheren Digitalkameras tat der Konzern als „vorübergehende Modeerscheinung" ab. Eine fatale Fehleinschätzung!

„Das Interessante ist nicht der Erfolg, denn sobald der Erfolg erreicht wurde, verblasst er und verschwindet. Der Aufbau, die Entwicklung, die Suche ist das, womit wir unsere Zeit verbringen.“

Marcelo Bielsa, Fußballtrainer

Sicherlich sind das zwei sehr extreme Beispiele; aber auch im normalen Berufsalltag kommt es ständig zu Veränderungen, die von allen Mitarbeitenden eine gewisse Anpassungsfähigkeit erfordern. Natürlich erwartet niemand, dass du beispielsweise von heute auf morgen mit einem neuen Tool umgehen oder eine andere Präsentationstechnik anwenden kannst. Aber im Idealfall kannst du diese mehrfach testen, bevor du zum Beispiel einen wichtigen Vortrag vor den Bereichsleistern halten musst. Sportler trainieren neue Spielweisen auch viele Male, bevor sie diese in einem Spiel anwenden. Niedrigschwellig zu testen (und zu scheitern) ist der beste Weg, um kein persönliches Innovator's Dilemma zu erleben (mehr dazu im Kapitel Rückschläge). Im Idealfall musst du auch nicht plötzlich von einer Methode zur anderen wechseln, sondern kannst einen fließenden Übergang schaffen: Fahre eine Doppelstrategie! Indem du erfolgreiche Gewohnheiten beibehältst und in unverfänglichen Situationen neue Dinge ausprobierst, kannst du weiterhin Leistung erbringen und gleichzeitig deinen Horizont erweitern. Die Präsentation vor den Bereichsleitern hältst du beispielsweise weiterhin mit Hilfe von PowerPoint-Folien, während du in kleineren Runden innerhalb deines Teams neue Workshop-Boards ausprobierst.

Wenn du dich mit der neuen Technik vertraut gemacht hast und dich sicher fühlst, kannst du diese dann zeitnah auch im größeren Rahmen anwenden. Eine sogenannte SWOT-Analyse kann hilfreich sein, wenn es darum geht, sich neuen Gegebenheiten anzupassen: Dabei notierst du (mit Blick auf dein aktuelles Projekt/dein persönliches Ziel) deine Stärken (strengths), Schwächen (weaknesses), Chancen (opportunities) und Risiken (threats). Klassischerweise ordnest du diese Elemente grafisch als Quadrat mit vier Kästen an und befüllst diese mit den dazugehörigen Stichpunkten und Fragen. Schauen wir uns daher nochmal das Beispiel Künstliche Intelligenz an. Wenn du in Zukunft verstärkt mit KI arbeiten möchtest, könntest du dir folgende Fragen stellen und diese in deiner SWOT-Analyse bearbeiten: Wie gut kennst du dich bereits mit KI aus? Welche Szenarien könnten für dein Berufsfeld durch KI in den nächsten Jahren eintreten? Was sagen Experten dazu? Wie kannst du dich auf diese Szenarien vorbereiten und bestenfalls sogar davon profitieren? Welche Kompetenzen brauchst du bzw. dein Unternehmen, um in jedem dieser Szenarien erfolgreich zu sein? Welche Weiterbildungen musst du wahrnehmen? Letztlich geht es um die Frage, welche Stärken du ausbauen und welche Schwächen du abbauen solltest, um von bestimmten Trends zu profitieren.

Frank Busemann kann ein Lied davon singen, wie es ist, sich aufgrund äußerer Umstände immer wieder neu erfinden zu müssen:[130] Der ehemalige Leichtathletikmehrkämpfer musste seine sportliche Laufbahn bereits im Jugendalter aufgrund vieler Verletzungen mehrfach unterbrechen. Die Diagnose muskuläre Disbalance brachte ihn letztlich dazu, sich aufs Laufen zu konzentrieren. „Mit der Zeit wurde mir das Laufen jedoch einfach zu langweilig. Darum stellte ich zur Auflockerung Hürden auf die Bahn. Daraus ergab sich meine spätere Spezialdisziplin."[131] 1994 wurde er U-20 Weltmeister im Hürdenlauf, er wechselte kurz darauf in den Zehnkampf und gewann 1996 die Silbermedaille bei den Olympischen Spielen in Atlanta. Doch bereits fünf Jahre später machte ihm sein Körper wieder einen Strich durch die Rechnung; aufgrund diverser Verletzungen musste er seine Sportlerkarriere schließlich vorzeitig beenden. „Das, was mich ausmachte, das, was mir Spaß machte, das, was ich wirklich gut konnte, konnte ich nicht mehr ausführen und das war ein Schock."[132] Doch Busemann fand andere Dinge, die ihm ebenfalls Spaß machten: Er hat mehrere Bücher veröffentlicht, hält Vorträge, arbeitet als Leichtathletik-Experte und Co-Kommentator für die ARD. Covid-19 war dann auch für ihn ein ganz persönliches VUCA-Ereignis, denn bis dahin hatten alle seine Vorträge, Workshops und Projektarbeiten in Präsenz stattgefunden. Von Technik hatte er wenig Ahnung. Und plötzlich musste er seine komplette Arbeit ins Digitale verlegen!

Zwei Wochen lang konnte er laut eigener Aussage nicht schlafen, weil er sich so große Sorgen um seine berufliche Zukunft machte. Wie sollte es nur weitergehen? Doch nachdem er sein persönliches Tief überwunden hatte, machte er aus der Not eine Tugend, kaufte Kamera, Stativ und Beleuchtung. Er lernte, wie er die notwendige Schnitt-Technik einsetzte, um Filme zu schneiden und richtete sich ein Instagram-Profil ein. „Ich bin 45 Jahre alt und hab von dem ganzen Thema keine Ahnung, aber wir lernen alle. Wir müssen offen sein für neue Sachen.“[133] Frank Busemann hatte aus dem Sport gelernt, dass es immer wieder Krisenzeiten gibt – und dass man schnell und flexibel darauf reagieren muss. Ein Schuster, der eben nicht bei seinen Leisten geblieben und damit sehr erfolgreich geworden ist.

> *„Alle sagten: Das geht nicht. Dann kam einer, der wusste das nicht und hat es einfach gemacht.“*
>
> unbekannt

Mir erging es Anfang 2020 ähnlich: Ich war zwar nicht als selbstständiger Speaker tätig, aber auch in unserem Unternehmen führte die Pandemie zu großen Veränderungen. Ein wichtiger Managementworkshop, den ich monatelang vorbereitet hatte, musste plötzlich online durchgeführt werden – anstatt wie geplant vor Ort. Das war nicht nur für mich, sondern auch für die Teilnehmenden eine große Herausforderung. Plötzlich musste ich mich mit ganz anderen Fragen auseinandersetzen: Wie bindet man die Teilnehmenden virtuell aktiv ein? Sollen sie ihre Kameras einschalten oder ausgeschaltet lassen? Wie viele Bildschirme brauche ich, um die Übersicht zu bewahren? Der Workshop lief zwar nicht perfekt, er führte aber zu ordentlichen Ergebnissen. Und in den darauffolgenden Wochen passten wir unsere Arbeitsweise im Team stark an die neuen Gegebenheiten an. Bisher hatten wir die allermeiste Zeit gemeinsam im Büro gesessen, damit war ab sofort (und was wir damals noch nicht ahnen konnten: für die nächsten zwei Jahre!) Schluss. Also ernannten wir zunächst ein Teammitglied, das an Schulungen für virtuelle Zusammenarbeit teilnahm und sein Wissen im Anschluss mit uns teilte; wir etablierten Richtlinien und Regeln für unsere virtuellen Meetings und wir richteten in unseren wöchentlichen Teambesprechungen regelmäßig Zeit ein, um uns über die neuen, notwendigen Technikskills auszutauschen. Damit auch der persönliche Kontakt nicht komplett auf der Strecke blieb, fanden alle zwei Wochen virtuelle „Coffee Talks" statt, bei denen man jeweils mit einem zufällig ausgewählten Kollegen aus dem Bereich teilnahm. Auch wenn es nicht immer einfach war: Wir versuchten, uns bestmöglich an die sich wandelnden Umstände anzupassen. Wir waren bereit, uns und unsere Arbeitsweise zu verändern. Das förderte bei uns auch über die Pandemie hinaus eine Kultur des ständigen Lernens und den Willen nach kontinuierlicher Verbesserung. Aber man muss ehrlich sein: Wir hatten aufgrund der strengen Lockdown-Regeln eigentlich auch keine andere Wahl.

Innovation im Sport und im Job: Kreative Wege zum Erfolg

Und die hatte Cliff Young auch nicht, als er 1983 am Sydney-Melbourne Ultramarathon teilnahm.[134] Denn zu diesem Zeitpunkt war der australische Farmer bereits 61 Jahre alt – und er hatte noch nie zuvor an einem Laufwettbewerb teilgenommen! Während andere in seinem Alter schon längst im Rentenstuhl schaukelten, trat er bei seiner Premiere über 875 (!) Kilometer gegen eine deutlich jüngere Konkurrenz an. „Ich wuchs auf einer Farm auf und wir konnten uns weder Pferde noch Traktoren leisten. Also musste ich, immer wenn ein Sturm aufkam, die ganze Farm zu Fuß umlaufen, um alle Schafe zusammenzutreiben (...) Manchmal musste ich zwei oder drei Tage lang den Schafen nachlaufen, aber ich habe immer alle eingefangen."[135] Er war sich also sicher, dass er das Rennen schaffen konnte. Aber er wusste auch, dass er den anderen Läufern körperlich unterlegen war und fasste einen Entschluss: Statt wie seine Konkurrenten nach einigen Lauf-Stunden wohlverdiente Schlaf-Pausen einzulegen, beschloss er, einfach durchzulaufen. Fast ohne Schlaf. Unmöglich! Sagten die meisten und belächelten seine Idee. Nach fünf Tagen, 15 Stunden und vier Minuten belehrte er alle Kritiker eines Besseren – und erreichte als erster das Ziel. Manche Entwicklungen im Sport sind sogar so innovativ, dass sie nach ihrem Erfinder benannt werden – so wie der Fosbury-Flop[136]: Bei den Olympischen Spielen 1968 im Mexiko-City ging der Hochspringer Richard „Dick“ Fosbury in die Geschichte ein, weil er eine völlig neue Sprungtechnik anwandte: Anstatt bäuchlings über die Latte zu springen, nahm er sie rückwärts. Damit gewann er mit einem Sprung über 2,24 Meter nicht nur Gold, sondern definierte die Regeln des Hochsprungs neu. Und heute sind ganz andere Höhen möglich als noch vor dem Fosbury-Flop.

Im Spitzensport geht es ohne Veränderung und Anpassung nicht. Und auch im Berufsleben erfordert die Verteidigung eines Erfolgs oder die Entwicklung hin zu mehr Leistungsfähigkeit ein Loslassen: Loslassen vertrauter Abläufe und bisheriger Denkmuster. Dabei geht es immer auch darum, die eigene Komfortzone zu verlassen; denn eine proaktive Veränderung ist oft schwerer, wenn der Anreiz zur Veränderung „von innen“ kommen muss und es keinen äußeren Zwang gibt. Wenn die Welt also nicht gerade wegen einer Pandemie innehält oder durch eine Wirtschaftskrise auf den Kopf gestellt wird.

> *„Ich messe meinen Erfolg nicht an Siegen, sondern an der Frage, wie ich mich verbessere.“*
>
> Tiger Woods, Golfer

Wie kannst du nun für dich und dein Team eine solche Innovationskultur fördern? Ich habe bereits beschrieben, dass ich mir Zeitblöcke für gewisse Aufgaben im Kalender freihalte. Und genau das kann man auch machen, um kreativ zu sein. Das klingt erstmal ein bisschen absurd – Kreativität auf Knopfdruck. Aber ich bin der festen Überzeugung, dass (auch wenn manche Ideen ganz plötzlich unter der Dusche kommen) es im Alltag trotzdem bewusst Zeit und Raum für kreative Aktivitäten geben sollte. Blockiere daher regelmäßig Zeit in deinem Kalender, um Ideen zu generieren, zu experimentieren oder kreative Projekte voranzutreiben. Wenn du dann vor deinem Bildschirm sitzt und dich fragst: Und jetzt? Dann können gezielte Kreativitätsübungen und -methoden helfen. Sogenannte Innovations-Coaches können dich und dein Team hierbei sehr gut begleiten. Außerdem hilft es, das gewohnte Umfeld zu verlassen und neuen Input von außen reinzuholen, z.B. auf Messen, in Barcamps (Konferenzen ohne Agenda) oder ihr ladet externe Berater und Speaker ein. Diese können auch aus fachfremden Branchen kommen, das fördert die Diversität. Du solltest generell auch mit Kollegen bereichsübergreifend zusammenarbeiten. Das eröffnet dir neue Perspektiven und regt kreative Denkprozesse an. Indem wir diese Prinzipien und Strategien in unser Berufsleben integrieren, können wir uns Herausforderungen proaktiv stellen und unsere Anpassungsfähigkeit sowie Innovationskraft fördern.

> *„Ich spielte nicht für Rekorde, ich habe Statistiken nie im Auge gehabt. Wichtig war mir immer der Blick auf mich selbst. Ich wollte jeden Tag besser werden, besser sein.“*
>
> Andre Agassi, Tennisspieler

2019 muss dann auch Trainerin Jill Ellis beweisen, dass sich ihre neuen Impulse für die US-Frauennationalmannschaft auszahlen werden. Nach der Niederlage in Rio probiert sie verschiedene Spielstile und Taktiken aus, setzt verstärkt auf jüngere Spielerinnen und macht sich für zusätzliche Mentaleinheiten stark, damit ihre Spielerinnen lernen, besser mit Rückschlägen umzugehen. Beim „She Believes Cup“ kurz nach den Olympischen Spielen belegt ihr junges Team zwar noch den letzten Platz; jetzt soll zwei Jahre später bei der Fußball-WM in Frankreich aber die Titelverteidigung her! Und zeitgleich tobt medial eine Diskussion um die gleiche Bezahlung von Männer- und Frauenteams, in der auch die amerikanischen Fußballerinnen Stellung beziehen. Alle Augen sind jetzt also auf Megan Rapinoe und Co. gerichtet. „Im ersten Spiel lautete die Regel: So viele Tore wie möglich zu machen. Und als wir dann im Spiel waren... Wir waren nicht aufzuhalten“[137], blickt Jill Ellis auf diese Partie zurück. Die Amerikanerinnen siegen 13:0 gegen Thailand. Rekord! Im Viertelfinale geht es dann gegen die Gastgeberinnen. „Unser Team war mit so einem festen Glauben unserem ultimativen Ziel nahegekommen, dass uns nichts mehr aus der Bahn werfen konnte.“[138] Denn die US-Fußballerinnen kicken nicht nur Frankreich, sondern auch noch England aus dem Turnier und treffen im Finale auf die Niederlande. Als die beiden Mannschaften am Abend des 7. Juli ins ausverkaufte Groupama-Stadion in Lyon einlaufen, schallt es von den Rängen wieder: „Equal Pay! Equal Pay!“ Gleiche Bezahlung. Es geht bei diesem Spiel nicht mehr nur um einen fußballerischen Erfolg, sondern auch um ein starkes, gesellschaftliches Statement für mehr Gleichberechtigung. „Meine Spielerinnen sind mehr als nur Sportler. Sie sind eine Stimme für alle Frauen der Welt. (...) Ich sage immer: Sport ist ein Weg zu Veränderungen.“[139] Doch eine Sache verändert sich an diesem Abend nicht. Die Amerikanerinnen gewinnen 2:0 – und bleiben Weltmeisterinnen. Jill Ellis und ihrem Innovationswillen sei Dank.

F.I.N.E.-Praxistipps:
Wie du dich regelmäßig neu erfindest

✓ **Bleibe bescheiden und erkenne den Wert von neuen Herausforderungen.**
Erfolg ist kein Besitz, er ist nur gemietet. Respektiere daher stets deine Wettbewerber und bleibe demütig. Nach Erfolgen kann es sinnvoll sein, eine Auszeit zu nehmen, um neue Motivation zu finden und frische Perspektiven einzunehmen.

✓ **Entwickle ein Growth Mindset.**
Akzeptiere und verinnerliche die Tatsache, dass die Welt von Volatilität, Unsicherheit, Komplexität und Ambiguität geprägt ist (VUCA). Betrachte lebenslanges Lernen als entscheidend für deinen langfristigen Erfolg. Sei offen für neue Informationen und Entwicklungen und suche aktiv nach Weiterbildungsmöglichkeiten.

✓ **Analysiere regelmäßig deine individuelle Situation.**
Nutze Trend- und Szenario-Analysen, um dich auf mögliche zukünftige Entwicklungen vorzubereiten. Betrachte kontinuierlich deine Stärken und Schwächen sowie die Chancen und Risiken aus der Trendanalyse (SWOT).

✓ **Fördere bewusst deine Kreativität.**
Plane regelmäßige Zeitblöcke für kreative Aktivitäten in deinem Arbeitsalltag ein. Erweitere deine Informationsquellen und Perspektiven durch Newsletter, Studien, Podcasts und die Beobachtung anderer Branchen oder Wettbewerber. Nutze Kreativitätstechniken wie Brainstorming, Mind Mapping und Design Thinking, um neue Ideen zu generieren.

✓ **Etabliere eine Innovationskultur in deinem Unternehmen.**
Fördere Diversität und Zusammenarbeit, indem du mit Menschen aus verschiedenen Fachgebieten und Hintergründen zusammenarbeitest, um kreative Denkprozesse zu stimulieren. Wenn du merkst, dass du den Höhepunkt erreicht hast, sei bereit für kreative Zerstörung und Veränderung.

Interview Niklas Kaul

„Man ist selbst erstmal sein eigener, größter Gegner."

Ich erreiche Niklas Kaul kurz vor seinem Abflug nach Südafrika, wo er sich auf die kommende Saison vorbereiten wird. Denn die Spiele in Paris sollen anders laufen als bei seiner ersten Olympia-Teilnahme in Tokio: Damals muss der Zehnkampf-Weltmeister von 2019 wegen einer Fußverletzung aufgeben. Auch bei der WM 2023 macht ihm sein rechter Fuß Probleme. Deshalb entscheidet sich der Mainzer für einen radikalen Schritt: Er wird beim Hochsprung sehr wahrscheinlich mit dem anderen Fuß abspringen. Denn er hat ein konkretes Ziel.

Was treibt Sie an, dass Sie sich trotz großer Titelgewinne immer wieder neu erfinden – und nicht sagen: Ich bin Weltmeister, ich bin Europameister, ich mache genauso weiter?

Es geht immer noch ein bisschen besser. Das ist schwierig zu beschreiben, aber bei uns gibt es dieses Phänomen: Man jagt den perfekten Zehnkampf – und bekommt ihn eigentlich nie. Genau in diesem Dilemma stecke ich auch. Weil man nach jedem Jahr sagt: Aber die Disziplin hätte noch ein bisschen besser sein können, da hätten wir technisch noch etwas anders machen können. So habe ich noch nicht das Gefühl: Das ist mein Leistungsmaximum. Und da geht es mir gar nicht um Titel. Titel geben mir nicht diese Betätigung, die mir der perfekte Zehnkampf geben würde.

Und wenn Sie dieses Ziel irgendwann erreichen, wie geht es Ihnen damit dann?

Erstmal werde ich sehr froh sein, dass es geklappt hat. Das hält dann vielleicht eine Woche an, und dann fragt man sich: Was jetzt? Die Antwort darauf wird ein bisschen länger dauern. Und vielleicht ist es dann nicht mehr der Zehnkampf, sondern doch nochmal eine andere Disziplin.

Sie würden sich also nochmal komplett neu erfinden, das wäre eine Option?

Ich war noch nie an dem Punkt. Aber es würde mich auf jeden Fall nochmal reizen, zu sagen: Ich gehe voll aufs Speerwerfen und man guckt, wie weit es da geht. Ohne Challenge geht es bei mir jedenfalls nicht. Ich brauche das, dass ich weiß: Das ist das Ziel und dafür mache ich das.

Sind Sie selbst ihr größter Konkurrent? Oder schielen Sie auch darauf, was die anderen Wettbewerber machen?

Natürlich bekommt man mit, was die anderen so machen. Aber das große Problem im Zehnkampf ist, dass er zwei Tage dauert. Da brauche ich mich beim Weitsprung noch nicht verrückt zu machen, was irgendein anderer Zehnkämpfer macht. Bis zu den 1500 Metern (Anm.: letzte Disziplin im Zehnkampf) kann viel passieren! Von daher geht es erstmal darum, jede Disziplin nacheinander gut abzuarbeiten und keine Disziplin zu haben, die groß abfällt. Im Leistungsmaximum bewegt man sich immer in einem relativ engen Rahmen. Da kann ich acht Disziplinen gut gemacht haben, wenn zwei schlecht sind, dann war das trotzdem ein schlechter Zehnkampf. Von daher geht mein Blick erstmal auf mich selbst. Man ist selbst erstmal sein eigener, größter Gegner.

Fallen Ihnen grundlegende Veränderungen, wie beispielsweise der Absprung mit dem anderen Fuß, schwer?

Veränderungen gehören dazu. Natürlich ist so ein Seitenwechsel beim Hochsprung nichts, das man über Nacht beschließt. Die Entscheidungsfindung dauert. Aber in gewisser Weise gehören neue Entwicklungen immer dazu, sonst wird man auch nicht besser. Es macht natürlich einen Unterschied, ob so etwas aus einer Verletzung, einer Not heraus passiert. Oder ob man nach einer Saison eine Analyse macht und sagt: Es lief eigentlich gut, aber man könnte nochmal etwas anderes ausprobieren.

Woher holen Sie sich die Inspiration, Dinge auch mal anders anzugehen?

In erster Linie natürlich bei den Spezialisten. Zum Beispiel bei den Speerwerfern, die „nur" Speerwerfen, da hole ich mir Technikinspiration. Da bin ich auch gerade dran, mit mehr Oberkörperrotation zu werfen, das habe ich mir zum Beispiel beim amtierenden Europameister Julian Weber abgeguckt, der auch hier aus Mainz kommt. Aber man schaut auch auf andere Zehnkämpfer, die einzelne Disziplinen sehr gut beherrschen. Unser Problem ist immer die Zeit, davon haben wir nämlich nicht so viel. Deshalb kann man sich immer nur Kleinigkeiten rauspicken, die man dann ins eigene Training einbaut.

Wie ist das bei Ihnen: Wenn Sie so eine neue Übung das erste Mal machen, dann klappt die selten auf Anhieb. Wie bleiben Sie da trotzdem motiviert?

Technikveränderung bedeutet immer erstmal eine Verschlechterung der Leistung. Bei den Würfen (Kugel, Diskus, Speer) kann man es so machen, dass man im Winter nur technisch arbeitet und dann stoßen bzw. werfen wir in ein Netz oder eine Plane – sodass man gar nicht sieht, wie weit das Wurfgerät fliegen würde. So kann ich mich besser auf das Technikelement konzentrieren und kann meine vermeintlich schwächere Leistung gar nicht sehen. Ähnlich ist es auch im Sprintbereich: Da laufe ich im Training nicht auf Zeit.

Würden Sie sich als geduldigen Menschen bezeichnen?

Nein, gar nicht! Es gibt Bereiche, da bin ich sicher geduldig. Aber der Sport gehört nicht dazu. Ich kenne auch keinen Leistungssportler, der im Sport selbst Geduld aufbringt. Ungeduld kann auch antreiben: Ich erwische mich auch manchmal dabei, dass ich kleine Technikimitationen abends zuhause nochmal im Kopf durchgehe. Oder wenn ich Platz habe eben im Wohnzimmer, weil ich etwas möglichst schnell können will.

Was ist Ihr Ziel für die Olympischen Spiele in Paris?

Erstmal hinkommen. Dann durchkommen. Dann wäre eine Punktebestleistung ganz gut. Und hoffentlich hat man damit dann auch eine Platzierung auf dem Treppchen.

Eigentlich würde man von einem ehemaligen Weltmeister und amtierenden Europameister erwarten, dass Sie Olympisches Gold anpeilen. Setzen Sie Ihr Ziel bewusst etwas tiefer an?

Ich habe es nicht selbst in der Hand. Ich kann den perfekten Zehnkampf machen – und am Ende macht einer einen Punkt mehr. Deshalb finde ich es schwierig, eine Platzierung vorher als Ziel auszugeben. Ich kann sagen: Ich möchte gerne in einer so guten körperlichen Verfassung in Paris ankommen, in der ich noch nie einen Wettkampf bestritten habe. Das ist auch ganz klar mein Ziel! Aber was das am Ende bedeutet, kann ich noch nicht absehen, denn das hängt nicht nur von mir ab.

Erfolg durch Mini-Steps – So meisterst du persönliche Veränderungen in kleinen Schritten

Es erinnert mehr an Darth Vader als an einen Kanarienvogel: Das neue Helmdesign von Formel 1-Pilot Nico Rosberg ist 2014 groß in den Schlagzeilen. Bisher war der gebürtige Wiesbadener immer mit einem knallgelben Helm angetreten, plötzlich ziert mattschwarzes Karbon seinen Kopf. Und das scheint ihm Glück zu bringen: Schon das Auftaktrennen der neuen Saison in Melbourne gewinnt Rosberg – während sein Mercedes-Teamkollege und gleichzeitig größter Konkurrent Lewis Hamilton in Runde zwei wegen eines Motorschadens ausscheidet.[140] Und auch wenn es noch zwei Jahre dauern soll, bis Rosberg nicht nur einzelne Rennen, sondern sogar den Weltmeister-Titel gewinnt: Mit Glück hatte das nichts zu tun. Auch nicht unbedingt mit Talent, wie er selbst zugibt – denn davon habe Lewis Hamilton wohl mehr gehabt.[141] Einige Jahre nach seinem größten Triumph verrät Nico Rosberg, warum er sich 2014 für einen schwarzen Helm entschieden hat. Nicht nur, weil seine damalige Verlobte und heutige Ehefrau Vivian ihn dazu ermutigte, aus rein ästhetischen Gründen die Farbe zu wechseln. Sondern auch, weil ihn der schwarze Helm schneller machte: „Weil ich meinen Lack abgemacht habe! Das waren 80 Gramm. Und ein Kilo Körpergewicht, wobei mein Helm ein Teil davon war, war 1/100 pro Runde. Auf jeder Strecke fürs ganze Jahr. In Japan hat das den Unterschied gemacht: Zwischen meiner Poleposition, die ich dann geholt habe, und Lewis, der Zweiter war."[142] Es ist eine kleine Stellschraube von vielen, an denen Nico Rosberg gedreht hat. Und die ihn in Summe dann zum schnellsten Mann der Formel 1 machten.

> *„Heute tue ich, was andere nicht tun, also kann ich morgen etwas erreichen, was andere nicht können."*
>
> Jerry Rice, ehemaliger American-Football-Spieler

Aber: Veränderungen umzusetzen fällt vielen Menschen schwer; insbesondere dann, wenn es sich um große, tiefgreifende Veränderungen handelt. Nicht umsonst werden viele Transformationsprozesse in Unternehmen von sogenannten Change-Managern begleitet. Diese sind nämlich nicht nur Experten darin, wie sich eine Firma umorganisieren oder welche neuen Arbeitsweisen sie einführen muss – sondern auch darin, die Mitarbeitenden bei diesem Prozess zu begleiten. Wenn Menschen vor Herausforderungen stehen, die ihr Berufsleben, vielleicht sogar ihr Privatleben und den kompletten Alltag auf den Kopf stellen könnten, ergreift sie nicht selten ein Gefühl: Angst. Und diese hindert sie daran, die potenziellen Veränderungen überhaupt in Angriff zu nehmen oder bis zum Ende durchzuhalten.

Hürden der persönlichen Veränderung: Warum wir oft an Ängsten und Glaubenssätzen scheitern

Vielleicht hast du so eine Situation auch schon mal erlebt: Du triffst einen ehemaligen Kollegen oder eine alte Schulfreundin nach Jahren wieder und denkst: „Bis auf die Frisur hat sich aber nicht viel verändert…“ Für den bekannten deutschen Hirnforscher Gerhard Roth ist das keine Überraschung. Wie wir sind und wie wir uns verhalten – das mache unsere Persönlichkeit aus.[143] Menschen haben relativ konstante Eigenschaften bezüglich ihres Fühlens, Denkens und Handelns, deren Entwicklung mit dem Erwachsenenalter beginnt. Veränderungen fallen uns daher grundsätzlich schwer. Warum das so ist, wird beim Blick auf die Maslowsche Bedürfnispyramide deutlich, denn dort folgt „Sicherheit“ als ein absolutes Grundbedürfnis direkt auf „Nahrung“ und „Schlaf“. Werden diese Bedürfnisse nicht befriedigt, empfinden Menschen (zum Teil existenzielle) Ängste. Außerdem beanspruchen neue Aufgaben unser Gehirn extrem, es muss Energie aufwenden – dabei ist es eigentlich darauf ausgerichtet, möglichst energiesparend zu agieren.[144] Routinehandlungen werden dagegen mit der Ausschüttung von Dopamin, also Glücksgefühlen, belohnt. Somit ist die Angst vor der Veränderung nicht nur soziologisch erklärbar, sondern auch neurobiologisch begründet.[145]

„Es sind nicht die Berge, die wir bezwingen, sondern uns selbst."

Sir Edmund Hillary, Bergsteiger

Der Psychologe Dr. Stefan Frädrich unterscheidet drei grundlegende Ängste, die unsere Veränderungsbereitschaft hemmen[146]: Die Angst vor Misserfolg, vor Überanstrengung und vor sozialer Zurückweisung. Was passiert, wenn ich der neuen Aufgabe nicht gewachsen bin? Kostet es mich nicht zu viel Kraft, mich in die neue Technik einzuarbeiten? Und wie wird mein Umfeld reagieren, wenn ich hinter den Erwartungen zurückbleibe? Hinter solchen Ängsten steckten häufig negative Glaubenssätze, die sich aufgrund unserer Prägung und Erfahrungen über die Jahre in uns verfestigt haben.[147] Laut einer Studie der Harvard-Universität hört ein Mensch bis zu seinem 18. Lebensjahr 180.000 negative Suggestionen. Werden sie oft genug wiederholt, setzen sie sich fest – sie werden zu Glaubenssätzen, derer wir uns häufig gar nicht bewusst sind. Sätze wie „Ich kann das nicht" oder „Ich bin nicht diszipliniert genug" halten uns davon ab, in Aktion zu kommen und Veränderungen anzustoßen. „Jeder hat Angst, sich so zu zeigen, wie er wirklich ist als Mensch. Weil man Angst hat, dass man dann kritisiert wird oder nicht angenommen wird"[148], sagt auch Nico Rosberg. Und Alexandra Popp, Kapitänin der deutschen Frauenfußball-Nationalmannschaft, musste als Jugendliche ihre Angst vor Neuem überwinden; damals wollte sie nämlich nicht in der Verbandsauswahl Westfalen spielen: „Ich kann jetzt nicht sagen, dass ich früher keine große Klappe hatte oder nicht selbstbewusst aufgetreten bin. Das war ich grundsätzlich schon, aber bei so neuen Sachen, wo ich niemanden kannte, da war ich dann doch immer eher zurückhaltend."[149] Zum Glück redeten ihre Eltern und ihr damaliger Trainer ihr gut zu, sodass sich Popp schließlich doch zur Verbandsauswahl traute. „Das waren in der Phase ganz, ganz prägende Personen, die mir gezeigt haben, was möglich ist und was sein kann."[150] Heute ist sie als torgefährliche Stürmerin das wohl bekannteste Gesicht des deutschen Frauenfußballs und ein Sinnbild für eine starke, selbstbewusste Frau. Wichtig ist also, dass wir die Dinge trotz Angst ausprobieren – und uns bewusst machen: Jede Veränderung fängt mit einem kleinen Schritt (oder der Fahrt zum nächsten Trainingscamp) an.

Ängste und Glaubenssätze überwinden: Wie du in Aktion kommst

Tony Robbins, der zu den bekanntesten Persönlichkeits-Coaches der Welt zählt und bereits diverse Top-Athleten, Unternehmer, Vorstände und sogar amerikanische Präsidenten zum Thema „persönliche Veränderungen" beraten hat, hat dafür eine einfache Formel entwickelt: „Um Ergebnisse zu verändern, musst du das Verhalten ändern. Doch um das Verhalten zu ändern, musst du den emotionalen Zustand ändern, in dem du dich befindest."[151] Er setzt bei seinen Klienten vor allem auf zwei Dinge: Zuerst auf die Physiologie. Man solle den Körper aktivieren, um Stress abzubauen; kein Wunder also, dass die Zuschauenden bei seinen Vorträgen immer hüpfen und tanzen müssen! Sein Motto lautet: „Emotion is created by motion". Im zweiten Schritt setzt er auf die Veränderung des eigenen Fokus'. Er rät, dass man an Erfolge und Dinge denken solle, für die man dankbar ist. Laut seiner Auffassung könne man nämlich nicht dankbar und ängstlich zur gleichen Zeit sein. Wenn wir unser Augenmerk also auf die positiven Dinge legten, könnten wir mit der Angst – die jeder hat! – umgehen. Auch für Topathleten sind positive Gedanken enorm wichtig: „Um eine persönliche Bestleistung zu erreichen, muss man sich selbst beibringen, mit einer Intensität zu glauben, die jede logische Rechtfertigung hinter sich lässt. Ohne diesen irrationalen Optimismus wird niemand zum Spitzensportler", findet Arsenals Trainerlegende Arsène Wenger.[152]

Aber wie schafft man das ganz konkret – negative Glaubenssätze abzulegen und im Idealfall sogar noch in positive Affirmationen umzuwandeln? Steffen Kirchner, Mentaltrainer und früherer Profitennisspieler, hat in seinem Buch „Die mentale Revolution" sieben Schritte zur Überwindung von Glaubenssätzen definiert.[153] Die erste Hürde: Erkenne deinen Glaubenssatz. Das ist nämlich gar nicht so einfach! Auch ich hatte beim Schreiben dieses Buches anfangs große Zweifel. Meine Gedanken kreisten ständig um Sätze wie: „Ich habe noch nie ein Buch geschrieben. Es gibt bestimmt viele Menschen, die zu diesem Thema besser schreiben können als ich." Trotzdem habe ich an der Idee festgehalten, sonst würdest du diese Zeilen gerade nicht lesen können. Warum? Nachdem ich eine Ahnung davon hatte, welche Sorge mich genau umtrieb bzw. welcher Glaubenssatz dahintersteckte, machte ich mit Schritt Nummer zwei nach Kirchners Prinzip weiter. Ich stellte mir die Frage, woher mein negativer Glaubenssatz kam. In meinem Fall war das ganz klar die fehlende Erfahrung als Autor. Ja, ich hatte schon Studienarbeiten mit sehr guten Noten geschrieben und wichtige Präsentationen vorbereitet – aber ein ganzes Buch? Das war doch nochmal eine andere Hausnummer. Damit will ich nicht sagen, dass meine bisherigen Erfahrungen weniger wert waren, sie halfen mir nur bei diesem neuen, speziellen Projekt nicht viel weiter. Ein negativer Glaubenssatz ist aber nicht „nur" negativ – er bringt auch Vorteile. Schritt Nummer drei verlangt daher, sich diese vor Augen zu führen (und ggf. als Ausreden zu identifizieren). Wenn ich das Buch nicht schrieb, konnte ich auch nicht scheitern. Ich müsste keine zusätzliche Zeit investieren, die ich stattdessen besser für meine Familie und Hobbies nutzen könnte. Aber – und das ist dann Schritt Nummer vier – gleichzeitig würde mir auch einiges entgehen! Langfristig würde mir die Motivation verloren gehen, wenn ich nicht meiner wahren Leidenschaft (Verbindung von Sport und Business) nachgehen würde. Ich würde vielen Menschen nicht helfen können, für die dieses Buch eine Inspirationsquelle sein könnte. Und ich würde mich immer fragen: „Was wäre, wenn… ?" Deshalb besagt Schritt Nummer fünf: Formuliere deinen Glaubenssatz um. Ich dachte also daran, dass ich schon viele Herausforderungen gemeistert hatte. Warum also nicht auch dieses Projekt? Und ich wusste: Ich hatte die Unterstützung meiner Frau. Gemeinsam sind wir ein unschlagbares Team. Außerdem führte ich mir vor Augen, dass selbst ein „Scheitern" nicht schlimm sei, da ich auf dem Weg zum fertigen Buch vieles lernen würde, was ich sonst niemals gelernt hätte.

> *„Die beste Zeit, einen Baum zu pflanzen, war vor 20 Jahren. Die zweitbeste Zeit ist jetzt.“*
>
> asiatisches Sprichwort

Im vorletzten Schritt, Nummer sechs, soll man dann endgültig aus dem alten Glaubenssatz ausbrechen. Ich habe also gemeinsam mit meiner Frau entschieden: Wir werden dieses Buch schreiben! Wir werden uns mit einem Konzept bei Verlagen bewerben oder alternativ im Self-Publishing veröffentlichen. Egal wie: Wir werden diese Inhalte, von denen wir so sehr überzeugt sind, zu Papier und (hoffentlich) an die Lesenden bringen. Darum haben wir dann noch den finalen, siebten Schritt von Kirchners Prinzip in Angriff genommen – der da lautet: Ritualisiere neue Handlungsweisen. Deshalb habe ich einen persönlichen Schreib- und Meilensteinplan erarbeitet, der vorsah, dass ich jeden Tag mindestens 30 Minuten am Buch arbeiten würde. An vielen Tagen waren das natürlich deutlich mehr; aber erstmal ging es darum, diese neue Tätigkeit in meinen Alltag zu implementieren, ein neues Ritual zu schaffen.

Die Kraft der Gewohnheiten: Das 1%-Prinzip

Und Rituale gibt es auch im Bett. Beziehungsweise während des Schlafens: So hat Nico Rosberg gemeinsam mit einem Experten an seinem Schlafverhalten gearbeitet, um noch einen weiteren, kleinen Vorteil gegenüber seinen Konkurrenten zu haben. Denn die Reiserei um die ganze Welt inklusive diverser Jetlags haben seinem Körper sehr zugesetzt: „Wir haben ein Rennen in Brasilien und vier Tage später müssen wir an der Strecke in Abu Dhabi wieder hochkonzentriert sein! Das sind dann sieben Stunden Zeitunterschied. Der Jetlag war für mich ein Killer.“[154] Deshalb hat er seinen Flugplan und sein Schlafverhalten schon zuhause an die neue Zeitzone angepasst. Schritt für Schritt, jeden Tag ein bisschen mehr. Denn wenn sich der Jetlag täglich auf maximal 1,5 Stunden beschränkte, machte er sich nicht so sehr im Energiehaushalt bemerkbar. „Teilweise war das dann so, dass ich zuhause um 18 Uhr ins Bett gegangen und um zwei oder drei Uhr nachts schon aufgestanden bin. Meine Frau und unser Concierge im Haus haben gedacht: Was stimmt nicht mit dem?“[155] Für Nico Rosberg war seine Schlafqualität einfach eine weitere Stellschraube, an der er gedreht hat. Ein weiteres, kleines Detail, um insgesamt große Wirkung zu erzielen. „Das ist auch etwas, was mir im Business auf jeden Fall hilft“[156], sagt der Nachhaltigkeitsinvestor jetzt, ein paar Jahre nach seiner aktiven Sport-Karriere.

Diese Macht der kleinen Veränderungen anzuerkennen – das ist insbesondere in der heutigen Zeit enorm wichtig. Denn auch wenn es häufig schneller Lösungen für akute Probleme bedarf: Tiefe Veränderungen, die auch dauerhaft anhalten, beruhen oft auf kleinen Schritten. Die 1%-Methode von James Clear, dessen gleichnamiges Buch seit Jahren auf den Bestseller-Listen zu finden ist, besagt genau das[157]: Große Erfolge sind selten das Ergebnis eines einzigen Sprungs, sondern eher das Produkt vieler kleiner, bewusster Handlungen. Oder wie Stürmer-Star Erling Haaland sagt: „Es ist nicht gut, viel zu tun, aber jeden Tag über einen längeren Zeitraum hinweg kleine Dinge zu tun, zahlt sich wirklich aus“[158]. Der norwegische Fußballnationalspieler hat, ähnlich wie Nico Rosberg, seine Schlafroutine verbessert und schwört auf die sogenannte „Mouth Taping-Methode“: Er klebt sich vor dem Schlafengehen den Mund mit Klebeband zu, um nur noch durch die Nase zu atmen. Außerdem trägt er abends eine spezielle Brille, die blaues Licht filtern soll; und auch an seiner Ernährung hat er geschraubt. Bei ihm kommen jetzt häufig Herz und Leber auf den Teller. Viele kleine Veränderungen machen so den Erfolg der Tormaschine Haaland aus. Aber man muss nicht gleich zum Stürmer-Star der Premiere League werden – auch in unserem Alltag finden sich viele Beispiele, um die Bedeutung kleiner Veränderungen und regelmäßiger Routinen greifbar zu machen.

Wenn du beispielsweise an deiner körperlichen Fitness arbeiten möchtest, reicht eine einmalige Session nicht aus: Du kannst stundenlang am absoluten Maximum trainieren – du wirst danach trotzdem nicht aussehen wie Chris Hemsworth als hammerwerfender Superheld Thor. Wahrscheinlich wirst du nach einer einzigen Trainingseinheit sogar keinerlei körperliche Veränderung an dir feststellen können! Abgesehen von ein bisschen (oder ein bisschen mehr) Muskelkater. Doch wenn du täglich zehn Minuten für ein intensives Workout investierst – und dafür musst du nicht mal ins Gym gehen – dann fügen sich diese kurzen Einheiten zu einem kraftvollen Gesamtbild zusammen. Ob du dann am Ende tatsächlich aussiehst wie Hemsworth-Thor, hängt aber noch von ein paar anderen Faktoren ab. Trotzdem: Die Überwindung, sich zumindest für kurze Zeiträume auszupowern, ist oft weitaus geringer als der Aufwand, den eine stundenlange Trainingseinheit erfordert. Auch Psychologen bestärken die Idee, dass die kontinuierliche Wiederholung von kleinen Schritten ausschlaggebend für langfristigen Erfolg und nachhaltige Veränderung ist. So hat beispielsweise Karl Anders Ericsson, ehemaliger Professor an der Florida State University, erforscht, wie Spitzenleistungen entstehen; egal ob im Sport, in der Musik, in der Medizin oder in der Wissenschaft.[159] Die Kernerkenntnis seiner Arbeit: Wer sich zum Experten auf einem Gebiet entwickeln möchte, der brauche im Schnitt zehn Jahre mit durchschnittlich 1.000 Stunden Übung pro Jahr. Das klingt nach viel Arbeit, und das ist es auch. Aber Andersons Formel zeigt: Veränderungen entstehen nicht über Nacht. Statt Talent und IQ seien vor allem Wiederholung und Lernbereitschaft wichtige Eigenschaften, um langfristig erfolgreich zu sein.

„Lobe immer die Einstellung, niemals das Talent!"

Nick Bollettieri, Tennistrainer

Um neue Gewohnheiten im (beruflichen) Alltag zu manifestieren hilft es, sich deren Bausteine genauer anzusehen. Für den bereits zitierten Bestseller-Autoren James Clear besteht eine Gewohnheit aus einem Auslöser, einem Verlangen, einer Antwort und einer Belohnung.[160] Diese Struktur lässt sich gut am Beispiel des allseits beliebten Morgenkaffees verdeutlichen: Du wachst morgens müde auf – das ist der Trigger, der dich zum Handeln zwingt. Denn du hast das Verlangen, dich wacher und fitter zu fühlen. Du möchtest also an deinem aktuellen Zustand (müde) etwas ändern. Mit einer konkreten Handlung – ab zur Kaffeemaschine! – antwortest du auf dieses Verlangen. Und im Anschluss bekommst du die Belohnung: Das gute Gefühl, es mit dem neuen Tag aufnehmen zu können. Diese bewusste Verknüpfung der vier Gewohnheitselemente kann laut Clear dabei helfen, Automatismen zu entwickeln. Handlungen immer und immer wieder zu absolvieren, bis man sie nicht mehr hinterfragt. So wie das tägliche zweifache Zähneputzen. Dass man diese scheinbar selbstverständliche Körperhygiene auch trainieren muss, erleben meine Frau und ich gerade mit unserer kleinen Tochter. Das mit dem Verlangen nach einem frischen Gefühl im Mund hält sich bei einem Kleinkind offenbar noch in Grenzen. Hätten wir ihr statt diverser Gute-Nacht-Geschichten doch besser mal die 1%-Methode von James Clear vorgelesen! Da gibt es nämlich diverse Tipps zur Manifestation neuer Gewohnheiten.

Mir hilft es immer, den Weg zur Umsetzung eines Vorhabens möglichst konkret zu beschreiben (mehr dazu im Kapitel Ziele). Statt dir also lediglich vorzunehmen, mehr Bücher und Studien zu lesen, um dich auf deinem Fachgebiet weiterzuentwickeln, solltest du dir jeden Tag einen festen Slot im Kalender blocken, beispielsweise immer die letzten 15 Minuten nach Feierabend. Außerdem sollte der Auslöser für deine neue Gewohnheit sichtbar sein. Am besten legst du das Buch also schön präsent auf deinen Schreibtisch. Und du solltest dir die Umsetzung deiner Lese-Gewohnheit so einfach wie möglich machen – also am besten schon eine gemütliche Umgebung schaffen (z.B. ein bequemes Kissen), damit du gar nicht erst in Versuchung gerätst, eine Ausrede zu finden. Ich habe mir beispielsweise mein Ergometer und die Yogamatte direkt im heimischen Arbeitszimmer platziert, damit ich mich auch mal in der Mittagspause oder direkt nach Feierabend auspowern kann – und nicht erst den Weg ins Fitnessstudio auf mich nehmen muss. Und für zusätzliche Motivation kannst du deinen Fortschritt auch tracken; im Sport ist das mittlerweile über diverse Apps sehr einfach. Aber auch bei Gewohnheiten im Berufsalltag kannst du dir zum Beispiel eine Liste anfertigen und jeden Tag abhaken, wenn du etwas erledigt hast; oder um bei dem Fortbilden-durch-Lesen-Beispiel zu bleiben: Wie wäre es mit einem extra Fach im Bücherregal, das du mit jedem fertig gelesenen Exemplar füllst? So machst du deine Weiterentwicklung optisch sichtbar. Sich bewusst in Erinnerung zu rufen, welche kleinen Veränderungen schon greifen und welche Fortschritte sich dadurch einstellen, kann in Summe dann zu großen Erfolgen führen: Turner Bart Corner hatte sich 1983, nur ein Jahr vor den Olympischen Spielen in Los Angeles, eine schwere Verletzung am linken Bizeps zugezogen. Die Folge: Eine Operation und lange Therapiezeiten. Es brauchte aber nicht nur Geduld, um weiterhin an seinem Ziel Olympia 1984 festzuhalten – sondern auch den Glauben daran, dass jedes kleine Erfolgserlebnis ihn ein Stück weiterbringen, ein Stück besser machen würde. Deshalb setzten sich seine Eltern jeden Abend zu ihm ans Bett und fragten ihn, was an diesem Tag sein größer Erfolg gewesen sei.[161]

Mag die Veränderung ihm vielleicht noch so nichtig erschienen sein: Er hat sich bewusst daran erinnert und ist mit einem guten Gefühl eingeschlafen. Und was hat ihm das gebracht? Zwei Olympische Goldmedaillen – im Mannschaftsmehrkampf und im Einzel am Barren mit der perfekten Wertung 10,0.[162] Wie auch immer du veränderte Verhaltensweisen im Alltag festigst: Wichtig ist, dass du den ersten Schritt möglichst schnell machst, nachdem du den Entschluss dazu gefasst hast. Viele Motivationstrainer sind sich einig: Wenn man 72 Stunden nach dem ersten Impuls nicht agiert, sinkt die Wahrscheinlichkeit gegen Null, dass man sich im jeweiligen Bereich überhaupt verändern wird.[163] Wenn du also beschlossen hast, dass du beruflich eine neue Herausforderung brauchst und dich auf eine neue Stelle bewerben möchtest, dann solltest du idealerweise in den kommenden drei Tagen zumindest anfangen, deinen Lebenslauf zu überarbeiten und nach ersten passenden Angeboten zu gucken.

Nico Rosberg hat sich seine persönliche Deadline im Laufe der Formel 1-Saison 2016 selbst geschaffen: Vor dem letzten Rennen in Abu Dhabi führt er zwar mit zwölf Punkten vor seinem Dauerrivalen und Mercedes-Teamkollegen Lewis Hamilton. Doch der sichert sich im Qualifying die Poleposition und führt das gesamte Rennen über. Und Rosberg hat die Konkurrenz im Nacken! „Auf einmal erscheint Max Verstappen vor mir auf der Rennstrecke und ich hing dann hinter ihm fest. Und mein Ingenieur sagt mir dann auf dem Radio: Nico, du musst ihn jetzt überholen, sonst kannst du die WM verlieren."[164] Also bleibt dem damals 31-Jährigen nichts anderes übrig: Er muss zum Angriff ansetzen. „Ich bin dann von hinten angekommen wie ein Torpedo. Der war dann fair, da bin ich ihm für immer dankbar! Er hat Platz gelassen und dann habe ich es geschafft, ihn zu überholen. Das war das einzige Mal in meiner Karriere, dass mein Fuß unkontrolliert gezittert hat auf dem Gaspedal."[165] Nach 55 Runden kommt Nico Rosberg als zweiter hinter Hamilton ins Ziel. Und krönt sich an diesem 27. November 2016 nach Michael Schumacher und Sebastian Vettel zum dritten deutschen Formel 1-Weltmeister überhaupt. „Das ist erstmal eine Erleichterung, der ganze Druck fällt dann ab. Und dann kommt diese unglaubliche Gefühlsexplosion." Mit Hilfe vieler kleiner Veränderungen hat Nico Rosberg seinen Lebenstraum wahrgemacht. Und danach direkt den nächsten Change angestoßen: Nur fünf Tage nach seinem Titeltriumph beendet er seine Rennfahrer-Karriere.[166]

F.I.N.E.-Praxistipps:
Persönliche Veränderungen in kleinen Schritten meistern

✓ **Verändere deinen emotionalen Zustand für persönliche Veränderungen.**
Du kannst deine Ängste und negativen Glaubenssätze überwinden, indem du gezielt deinen emotionalen Zustand beeinflusst. Nutze die Erkenntnis, dass Emotion durch Bewegung entsteht. Aktiviere deinen Körper, um Stress abzubauen.

✓ **Lenke deinen Fokus auf das Positive.**
Wenn du ängstlich bist, ändere deinen Blickwinkel, indem du deine Gedanken auf Erfolge und Dinge lenkst, für die du dankbar bist. Beachte Tony Robbins' Ratschlag, dass Dankbarkeit und Ängstlichkeit nicht gleichzeitig existieren können. Lass dich durch das Beispiel des Turners Bart Conner inspirieren und halte täglich schriftlich fest, was dein größter Erfolg des Tages war.

✓ **Überwinde negative Glaubenssätze in 7 Schritten.**
Die 7-Schritte-Formel vom ehemaligen Tennisprofi Steffen Kirchner kann dir helfen, negative Denkmuster zu durchbrechen:

(a) Erkenne deinen Glaubenssatz.
(b) Untersuche die Quelle deines Glaubenssatzes.
(c) Erkenne die Vorteile, die der Glaubenssatz dir vermittelt.
(d) Verstehe, was dir durch den Glaubenssatz entgeht.
(e) Formuliere alternative Glaubenssätze, die positiver sind.
(f) Setze diese neuen Glaubenssätze in Aktion um.
(g) Etabliere neue Handlungen als Rituale.

✓ **Setze auf die Macht kleiner Schritte.**
In einer schnelllebigen Welt streben wir oft nach sofortigen Lösungen. Doch nachhaltige Veränderungen erfordern beharrliche und kontinuierliche Anstrengungen. Verinnerliche das 1%-Prinzip, das besagt, dass kleine Schritte über die Zeit hinweg große Veränderungen möglich machen. Frage dich vor Veränderungen immer: Was ist der erste kleine Schritt, den ich gehen kann?

✓ **Werde spätestens nach 72 Stunden aktiv.**
Setze Fristen für den ersten Schritt zur Veränderung. Die ersten 72 Stunden nach einem Impuls sind entscheidend. Nutze diese Zeitspanne, um kleine Aktionen zu setzen. Dies erhöht die Wahrscheinlichkeit, dass du tatsächliche Veränderungen erreichst.

✓ **Gestalte neue Gewohnheiten einfach.**
Um neue Gewohnheiten und Rituale zu entwickeln, ist es hilfreich, Hürden zu minimieren. Wenn du bspw. ein neues Buch lesen möchtest, platziere das Buch offensichtlich auf deinem Schreibtisch, sodass du es gar nicht ignorieren kannst. Setze dir am Anfang niedrigschwellige Ziele und steigere dein Pensum bei Bedarf sukzessiv.

Interview Johannes B. Kerner

„Wenn wir Veränderungen nicht als Chance begreifen würden, hätten wir nie italienisches Essen probiert.“

Donnerstagmittag, ich bin mit Johannes B. Kerner verabredet. Später als eigentlich geplant klingle ich bei ihm durch – ein Interview mit Vitali Klitschko kam ihm dazwischen. Jetzt erreiche ich einen der bekanntesten deutschen Moderatoren, während er auf dem Crosstrainer steht. Das passt, denke ich. Denn natürlich wollen wir auch über Sport sprechen. Johannes B. Kerner ist selbst passionierter Sportler, läuft Marathon, seine Ex-Frau Britta Becker hat Olympisches Silber im Feldhockey gewonnen. Schon als Zehnjähriger wollte er Sportreporter werden. Heute, ein paar Jahrzehnte später, hat er nicht nur sämtliche sportliche Großereignisse im deutschen Fernsehen moderiert, sondern – neben Klitschko – unzählige Größen aus dem Spitzensport kennengelernt.

Was zeichnet die Sportlerpersönlichkeiten, die dich am meisten fasziniert haben, aus? Was sind aus deiner Sicht vielleicht auch Muster, die sich bei ihnen wiederfinden?

Das würde man heute neudeutsch als Resilienz bezeichnen: Also eine gewisse Widerstandsfähigkeit, eine Belastbarkeit, Dinge auszuhalten – und damit meine ich nicht nur Niederlagen – auch Zwischenmenschliches. Und dann eine unfassbare Hingabe für das, was man tut. Und, das halte ich für einen ganz wesentlichen Punkt, eine sichere Selbsteinschätzung. Die ganz Großen wissen recht gut einzuschätzen, wie gut sie sind einerseits, aber auch welche Schwächen sie haben andererseits. Dirk Nowitzki wird niemals sagen: Ich bin der beste Basketballer der Welt gewesen. Auch Beckham und Ronaldo werden nicht sagen: Ich bin der geilste Freistoßschütze. Und Steffi Graf wird nicht sagen: Ich bin die Beste der Welt – obwohl sie das ja ganz objektiv war. Eine sichere Selbsteinschätzung heißt immer auch zu wissen, was man nicht so gut kann. Und aus den drei Punkten zusammen ergibt sich im Idealfall eine Persönlichkeit, die fleißig ist und willensstark. Und trotzdem unaufgeregt.

Welche Sportler haben dich am meisten begeistert und warum?

Es ist immer interessant, Menschen außerhalb des Professionellen zu treffen. Wenn man die Möglichkeit hat, Leute näher zu treffen, zu beobachten und kennenzulernen. Ich habe mal Dirk Nowitzki interviewt, in der Nähe von Würzburg, es war Pre-Season und er hat bei seinen Eltern in seinem ehemaligen Kinderzimmer geschlafen. Wir waren dann in der Schulsporthalle verabredet, wir waren pünktlich drehfertig, er hat uns nett begrüßt und meinte: Es dauert noch einen kleinen Moment. Und dann hat dieser 2,13 Meter-Mann Freiwürfe geübt, mit einer totalen Gelassenheit. Dann dachte ich: Jetzt geht's los! Aber dann hat er erst noch Handstand an der Wand gemacht. Mit Pushups. In aller Ruhe. Dann haben wir gedacht, jetzt geht's aber los. Und dann hat er sich eine Matte geholt und hat sich gedehnt. Und ich habe gedacht: Okay, das ist ein Champion. Der macht einfach mehr als die anderen. Das war ein ganz besonderer Moment, weil man einfach mal spüren und sehen konnte, was er mehr macht als andere.

Inwiefern reizt dich beim Sport auch das Thema Veränderungen?

Sport erneuert sich immer! Der ukrainische Stabhochspringer Sergej Bubka hat den Weltrekord immer um wenige Zentimeter nach oben geschraubt, irgendwann ist er sechs Meter gesprungen. Wenn du das heute dem schwedischen Weltmeister Armand Duplantis erzählst, lacht der sich tot (Anm.: Der aktuelle Weltrekord liegt bei 6,23 Meter). Das ist doch toll – Steigerung ist auch eine Veränderung! Wenn Rekorde gebrochen werden, wenn Regeln verändert werden, zum Beispiel beim Hockey – das sind alles Prozesse. Für viele Menschen ist der Begriff Veränderung negativ belegt, für mich ist er das nicht.

Hattest du vor beruflichen Veränderungen jemals Angst?

Angst ist nicht mein Wort. Sorge vor Veränderungen habe ich eigentlich nie gehabt. Einen gewissen Respekt manchmal, ja. Ich bin mal so frech und behaupte, dass ich mein Handwerk einigermaßen kann. Und trotzdem habe ich natürlich Fehler gemacht, auch größere Fehlentscheidungen getroffen. Ich habe 2009 den Sender gewechselt, weil ich unbedingt noch die Champions League machen wollte. Das habe ich dann drei Jahre lang bei Sat1 gemacht; die haben mir dann noch eine weitere Sendung gegeben: Voll-Flop! Schön gegen die Wand gefahren, nach ein paar Monaten eingestellt. Das war nicht angenehm. Als hätte ich vorher Bundesliga gespielt und es ging immer weiter nach oben – und dann habe ich eine Saison lang im unteren Mittelfeld gekämpft. Übrigens selbst verschuldet! Das ist auch ein wichtiger Punkt: Nicht die Verantwortung bei anderen zu suchen. Im schwachen Moment schiebe ich die Schuld auch auf andere; aber die Wahrheit ist: Das habe ich allein verbockt. Aber wenn eine Tür zu geht, geht ein anderes Fenster auf.

Hast du dich in solchen Momenten auch von Top-Sportlern und -Trainern inspirieren lassen? Nach dem Motto: Wie Steffi Graf, Jürgen Klopp und Co. mit Niederlagen umgehen, das will ich für meinen Job auch?

Man kann sich in den sozialen Netzwerken heute ja von vielen Sportlern Videos angucken, ich sehe da oft Zitate von Michael Jordan. Der hat ja auch mal gesagt, wie viele Niederlagen er kassiert und wie viele Körbe er nicht versenkt hat. Und das ist nicht irgendein Hans-Wurst, das ist Michael Jordan! Es ist keine Schande, zu verlieren. Niemand gewinnt immer. Da sind wir wieder bei der Resilienz: Man muss auch Sachen aushalten können.

Was würdest du Menschen raten, die sich ein neues Ziel setzen und sich weiterentwickeln wollen?

Ich bin eher radikal: Wenn ich weniger Alkohol trinken will, dann mache ich auch eine kategorische Pause und trinke gar nichts. Ich habe bis zum 30. Oktober 1995 geraucht, als junger Reporter gehörte das irgendwie dazu. Nach den Redaktionskonferenzen wurde geraucht als gäbe es kein Morgen mehr! Als man noch im Flugzeug rauchen durfte, habe ich auf einem Inlandsflug drei Zigaretten geraucht. Und dann war ich plötzlich schwer erkältet, habe gehustet und gehustet. Ich habe dann einfach Montagmittag gedacht: Lässt du die Zigaretten mal weg. So habe ich aufgehört. Seitdem habe ich nie wieder eine

Zigarette in der Hand gehabt. Das ist rückblickend für mich ein Tag, der wichtiger ist als Führerschein und Abitur zusammen. Für mich, mein Leben und meine Gesundheit. Ich klopfe mal auf Holz!

Wie wichtig sind für dich Glaubenssätze, vor allem bei Veränderungsprozessen – egal ob beruflich oder persönlich?

Sprache, auch einzelne Worte, haben eine unglaubliche Kraft. So wie wir heute wissen, dass das Nennen der weiblichen Form – ob mit Sternchen oder in anderen Formen des Genderns – unglaublich empowern kann. Mir ist mal erklärt worden, dass man Sätze wie „Ich kann das nicht" und „Ich schaffe das nicht" einfach in die Vergangenheit packt. Also stattdessen denkt: „Ich konnte das nicht und bisher habe ich das nie geschafft – aber du hast jederzeit die Möglichkeit, es zu verändern." Außer du willst einen Marathon unter zwei Stunden laufen, das wird schwierig. Alles Negative sprachlich in die Vergangenheit zu packen, das macht was mit einem. Das ist noch nicht die Veränderung, aber es ein kleiner Effekt. Es geht nicht um „Chakachaka", sondern um kleine Schritte.

Was sind denn aus deiner Sicht Dinge, die man vom Sport nicht auf andere Lebensbereiche übertragen kann?

Naja – die negativen Dinge im Sport sind auch in anderen Lebensbereichen negativ. Verlieren ist scheiße, gewinnen ist am schönsten. Aber im Büro ist die Verletzungsgefahr eher geringer als auf dem Sportplatz. Da fällt man in der Regel nicht ein halbes Jahr mit Kreuzbandriss aus.

Die Macht des Umfelds – Wie dich deine Umgebung formt und stärkt

Es sieht ein bisschen seltsam aus, wie der große Mann im blaugrauen Anzug die Treppen hochsteigt. Er scheint sich nicht sicher zu sein, ob er gehen oder doch eher laufen soll – also wird es eine Art hüpfender Gang, die Schultern leicht nach vorne gebeugt. Doch sein Gesichtsausdruck ist alles andere als unsicher, im Gegenteil: Er grinst über beide Ohren. Denn es ist ein ganz besonderer Moment für Dirk Nowitzki. Der gebürtige Würzburger wird an diesem Abend im August 2023 feierlich in die „Naismith Memorial Basketball Hall of Fame" aufgenommen[167]. 21 Jahre lang hat er für die Dallas Mavericks gespielt, 2011 hat er mit ihnen den ersten (und bisher einzigen) NBA-Titel der Vereinsgeschichte geholt. Und als er dann nach seinem kurzen Hüpfer-Lauf auf der Bühne in Springfield ankommt, kann er erstmal nicht sprechen – weil die Zuschauenden so laut für ihn applaudieren. Irgendwann ebbt der Jubel aber doch ab. Und Dirk Nowitzki, der erfolgreichste deutsche Basketballer, sagt erst einmal: Danke. „Meine Karriere war eine lange Reise. All das wurde möglich, weil ich mir bestimmte Eigenschaften und Werte angeeignet habe. Sie wurden mir von einigen ganz besonderen Menschen beigebracht, die ausgezeichnete Lehrer waren."[168] Sein Verein, seine Familie, Freunde, Trainer und Mitspieler – sie alle hätten ihn sehr geprägt.

„Wenn der Schüler bereit ist, wird der Lehrer erscheinen."

Zitat aus dem Zen-Buddhismus

Denn wäre der 2,13 Meter große, blonde Hüne nicht in die USA ausgewandert, hätte ihn sein Umfeld nicht so sehr unterstützt und geformt – dann hätte er sich wahrscheinlich nicht vier Jahre nach seinem Karriereende als erster deutscher Spieler in der Hall of Fame des Basketballs verewigen können. 15 Minuten lang spricht Dirk Nowitzki über all jene Menschen, die ihn auf diesem einzigartigen Weg begleitet haben. Und macht damit deutlich, wie groß die Bedeutung des Umfelds auf die persönliche Entwicklung sein kann.

Der Priming-Effekt: Die Wirkung des Umfelds positiv nutzen

Doch häufig ist genau das nicht der Fall: Wir sind uns gar nicht bewusst, welche äußeren Faktoren uns beeinträchtigen. In der Wissenschaft bezeichnet man diesen Effekt als Priming. Kurz gesagt: Ein Reiz löst eine Reaktion aus. Der amerikanische Psychologe John A. Bargh hat auf diesem Gebiet geforscht und 1996 die Ergebnisse eines Experiments veröffentlicht, die für große Aufmerksamkeit gesorgt haben.[169] Bargh hatte zwei Versuchsgruppen Listen mit unterschiedlichen Begriffen vorgelegt – die einen drehten sich eher um Eigenschaften älterer Menschen (Stock, vergesslich, Glatze usw.), die anderen assoziiert man gemeinhin mit Jugendlichkeit (Party, Sport, gelenkig usw.). Als die Probanden im Anschluss den Besuchsraum verließen, bewegten sie sich deutlich langsamer und bedächtiger – oder schneller und agiler. Je nachdem, welche Liste sie gelesen hatten.[170] Die Begriffe hatten einen Effekt auf die Bewegungsmuster der Versuchspersonen! Wenn man sich also bewusst macht, wie groß der Einfluss des Umfelds sein kann: Dann kann man diesen Effekt auch positiv für sich nutzen.

Als Erstes ist da die Umgebung, in der wir groß werden, in der wir unsere ersten beruflichen Schritte gehen, in der wir wirken möchten. Und die wir natürlich auch verändern können. So wie es viele prominente Sportler machen, um ihr volles Potenzial auszuschöpfen: Kaum ein Profifußballer spielt vom ersten bis zum letzten Tag seiner Karriere bei ein und demselben Verein. Manche Athleten gehen auch ins Ausland, so wie Dirk Nowitzki; oder Mittel- und Langstreckenläuferin Konstanze Klosterhalfen, die 2018 mit gerade mal 21 Jahren allein in die USA ausgewandert ist. Dort hat sie zunächst am (umstrittenen) „Nike Oregon Project“ teilgenommen; mittlerweile hat sie Trainer und Ausrüster erneut gewechselt.[171] „In Bezug auf das Training gab es vor allem im ersten Jahr sehr viele Inhalte, die neu waren und die ich für mich habe mitnehmen können. Insbesondere bei Aspekten, die mir noch gefehlt haben wie Tempohärte in der letzten Runde und auch die allgemeine Kraft. Wir haben auch das Pensum des Trainings weiterentwickelt.“[172] Auch wenn sie verletzungsbedingt immer wieder ausfällt, so wie bei der WM 2023 in Budapest:

Seitdem Konstanze „Koko“ Klosterhalfen nicht mehr in Deutschland trainiert, hat sich ihre Leistung signifikant verbessert. 2022 wurde die gebürtige Bonnerin Europameisterin über 5000 Meter. Und der Umzug nach Amerika habe sie auch persönlich gestärkt. Alexander Zorniger hat ähnliche Erfahrungen gemacht; der Fußballtrainer hatte zuvor RB Leipzig erst in die dritte, dann sogar in die zweite Liga geführt und im Anschluss den Bundesligisten VfB Stuttgart trainiert. Nachdem er dort im November 2015 vorzeitig entlassen wurde, brach er seine Zelte ab und ging nach Dänemark: „Eigentlich wollte ich immer in Deutschland bleiben. Aber der Wechsel ins Ausland hat mich rückblickend extrem weitergebracht und ich bin definitiv dadurch ein besserer Trainer geworden! Ich habe in dieser Zeit sehr viel gelernt. In Dänemark gehen die Leute zum Beispiel viel sorgsamer miteinander um und haben eine ganz andere Entspanntheit. Ich habe für mich gelernt, dass diese Oberflächlichkeit in Deutschland nicht mein Leben beeinflussen sollte. Außerdem habe ich gelernt, meinen Führungsstil anzupassen und das Wissen von anderen viel mehr in meine Arbeit miteinfließen zu lassen.“

Während bei Zorniger der Setting-Wechsel erst gar nicht geplant war, hat Toni Kroos nach dem Sieg des WM-Titels 2014 ganz bewusst einen neuen Weg eingeschlagen. Weg von Bayern München, hin zu Real Madrid. Dort hat er nicht nur drei Mal die Champions League gewonnen, sondern sich mit seiner Frau und den drei Kindern auch einen neuen Lebensmittelpunkt geschaffen – den er auch nach seinem Karriereende nicht mehr zurück nach Deutschland verlagern will. „Das Leben allgemein in Madrid ist schön, wir haben uns alles so eingerichtet, dass das gut passt für uns. So haben sich über die Jahre ein paar Faktoren verschoben – und mit jedem Jahr, das wir hier waren, konnten wir uns immer mehr vorstellen, auch zu bleiben.“[173] Ein neues Land, weit weg von der Heimat, der Familie, den Freunden; ein neuer Arbeitgeber, eine bis dato fremde Sprache – für viele ist es eine große Herausforderung, so einen radikalen Schritt zu gehen. Doch das veränderte Umfeld, das Klosterhalfen, Zorniger, Kroos und Co. in einem anderen Land vorgefunden haben, hatte einen positiven Effekt auf ihre persönliche Entwicklung. Natürlich geht es dabei nicht per se um die USA oder Spanien – sondern im engeren Sinne um die Trainingsbedingungen, die finanzielle Absicherung, den Support durch Trainer, Verein und Fans. Bei meinem Wechsel von Berlin nach Krefeld 2013 erging es mir ähnlich. Nachdem mich Bundestrainer Markus Weise nicht in den A-Kader der Hockeynationalmannschaft berufen hatte, spürte ich: Nach 22 Jahren in Berlin war eine Veränderung nötig. Ein neues Umfeld, neue Menschen und neue Herausforderungen. Der Schritt, meine Heimatstadt und mein gewohntes Umfeld zu verlassen, war zwar beängstigend – aber im Nachhinein betrachtet eine der besten Entscheidungen, die ich je getroffen habe. Nicht nur meine spielerische Leistung verbesserte sich dank neuer Taktiken, Trainer und Mitspieler; vor allem persönlich konnte ich mich in dieser Zeit stark weiterentwickeln.

Einer dieser besonderen Mitspieler war Oskar Deecke, Hockeyolympiasieger von 2012. Er arbeitet heute als Marketingchef im B2C-Bereich bei Fortuna Düsseldorf und ist ein großer Fan von Umfeldveränderungen: „Ich bin der festen Überzeugung, wenn du mal eine andere Stadt, ein anderes Unternehmen, andere Leute kennengelernt hast – das tut gut. Kreativität, Blick über den Tellerrand, Offenheit, neue Perspektiven, neue Branchenschwerpunkte." Auch er selbst hat, wie er mir in einem ausführlichen Gespräch erzählt, seine Komfortzone verlassen. „Vom kühlen Hamburg ins offene Köln." Ich habe ähnliche Erfahrungen gemacht; und obwohl ich es am Ende nicht zu Olympia geschafft habe, habe ich den Umzug nie bereut. Einige Mentoren im Verein haben mir dabei geholfen, früh den für mich passenden beruflichen Weg einzuschlagen, den ich in Berlin so nicht gefunden hätte. Und zu guter Letzt habe ich am Krefelder Hockeyplatz auch noch meine Frau kennengelernt.

Im Beruf ist es wie im Sport, wenn wir dort unser Setting hinterfragen. Sei es eine neue Stelle bei einer neuen Firma oder eine andere Position beim bisherigen Arbeitgeber, sei es der Schritt in die Selbstständigkeit oder die branchenspezifische Vernetzung mit Fachkräften anderer Unternehmen, beispielsweise über digitale Plattformen oder Präsenz-Veranstaltungen: Wir haben viele Möglichkeiten, unser Umfeld zu verändern. Natürlich geht es dabei auch um verbesserte Arbeitsbedingungen wie ein Standort, der besser zum (Familien-)Leben passt, eine bessere Bezahlung, flexiblere Arbeitszeiten oder ein vielfältiges Benefit-Programm. Manchmal sind es aber vor allem die Menschen, mit denen wir zusammenarbeiten, die den Unterschied machen. Und für die wir uns ganz bewusst entscheiden können.

„Lassen Sie sich von der Welt verändern und Sie können die Welt verändern."

Ernesto „Che" Guevara, Revolutionär

25 Jahre vor seiner emotionalen Hall of Fame-Rede fährt Dirk Nowitzki heimlich zum Flughafen. Begleitet von Holger Geschwindner, seinem Privat-Trainer. Oder wie Dirk ihn später nennen wird: Mentor, Freund, Coach, manchmal auch zweiter Vater. Geschwindner hat Nowitzki früh unter seine Fittiche genommen, sehr zum Ärger vieler (deutscher) Auswahltrainer, und seinem Schützling eine einzigartige Karriere geebnet. Denn der besagte Flug führt die beiden nach San Antonio, wo Dirk Nowitzki beim „Hoop Summit" gegen diverse amerikanische Nachwuchstalente antritt und sie „quasi im Alleingang aus der Halle schießt", wie der SPIEGEL schreibt. Der Grundstein für seine Zeit in der NBA. Es ist eine besondere, individuelle Förderung, die Nowitzki durch Geschwindner erfährt.

Die Rolle von Vorbildern, Mentoren und Coaches

„Ich musste im Handstand durch die Halle laufen. Ich musste Saxophon spielen. Ich musste Saxophon spielen, während ich im Handstand durch die Halle gelaufen bin!"[174] Ob sich diese Szene wirklich so zugetragen hat, wird wohl für immer ein Geheimnis zwischen Nowitzki und seinem Privat-Trainer bleiben. Doch diese Anekdote, die der Basketballer während seiner Dankesrede zum Besten gibt und die nicht nur bei Geschwindner, sondern beim ganzen Publikum für Lacher sorgt, zeigt: Die beiden haben eine ganz besondere Beziehung. Geschwindner ist studierter Mathematiker und Physiker, führt sein eigenes Beratungsunternehmen und ist ehemaliger Basketball-

Nationalspieler. Allerdings besitzt er keinen Trainerschein, ist für seine ungewöhnlichen Übungsmethoden bekannt und wurde wegen Steuerhinterziehung zu einem Jahr auf Bewährung verurteilt.[175] Dieser Holger Geschwindner, so umstritten er auch sein mag, hat einen entscheidenden Anteil daran, dass aus dem Talent Dirk Nowitzki der Superstar Dirk Nowitzki geworden ist. „Du wurdest mein Mentor für meine gesamte Karriere und ich werde immer dankbar dafür sein, was du für mich getan hast." Und vielleicht sogar dafür, dass er ihm die Jazzmusik nähergebracht hat – denn die hat Geschwindner tatsächlich im Training eingesetzt, um seinem Schützling die Themen Improvisation und neue Denkmuster einzuverleiben. Ob er dabei auch noch Turnübungen machen musste... wer weiß.

„Wenn du erfolgreich sein willst, suche dir jemanden, der die gewünschten Ergebnisse bereits erreicht hat."

Tony Robbins, Motivationstrainer

Mentoren, Vorbilder oder Coaches können einen großen Einfluss auf unsere persönliche – oder auch ganz konkret: unsere berufliche – Weiterentwicklung haben. Im Spitzensport werden diese Beziehungen häufig ins Rampenlicht gestellt, sei es beispielsweise der Wechsel von Fußballer Leroy Sané zu Manchester City, weil er unbedingt von Trainerlegende Pep Guardiola unterrichtet werden wollte. Oder Serena Williams, deren Trainer Patrick Mouratoglou sie sogar dazu brachte, kurzerhand einen negativen Glaubenssatz über den Haufen zu werfen[176]: Serena dachte, dass sie bei kurzen Bällen am Netz schlecht spielte (was auch der Realität entsprach) und entwickelte eine regelrechte Angst vor diesen Spielzügen; ihr Coach behauptete daher einfach, dass die Statistik zeige, dass sie 80 Prozent der besagten Bälle treffe. Und siehe da: Plötzlich traf sie tatsächlich viel mehr kurze Bälle und kam der (erfundenen) Statistik erstaunlich nahe. Eine kleine Lüge, die das Selbstbild einer Weltklasse-Tennisspielerin so entscheidend beeinflusste – weil sie von jemandem stammte, dem sie vertraute.

Und wie sieht es im beruflichen Kontext aus? Vor allem Unternehmer, Selbstständige und Führungskräfte nehmen häufig (und regelmäßig!) Unterstützung von professionellen Coaches oder Mentoren in Anspruch. Sei es, um sich auf einzelnen Gebieten konkret weiterzuentwickeln – beispielsweise in puncto Kommunikation mit Mitarbeitenden – oder um sich einfach über ihren Alltag auszutauschen und nochmal eine andere, unvoreingenommene Perspektive auf die sie bewegenden Dinge zu bekommen. Im Idealfall mit einer Person, die bereits ähnliche Erfahrungen gemacht hat und die Gedanken, Gefühle und Sorgen nachvollziehen kann. Aber nicht nur für Top-Führungskräfte ist professioneller Rat wichtig: Auch für „normale" Angestellte können Coaching und Mentoring hilfreich sein – insbesondere dann, wenn es um persönliche Veränderungen geht. Während Coaching eher kurzfristig und ziel- bzw. aufgabenorientiert ist, versteht man unter Mentoring eine langfristige und entwicklungsorientierte Unterstützung.[177] Bodo Schäfer, einer der erfolgreichsten Persönlichkeitstrainer Deutschlands, betont in seinen Vorträgen und Büchern stets die Bedeutung solcher Unterstützer. Seiner Meinung nach sei er nur so erfolgreich geworden, weil er sich sehr früh in seinem Leben einen Coach gesucht und diesen auch gefunden habe. „Ich glaube, dass wir dann einen Coach suchen, wenn wir wirklich etwas verändern wollen. Wenn wir so stark etwas ändern wollen, dass wir es einfach nicht mehr aushalten, so wie es jetzt ist. So wie es bei mir war, als ich mit 26 Jahren so stark verschuldet war."[178] Dabei habe ihm bewusst der Sport geholfen, das Konzept eines Coaches anzuerkennen und auf seine berufliche Situation zu übertragen: „Ich habe eine Sportschau gesehen im Fernsehen. Und da ist mir aufgefallen, dass jeder Spitzensportler einen Coach hat. (...) Und im Grunde genommen ist es ja so: Das ist es, was den Amateur vom Profi unterscheidet: Profis haben Coaches."[179] Er habe in seinem Leben viele Politiker, Führungskräfte, Unternehmer und Spitzensportler getroffen. Und sie alle hätten mit einem Coach gearbeitet – und diesen, laut eigenen Angaben, auch gebraucht. „Auch der Papst!" Coaches für bestimmte Entwicklungsstufen oder Themengebiete zu verpflichten ist häufig noch ein (nicht ganz günstiges) Privileg, das sich nicht alle Firmen für ihre Mitarbeitenden leisten können und wollen. Mentoring dagegen gewinnt in der Businesswelt immer mehr an Bedeutung und wird von vielen Unternehmen mittlerweile bewusst gefördert. Meine Frau hat beispielsweise vor einigen Jahren an einem Mentoringprogramm teilgenommen und sich regelmäßig mit einem erfahrenen Kollegen, der bereits eine Führungsposition innehatte, zum Gedankenaustausch getroffen. Auch Hockeyolympiasieger Oskar Deecke hat sich bewusst Mentoren gesucht: „Ich habe in den letzten Jahren meiner Leistungssport-Laufbahn viel mit erfolgreichen Unternehmern gesprochen, habe mir die rosarote Brille runternehmen lassen – dass meine Goldmedaille in ein, zwei Jahren niemanden mehr interessiert. Das hat mir nochmal eine andere Reflexion gegeben." Laut Gabriele Hoffmeister-Schönfelder, Vorsitzende der Deutschen Gesellschaft für Mentoring und Gründerin einer Personalentwicklungsfirma, biete Mentoring viele Vorteile: „Benachteiligte Gruppen erhalten erhöhte Sichtbarkeit, aufstrebende Talente profitieren von professionellen sowie persönlichen Ratschlägen erfahrener Fachkräfte, während etablierte Veteranen an ihrem beruflichen Erbe feilen können. Unternehmen sichern sich dabei schwer messbare Kompetenzen und festigen ihre Position durch zufriedene Mitarbeiter, die sich erkannt und wertgeschätzt fühlen."[180]

„Die Welt verändert sich durch dein Vorbild,
nicht durch deine Meinung."

Paulo Coelho, Schriftsteller

Doch nicht nur Mentoren, auch Vorbilder können uns bei unserer Entwicklung helfen: Indem sie uns inspirieren. Oder uns sogar Anhaltspunkte für konkrete Verhaltensweisen in bestimmten Situationen liefern. Doch das müssen wir an dieser Stelle wohl gar nicht groß erläutern – denn würdest du nicht an das Konzept von Vorbildern glauben, hättest du dir dieses Buch wahrscheinlich gar nicht erst gekauft. Die allermeisten Spitzensportler machen das übrigens auch. Und unzählige Unternehmer genauso: Sie lesen Geschichten, schauen Dokumentationen, hören Podcasts und nehmen sich ein Vorbild an jenen Menschen, die bereits Erfolge erzielt haben, die sie gerne noch erreichen – oder vielleicht sogar übertreffen – möchten. Sei es

Sebastian Vettel, der seinem großen Vorbild Michael Schumacher nacheiferte: „Für mich war Michael sehr prägend. Es hat mir sehr viel Halt gegeben, dass da jemand war, der aufgezeigte, was möglich ist, was man erreichen kann, wenn man hart an sich arbeitet.“[181] Auch Turn-Star Simone Biles eiferte einer anderen Turnerin nach; nachdem sie Gabby Douglas 2012 mit vier Olympischen Siegen gewinnen sah, wollte sie genau das auch schaffen.[182] Heute gilt Biles mit vier Olympischen Siegen und diversen Weltmeistertiteln nicht nur als beste Turnerin aller Zeiten, sondern auch ganz offiziell als „Vorbild und Vorreiterin“. Dafür wurde sie nämlich von US-Präsident Joe Biden mit der Freiheitsmedaille ausgezeichnet.[183]

Vorbilder beruhen auf dem Prinzip der Motivation durch Assoziation: Das Vertrauen von Menschen in ihre eigenen Fähigkeiten erhöht sich, wenn sie Gemeinsamkeiten mit einer oder mehreren erfolgreichen Persönlichkeiten haben.[184] Und genau das können wir im beruflichen Kontext nutzen. Ich unterscheide dabei zwischen vier verschiedenen Ebenen: Als erstes geht es darum, sich bewusst zu machen, auf welchem Gebiet man sich verbessern bzw. weiterentwickeln möchte – und passende Vorbilder aktiv zu suchen. Welche Personen haben bereits das erreicht, was ich noch erreichen möchte? Danach „studiere“ ich diese Personen: Ich lese ihre Bücher, sofern sie welche veröffentlicht haben; ich höre Podcasts, bei denen sie zu Gast sind und folge ihnen auf Social Media. Welche Werte vertreten sie? Welche Kompetenzen haben sie, die mir noch fehlen? Wenn ich die Möglichkeit habe, versuche ich in Phase zwei in direkten Kontakt mit meinen Vorbildern zu treten. Das geht eher weniger mit berühmten Speakern, die hunderttausende Follower haben und meine Nachricht wohl kaum in ihrem Posteingang entdecken und dann auch noch ausgiebig beantworten werden (wobei es einen Versuch ja immer wert ist!). Aber auch in meinem direkten beruflichen Umfeld habe und hatte ich Vorbilder, an die ich mich persönlich wenden konnte. Als ich damals von Berlin nach Krefeld gezogen bin, habe ich Rat bei zwei erfolgreichen Vereinsmitgliedern des Hockeyclubs gesucht, um meine berufliche Entwicklung zu forcieren. Diese beiden Männer wurden im Laufe der Jahre von Vorbildern zu Mentoren und haben meine Pläne analysiert, mir wertvolles Feedback gegeben und mich über einen langen Zeitraum hinweg begleitet. Und so war ich ganz seicht in Phase drei gerutscht; in ein kostenloses Coaching- bzw. Mentoring-Verhältnis. Wenn das allerdings keine Möglichkeit ist, besteht immer noch die Steigerung zu Phase vier: Die bereits erwähnte bezahlte Variante. Es kann sich übrigens lohnen, diese beim Arbeitgeber anzufragen. In meinem Fall hat es funktioniert und ich habe ein (vom Unternehmen finanziertes) individuelles Coaching durchlaufen können. Aber nicht nur abseits des Platzes, sondern auch darauf habe ich mir stets Vorbilder und Mentoren gesucht – in Form von erfahrenen Hockeyspielern, an denen ich mich orientieren konnte.

Doch bei all der Bedeutsamkeit von Vorbildern, sollten wir vor allem eines immer bleiben: authentisch. Denn es geht nicht darum, die perfekte Kopie einer anderen Person zu werden. Ich habe auch nicht ein Vorbild, das mir in allen Lebensbereichen den Weg weist. Im Gegenteil: Ich finde sehr viele Persönlichkeiten sehr spannend! Für Fokus und Disziplin schaue ich auf Michael Jordan, in puncto Storytelling und einfache Sprache lasse ich mich von Barack Obama inspirieren. Beim Thema positiver Umgang mit Druck ist mein Vater mein Vorbild, während ich hinsichtlich Durchhaltevermögen und Authentizität zu meiner Mutter aufschaue. Und in Sachen Empathie und Liebe zum Detail ist meine Frau meine persönliche Vorreiterin.

Dein „Inner Circle“: Wie wichtig dein privates Umfeld ist

Als sich Dirk Nowitzki am 13. August 2023 seinen Eltern zuwendet, wird es emotional. Sein Vater, unschwer zu erkennen an der schwarz-rot-goldenen Krawatte, die er zu diesem besonderen Anlass angezogen hat, und seine Mutter, etwas dezenter gekleidet, aber sicher nicht weniger stolz, haben einen großen Anteil daran, dass ihr Sohn jetzt als erster Deutscher in die Hall of Fame aufgenommen wird. Und damit Helga und Jörg auch genau verstehen, wie dankbar ihr Sohn ihnen dafür ist, schnäuzt er sich noch einmal kurz und wechselt dann vom Englischen ins Deutsche: „Was ihr für mich gemacht habt, werde ich euch nie vergessen für den Rest meines Lebens. Und wenn ich nur ein halb so guter Vater werde, wie ihr für mich Eltern seid, dann bin ich sehr glücklich."[185] Was Dirk Nowitzki in gerade mal zwei Sätzen auf den Punkt bringt, beinhaltet viel mehr. Denn mit niemandem verbringen wir so viel Zeit wie mit unserem privaten Umfeld. Niemand hat so einen großen Einfluss auf uns und unsere Entwicklung, vor allem in den ersten Lebensjahren, wie unsere Eltern, unsere Großeltern und Geschwister. Später kommen dann noch Freunde und natürlich die Lebenspartner hinzu. Viele Sportler wissen deshalb: Hätten wir zuhause keine Unterstützung erfahren, wären wir nicht so erfolgreich geworden.

„Da gab es nie Neid, ganz im Gegenteil – immer Anerkennung oder Freude über das, was der Andere erreicht hat."

Ralf Schumacher, ehemaliger Rennfahrer

Ein Extrembeispiel in dieser Hinsicht ist Richard Williams, Vater von Venus und Serena, dessen Geschichte sogar verfilmt und mit einem Oscar ausgezeichnet wurde. „King Richard" soll nämlich schon vor der Geburt seiner Töchter geplant haben, sie zu Tennis-Profis zu machen. Als er im Fernsehen sah, wie der Siegerin eines Tennisturniers ein Scheck in Höhe von 60.000 Dollar überreicht wurde, habe er seiner Frau (die bereits drei Töchter mit in die Ehe brachte und eigentlich keine weiteren Kinder mehr wollte) heimlich die Antibabypille geklaut.[186] Und sein Plan ging bekanntlich auf. Aber auch wenn unsere Eltern nicht schon vor unserer Geburt unseren kompletten Lebensweg geplant haben (eine eher fragwürdige Vorgehensweise), können sie oder andere Familienmitglieder bzw. enge Angehörige uns unterstützen: Indem sie uns den Rücken freihalten, wenn wir beispielsweise für neue berufliche Projekte mehr Zeit aufbringen müssen. Indem sie uns aber auch immer wieder daran erinnern, dass es Raum und Zeit für alle Lebensbereiche (Regeneration!) geben muss. Und indem sie uns auffangen, wenn es auch mal nicht so gut laufen sollte.

Aber der Einfluss der eigenen Familie kann uns auch schaden. Wir können unsere Wünsche und Ziele offen kommunizieren, um Unterstützung bitten – oder uns irgendwann abnabeln, wenn wir merken, dass die Menschen in unserem engsten Kreis uns nicht guttun. So wie Tennislegende Steffi Graf. Am 28. April 1995 leitete die Staatsanwaltschaft Mannheim Ermittlungen gegen ihren Vater und gegen sie selbst ein. Der Vorwurf: Steuerhinterziehung. Einige Monate später kam ihr Vater dann in Untersuchungshaft. Von seiner Festnahme erfuhr sie auf einem Zwischenstopp am Flughafen in Atlanta. „Vor mir tat sich der Boden auf. Ein Gefühl wie auf Treibsand.“[187] Denn Peter Graf war bis dato die treibende Kraft hinter ihrer Tenniskarriere: Nachdem er ihr Talent schon früh erkannt hatte, gab er seinen Job auf und wurde Steffis Trainer und Manager. Der SPIEGEL bezeichnete ihn einst als „Prototypen des überehrgeizigen Tennisvaters.“[188] Doch so erfolgreich er in sportlicher Hinsicht agierte, so schwierig war für ihn offenbar der richtige Umgang mit den Millionengagen seiner Tochter. 1997 wurde er schließlich zu drei Jahren und neun Monaten Haft verurteilt, das Verfahren gegen seine Tochter wurde eingestellt. In den Jahren danach soll Steffi nicht mehr mit ihm gesprochen haben; nach seinem Tod gedachte sie auf ihrer Homepage der „guten Zeiten“ mit ihrem Vater – „vor allem, als ich jung war“.[189]

Im Erwachsenenalter haben wir die Möglichkeit, uns unser Umfeld bewusst auszusuchen; manchmal gehören schwere Entscheidungen dazu; Trennungen, ob von Familienmitgliedern, Beziehungspartnern oder Freunden sind nie einfach. Aber sich mit Menschen zu umgeben, die einem guttun, die einem grundsätzlich wohlgesonnen sind, auch wenn sie nicht immer der gleichen Meinung sein müssen: Das hat nachweislich einen positiven Effekt auf unser Wohlbefinden. Eine Langzeitstudie der Harvard-Universität hat gezeigt, dass uns gute Beziehungen „glücklicher und gesünder“[190] machen. So fasst Robert Waldinger, der mittlerweile vierte Leiter der Studie, die wichtigsten Ergebnisse zusammen. Seit 1938 begleiten und befragen die Forschenden 724 junge, amerikanische Männer und ihre Familienangehörigen und haben herausgefunden, dass die Qualität (nicht die Quantität!) der Beziehungen einen entscheidenden Einfluss auf die Gesundheit, die Lebensdauer und sogar die Gedächtnisleistung hat. Sie raten deshalb, das eigene Beziehungsmuster einmal genau zu durchleuchten: Mit wem verbringe ich gerne Zeit, wer gibt mir Kraft? Aber auch: Welche Kontakte sind eher Energiefresser? Wer bremst mich aus? Ich habe beispielsweise irgendwann festgestellt, dass es

Menschen gibt, mit denen ich nicht so gut klarkomme. Und das sind Personen, die eher immer zuerst an das Risiko statt an die Chancen denken. Bei denen das Glas halb leer statt halb voll ist. Selbst wenn wir vielleicht in anderen Lebensbereichen gut harmonieren – ich kann mit einer pessimistischen Grundeinstellung nicht viel anfangen. Häufig lasse ich mich von solchen Gedanken auch runterziehen. Deshalb habe ich für mich beschlossen, mit solchen Personen so wenig Zeit wie möglich verbringen zu wollen.

Auch wenn es eher seltsam erscheinen mag, an das emotionale Thema Beziehungen so analytisch ranzugehen: Es ist hilfreich, die Menschen zu finden (und euren Kontakt zu fördern), die dich bei deinem persönlichen Wachstum unterstützen und deine grundlegenden Werte teilen. Wenn ich ein bestimmtes Ziel verfolge, zum Beispiel die Fertigstellung und Veröffentlichung dieses Buches, dann gehe ich dabei so vor: Ich mache eine Liste mit jenen Personen, mit denen ich die meiste Zeit verbringe. Familie, Freunde, Kollegen, Mitspieler, Bekannte. Danach „bewerte" ich mein Umfeld im Hinblick auf mein Ziel: Wer unterstützt mich? Wer inspiriert mich? Wer hat immer ein offenes Ohr? Wer hat eine positive Einstellung zum Leben? Danach mache ich genau das Gegenteil und definiere, wer in welchen Dimensionen einen eher negativen Einfluss auf mich hat. Auf dieser Basis entscheide ich dann, mit welchen Menschen ich (bezogen auf mein Ziel) gerne mehr Zeit verbringen und mit wem ich mich häufiger austauschen möchte. Als ich mich auf die Endrunde der deutschen Meisterschaft 2012 vorbereitet habe, habe ich zum Beispiel ganz bewusst den Kontakt zu disziplinierten Sportlern gesucht, während ich die Treffen mit meinen trink- und feierfreudigen Kumpels reduziert habe. Und als ich während des Studiums ein Start Up gegründet habe, habe ich mich vermehrt mit Menschen aus meinem erweiterten Freundeskreis getroffen, die schon Erfahrung auf dem Gebiet der Selbstständigkeit gesammelt hatten. Diese „Bewertung" der Beziehungen muss also nicht allumfassend und richtungsweisend für deinen kompletten Alltag sein, sondern kann sich auf konkrete Bereiche oder (beschränkte) Zeitabschnitte in deinem Leben beziehen. Und einige Entscheidungen in dieser Hinsicht trifft man sowieso unbewusst; spätestens dann, wenn man Kinder bekommt, merkt man zum Beispiel ganz deutlich, wie stark die veränderten Lebensumstände auch die „Wahl" deines Umfelds beeinflussen. Wer im gleichen Boot sitzt – sei das im privaten oder im beruflichen – der kann gewisse Verhaltens- und Denkmuster, Sorgen und Ängste, aber auch Freuden und Glücksgefühle einfach besser nachvollziehen. Triathlet-Star Jan Frodeno beispielsweise hat in seiner Frau Emma, ebenfalls ehemalige Profi-Triathletin und mehrfache Weltmeisterin, nicht nur eine Gleichgesinnte gefunden, was den Sport angeht – sondern auch eine Partnerin, die ihm den Rücken freihält. Zum Beispiel nach der Geburt des gemeinsamen Sohnes Lucca 2016: „Ich gebe zu: In den Wochen und Monaten der Sommerwettkämpfe bin ich nachts nicht aufgestanden. Das hat Emma gemacht. (...) Sie versteht, dass ich im Training Leistung bringen muss, und weiß, was es bedeuten würde, wenn ich nur sechs statt acht Stunden Schlaf bekäme."[191]

> *„Ich erinnere mich daran, als ich zum ersten Mal in der Liga spielte und meine Mutter nichts über Basketball wusste. Aber jetzt ist sie ein Experte."*
>
> Dennis Schröder, Basketball-Weltmeister

Wie Dirk Nowitzki und seine Frau das mit den nächtlichen Wachphasen der Kinder geregelt haben, weiß man nicht. Aber dass sich der wohl berühmteste, deutsche Basketballer für seine Kinder ein unterstützendes Umfeld wünscht, schon: Denn nach all seinen Dankesbekunden wendet er sich am Ende seiner Hall of Fame-Rede noch an seine drei Kinder. „Ich habe heute Abend einige der Geschichten mit euch geteilt, die ich von meinen Vorbildern gelernt habe, und ich wünsche euch dasselbe. Findet die Vorbilder, die euch auf eurem Weg inspirieren.

Es ist immer wichtig im Leben, stets den Antrieb zur Verbesserung zu haben, niemals zufrieden zu sein. Seht euch immer als jemanden, der lernen möchte, und nicht als jemanden, der schon alles weiß. Mir wurden so viele großartige Lektionen von unglaublichen Lehrern vermittelt, und ihr werdet auch welche finden."

F.I.N.E.-Praxistipps: Wie dich deine Umgebung formt und stärkt

✓ **Verändere dein Umfeld und nutze Priming.**
Umgebungsveränderungen beeinflussen unsere Gewohnheiten. Platziere daher positive Auslöser in deiner Umgebung, um bessere Entscheidungen zu fördern.

✓ **Achte darauf, dass dich deine engsten Menschen positiv beeinflussen.**
Wähle dein Umfeld bewusst aus, indem du Menschen um dich hast, die deine Ziele und Werte teilen und dich unterstützen. Analysiere dafür dein aktuelles Umfeld kritisch. Erstelle eine Liste von Personen in deinem Leben und reflektiere, wer dich positiv unterstützt und wer dich eher bremst. Verbringe mehr Zeit mit denjenigen, die deine Entwicklung fördern.

✓ **Suche dir Vorbilder, die Gemeinsamkeiten mit dir haben.**
Verwende das Konzept "Motivation by Association" zu deinem Vorteil. Erhöhe dein Vertrauen in deine Fähigkeiten, indem du Gemeinsamkeiten mit erfolgreichen Persönlichkeiten erkennst. Das kann deine Zuversicht steigern und dich auf deinem Weg motivieren. Folge Menschen, die dich inspirieren und positiv beeinflussen, über Social Media, Bücher, Filme usw.

✓ **Finde Mentoren bzw. Coaches.**
Top-Sportler haben Mentoren und/oder Coaches. Suche nach Menschen, die dich fordern und fördern. Diese können dir wertvolle Ratschläge geben und dich auf deinem Weg begleiten. Schaffe dabei Win-Win-Situationen und bleibe stets authentisch.

✓ **Wage bei Bedarf einen radikalen Neuanfang.**
Manchmal braucht es einen drastischen Schritt, um im Leben weiterzukommen. Wenn du spürst, dass du an einem Punkt feststeckst, erwäge einen Wechsel des Unternehmens oder deines Wohnortes. Dieser radikale Umfeld-Wechsel kann dich enorm voranbringen. Du wirst nicht nur neuen Herausforderungen begegnen, sondern auch neuen Menschen und Perspektiven.

Interview Niklas Wellen

„Ich bin sofort in Tränen ausgebrochen! Wer mich kennt, weiß, dass ich eigentlich nicht so der emotionale Typ bin. Aber das war für mich völlig überwältigend, weil ich damit nicht gerechnet habe."

Anfang 2023 wird Niklas Wellen einer breiten Öffentlichkeit bekannt – was für einen Hockeyspieler eher selten der Fall ist! Denn Niklas wird Vater. Und zwar während er in Indien das beste Turnier seines Lebens spielt und mit den deutschen Hockeyherren sogar den Weltmeistertitel holt. Eine Ausnahmesituation für den damals 28-Jährigen. Gleichzeitig aber auch irgendwie nicht: Denn Niklas bekommt schon von jeher viel Unterstützung seines engsten Umfelds. Und weiß: Ohne meine Partnerin, ohne meine Familie wäre all das nicht möglich gewesen.

Was war das für eine Situation, als du von der Geburt deines Sohnes erfahren hast?

Es war schon absurd! Wenn wir ein Turnier in Indien haben, sind wir nur im Hotel oder am Platz, wir sind nicht anderweitig unterwegs. Man hat viel Zeit, die man überbrücken muss – der Kleine hätte also einen sehr großen Zeitraum gehabt, um auf die Welt zu kommen, und ich hätte per Facetime oder so dabei sein können. Er hat sich aber ausgesucht, während eines Spiels zu kommen. Es gab eine gesundheitlich unklare Situation, meine Freundin ist ins Krankenhaus gefahren und ich wusste nicht so recht, was da los ist. Ich war daher auch auf dem Weg zum Stadion sehr angespannt, aber nach dem Warm Up konnte ich nochmal aufs Handy gucken und da waren zwei Daumen hoch von der Mutter meiner Freundin. Das war für mich das Wichtigste, dass ich wusste: Ich muss mir keine Sorgen machen, es geht ihnen gut. Ich habe mein Handy dann meinem Manager in die Hand gedrückt und gesagt: Sorge dafür, dass da in der Halbzeit Internet drauf ist! In der Kabine gab es nämlich keinen guten Empfang. Ich wollte nur sehen, dass alles gut läuft. Ich dachte eigentlich, wir spielen das Spiel, machen Cooldown, gehen dann was essen und der Kleine kommt irgendwann heute Nacht. Aber als ich dann in der Halbzeit ans Handy gegangen bin, sehe ich plötzlich 28 Nachrichten und Bilder, wie Kim den Kleinen auf dem Arm hält. Ich bin dann sofort in Tränen ausgebrochen! Wer mich kennt, weiß, dass ich eigentlich nicht so der emotionale Typ bin. Aber das war für mich völlig überwältigend, weil ich damit nicht gerechnet habe.

Aber du hast ja dann noch die zweite Halbzeit gespielt – wie hast du das geschafft, in dieser Ausnahmesituation?

Ich wusste, dass ich mir keine Sorgen machen muss. Ich dachte beim Verteidigen oder beim Angriff nicht: Oh, mein Kind ist gerade geboren! So absurd das vielleicht für Leute klingen mag, die nicht aus dem Leistungssport kommen, aber ich war dann so im Spiel drin und danach konnte ich mich um andere Dinge kümmern. Ich habe einfach meinen Job gemacht, ich habe funktioniert. Und danach hatte ich genug Zeit, mit Kim zu telefonieren und das Verpasste aufzuholen.

Ihr habt im Viertelfinale, im Halbfinale und im Finale jeweils einen 0:2-Rückstand gedreht und am Ende den Titel geholt. Hat dich die Geburt beflügelt?

So gut wie da habe ich noch nie gespielt. Wahrscheinlich hatte das unterbewusst einen Effekt, ja. Denn mir war klar: Ich verpasse die Geburt, ich muss dieses Turnier gewinnen. Und ich werde dieses Turnier gewinnen. Ich hatte einen anderen Willen, und wenn einer der Führungsspieler in der Mannschaft so denkt, schwappt das vielleicht auch auf andere über. Wir sind ein Team, wir haben eine enge Bindung, wir verbringen viel Zeit miteinander. Da wird sich vielleicht der eine oder andere gedacht haben: Wir müssen das Ding jetzt auch für Niklas holen.

Es war ja im Vorhinein klar, dass die Geburt sehr wahrscheinlich in den Zeitraum der WM fallen wird. Hast du mit der Entscheidung gehadert, das Turnier zu spielen – oder war von Anfang an klar, was du machen wirst?

Als Kim mir gesagt hat, dass sie schwanger ist, habe ich kurz im Kopf gerechnet und dachte: Super, dann kommt der Kleine im Februar, nach der WM, perfektes Timing! Und sie so: Nene, du hast dich verrechnet – er kommt am 17. Januar! Ich habe dann früh mit meinem Trainer gesprochen und es war klar, dass der Austragungsort der WM zu weit weg ist; da kann ich nicht mal eben für zwei Tage wegfahren und wiederkommen. Wir waren uns dann einig, dass es daher nur zwei Optionen gibt: Ganz oder gar nicht. Am Anfang wollte ich mit vielen Jungs aus der Mannschaft darüber sprechen und sie fragen, wie sie sich entscheiden würden. Aber letztlich habe ich mit keinem einzigen gesprochen! Denn die einzigen, die mit dieser Entscheidung klarkommen müssen, sind Kim und ich. Ich habe für jeden Verständnis, der sagt: Was bist du für ein Idiot, dass du die Geburt deines ersten Kindes verpasst hast?! Aber wir haben uns zusammengesetzt und ich habe Kim erklärt, dass ich zwar schon bei einigen internationalen Turnieren dabei war, wir aber noch nicht so erfolgreich waren und dass diese WM wahrscheinlich meine letzte sein wird. Und ich musste dieses Turnier gewinnen! Ich wollte diesen Titel! Kim kommt auch aus einer Leistungssportfamilie, ihr Bruder ist Eishockeyspieler, ihr Vater war Eishockeyspieler. Sie hatte daher Verständnis für mich und hat mir die Entscheidung überlassen. Der Support war natürlich unglaublich! Und auch wenn es im Nachhinein eine unglaubliche Story ist und wir wirklich den Titel holen – es hätte auch ganz anders ausgehen können. Die Entscheidung war schon hart.

Gab es denn Momente, in denen du die Entscheidung auch mal bereut hast?

Nein, bereut nicht. Ich wusste, worauf ich mich eingelassen habe und ich hatte Zeit, mich gedanklich darauf vorzubereiten. Der Deal war auch, dass ich nur nach Indien fliege, wenn zu diesem Zeitpunkt gesundheitlich alles gut aussieht. Das war dann zum Glück der Fall, sonst hätte ich natürlich abgesagt.

Wie wichtig ist denn der Support deines Umfelds?

Ohne meine Partnerin wäre das alles nicht möglich gewesen. Ich war ja auch während der Schwangerschaft viel weg wegen der Vorbereitung. Da haben wir auch viel Unterstützung von unseren Müttern bekommen. Meine Cousinen leben hier in der Nähe und habe viel geholfen, Kim hat mir nie einen Vorwurf gemacht oder sich beschwert. Sie hat immer Ruhe ausgestrahlt und mir ein gutes Gefühl gegeben. Und auch jetzt, die ersten Monate mit dem Kleinen, wie sie das macht... Das ist der absolute Wahnsinn! Ich bin ja immer noch viel weg mit Hockey, habe meinen Job, da geht schon viel Zeit drauf. Wir haben uns wirklich gut organisiert und bekommen auch weiterhin viel Unterstützung unserer Familien.

Welche Rolle haben deine Eltern bei deiner sportlichen Entwicklung gespielt?

Ich habe früh den Schläger in die Hand gedrückt bekommen, da mein Vater auch vom Hockey kommt. Er ist erster Vorsitzender bei uns im Verein (Anm.: Crefelder Hockey- und Tennisclub), war selbst früher Nationalspieler und Junioren-Weltmeister. Daher war der Support meiner Familie immer da! Auch, als ich zwei Jahre in Holland gespielt habe. Sie hatten total Verständnis, dass ich dort spielen wollte, denn die holländische Hockeyliga ist einfach die attraktivste der Welt. Es gab auch nie Druck oder ungefragte Ratschläge von meinem Vater, wir haben kaum über Spiele im Detail gesprochen. Meine Eltern haben mich einfach immer nur unterstützt, waren bei so vielen Turnieren dabei, in Indien, Südafrika, Argentinien. Da werde ich mir ganz viel von abgucken und möchte das bei meinem Sohn auch so machen: Viel Support, wenig Druck. Obwohl... den ersten Hockeyschläger hat er schon direkt nach der Geburt im Krankenhaus geschenkt bekommen.

5
N wie Network – Wie du effektiv im Team arbeitest und ein moderner Leader wirst

Gemeinsam unschlagbar – Wie du die Geheimnisse der High-Performance-Teams nutzt

Ein warmer Samstagnachmittag Ende Mai 2023. Es ist das Finale der laufenden Bundesligasaison – und erst heute, am letzten Spieltag, entscheidet sich, welche Mannschaft Deutscher Meister wird. Borussia Dortmund führt die Tabelle mit zwei Punkten Abstand auf die Bayern an und steht im heimischen Stadion gegen Mainz 05 auf dem Platz, während die Münchner auswärts auf den 1. FC Köln treffen. Und dabei ganz schön ins Schwitzen kommen! Denn obwohl der Rekordmeister bereits in der 8. Minute durch einen Treffer von Kingsley Coman in Führung geht, dauert es weitere 73 Minuten, bis das nächste Tor fällt. Allerdings für die Hausherren! Dejan Ljubičić erzielt per Foulelfmeter den späten Ausgleich. Und versetzt alle Bayernfans in Schockstarre: Denn ein Unentschieden reicht nicht. Es muss ein Sieg her, um überhaupt noch eine Chance auf den elften (!) Meistertitel in Folge zu haben. „Es läuft einfach nicht“, fasst Sportkommentator Hans von Brockhausen die Szene, das Spiel, vielleicht sogar die ganze Saison der Bayern zusammen. Knapp zwei Monate zuvor ist Julian Nagelsmann als Cheftrainer entlassen worden, auch die Stühle des Vorstandsvorsitzenden Oliver Kahn und von Sportvorstand Hasan Salihamidžić wackeln (und sind, wie wenig später bekannt wird, schon längst abgesägt). Es herrscht Unruhe beim FC Bayern – und ganz Fußballdeutschland scheint darauf zu warten, dass die sonst so übermächtigen Münchner nicht nur straucheln, sondern fallen. Und dann trifft Thomas Tuchel, der erst seit wenigen Wochen auf der Trainerbank sitzt, eine Entscheidung; in der 85. Minute wechselt er Offensiv-Youngster Jamal Musiala ein. Es bleibt nicht mehr viel Zeit, um noch in Führung zu gehen. Serge Gnabry versucht es über die linke Seite, spielt dann aber doch auf seinen 20-jährigen Teamkollegen ab. Musiala hat ihn im Blick, er zeigt sich anspielbereit. Und dann kommt er: Der Pass, den er blitzschnell annehmen und mit dem rechten Fuß flach im Eck versenken kann. Kurz danach ist Schluss, die Bayern gewinnen 2:1. Aber reicht das? Die Spieler bilden sofort einen Kreis, stehen eng an eng und starren gebannt auf ein Handy, das einer der Jungs in die Mitte hält. Denn die Partie in Dortmund läuft noch! Niklas Süle trifft in der 6. Minute der Nachspielzeit sogar noch zum 2:2. Und dann: Abpfiff, unentschieden. So entscheidet sich erst in den allerletzten Sekunden dieses Spieltags, wer Deutscher Meister wird. Mit 71 Punkten und dank eines besseren Torverhältnisses: Der FC Bayern München. Wieder einmal.[192]

> *„Kinder, die diesen Sommer eingeschult werden, kennen nur den FC Bayern als Meister. Da ist die Kindheit schon am Arsch.“*
>
> Ansgar Brinkmann, ehemaliger Fußballspieler

Man kann von den Bayern halten, was man will: Aber diesen Titel elf Mal in Folge – und in der gleichen Zeit zweimal die Champions League – zu gewinnen, das muss man neidlos als großartige sportliche Leistung anerkennen. Vielleicht werden es jetzt, wenn du dieses Buch liest, sogar noch mehr Titel sein. Die Mannschaft des FC Bayern ist ein sogenanntes High Performance Team, das über einen langen Zeitraum hinweg sehr erfolgreich ist. Aber was unterscheidet solche herausragenden Teams von solchen, die eben nur normal, vielleicht mittelmäßig performen? Jedes Team ist am Anfang erstmal eine Ansammlung von Menschen mit Einzelinteressen. Im Idealfall gehen diese zumindest in eine ähnliche Richtung. Das nächste Spiel gewinnen, vielleicht sogar ganz oben mitmischen. Aufsteigen bzw. nicht absteigen – je nachdem, auf welchem Level man sich aktuell befindet. Und auch in den allermeisten Unternehmen gibt es grundlegende Ziele, die wohl ein Großteil der Mitarbeitenden teilt: Steigende Verkaufszahlen, hoher Umsatz, viel Gewinn, zufriedenstellende Gehälter. Angenehme Arbeitsbedingungen, die das richtige Maß an Forderung und Entspannung bieten. Auch wenn all das gute und nachvollziehbare Ziele sind, die aus Individuen zumindest schon mal Individuen mit ähnlichen Interessen machen: Um ein echtes – und irgendwann daraus sogar ein überragendes – Team zu formen, braucht es mehr. Es braucht eine Vision.

Der Überbau: Eine übergeordnete Vision und gemeinsame Ziele

Denn eine Vision dient als Quelle der Inspiration, um das Team zu vereinen, den Teamgeist zu stärken und die Motivation zu steigern; sie beschreibt ein gemeinsames Zukunftsbild. Der FC Bayern hat sich beispielsweise mit Hilfe von 40.000 Vereinsmitgliedern eine solche Vision, ein neues Leitbild gegeben: „Wir wollen der begeisterndste globale Fußball-Club und Europas Basketball-Hub sein – nachhaltig erfolgreich, auf und neben dem Platz, vereint mit unseren Fans.“[193] Die neuseeländische Rugby-Nationalmannschaft hat eine nicht weniger ehrenwerte Vision formuliert und strotzt dabei nur so vor Patriotismus: Denn die All Blacks streben danach, „Neuseeland zu einen und zu inspirieren“.[194] Aber auch kleinere Vereine wie der TSV Löwenstein[195], der TV Dülmen[196] oder der Sportverein Jeersdorf[197] haben Visionen und Leitbilder formuliert – damit alle wissen, wofür der jeweilige Verein steht. Auch im Business ist es wichtig, dass Organisationen und Teams eine klare Richtung und Orientierung haben, die von ihren Mitarbeitenden verstanden und unterstützt wird. Nicht umsonst hat Simon Sinek mit seinem Buch “Start with Why“ so großen Erfolg erzielt: Starte mit dem Warum – lautet seine einfache, aber effektive Botschaft. Einige Milliardenkonzerne haben die Bedeutung von Visionen schon früh erkannt; so hatten sich Bill Gates und Paul Allen bereits bei der Gründung von Microsoft 1975 vorgenommen, „einen Computer auf jedem Schreibtisch und in jedem

Zuhause“ zu platzieren.[198] Und Sportartikelhersteller Nike will „Inspiration und Innovation zu jedem Athleten auf der Welt bringen“[199]. Nur: Was sowohl bei den Bayern und den Neuseeländern als auch bei Microsoft und Nike noch recht abstrakt klingt, muss im nächsten Schritt umgewandelt werden. Und zwar in konkrete Ziele.

Das ist dem ehemaligen Hockeybundestrainer Bernhard Peters im WM-Jahr 2006 sehr gut gelungen. Die große Vision der Nationalmannschaft lautete: Weltmeister im eigenen Land zu werden. Gemeinsam mit den Spielern hat Peters immer wieder visualisiert, wie sich dieser Sieg im größten deutschen Hockeystadion in Mönchengladbach anfühlen würde. Dafür haben sich die Hockeymänner sogar extra Unterstützung von Mentaltrainer Hans-Dieter Hermann geholt. Darüber hinaus hat Peters die Spieler ihre Team- und Individualziele selbst entwickeln lassen. Im Anschluss musste jeder diese Ziele unterschreiben; Kopien davon wurden dann im Teamraum gut sichtbar für alle aufgehängt. Zusätzlich zu den schriftlich fixierten Zielen nutzte Peters die Macht von Bildern: Nachdem die deutschen Hockey-Herren bei der EM im Halbfinale gescheitert waren, hängte er während eines Trainingslagers im Oktober 2005 ein großes Poster im Besprechungsraum auf, das die jubelnden Europameister aus Spanien zeigte. Darauf stand die Frage: „Wer soll jubeln am 17. September 2006?“[200]

Rund elf Monate später beantworteten seine Spieler diese Frage nicht mehr nur hypothetisch, sondern ganz real mit: Wir! Ähnlich agiert Fußballtrainer Alexander Zorniger: „Wir definieren jedes Jahr vor der Saison im Trainingslager drei Begriffe, die aus dem Team kommen und für die das Team steht. Und diese Begriffe hängen wir dann überall auf, damit sie jederzeit sichtbar sind: Im Essensraum, in der Kabine, im Kraftraum, im Videoraum, überall! Und wir reflektieren regelmäßig kritisch in den Besprechungen, wie wir als Team diese drei Begriffe leben und was wir konkret verbessern können.“ Das Gleiche wollte er einmal im Rahmen eines Leadership-Seminars machen, das er bei einem großen deutschen Automobilkonzern gehalten hat. „Dann habe ich die Mitarbeiter gefragt, woher die Begriffe kommen, die sie definiert haben. Dann haben sie gesagt: Von der

Konzernleitung. Ich habe sie gefragt, warum sie Begriffen folgen sollten, die von oben vorgegeben werden?“

> *„Ein Team gewinnt immer gegen eine Gruppe von Einzelspielern.“*
>
> Rick Fox, ehemaliger Basketballspieler

Das zeigt: Verbindende Visionen sind wichtig, reichen aber nicht aus. Vielleicht fühlen sich Mitarbeitende eines Unternehmens wohl, weil sie die gleichen Wertvorstellungen teilen; vielleicht sind sie durch die Vision sogar inspiriert und motiviert. Doch für den konkreten Arbeitsalltag braucht es (Zwischen-)Ziele, die aus der übergeordneten Vision abgeleitet werden und handlungsleitend sind – sowohl für das Team (den Bereich/die Abteilung) als auch für jeden Einzelnen. Das englische Wort für Ziel – Goal – ist hier sehr passend: Denn es steht gleichzeitig für den Begriff „Tor“. Keine Fußballmannschaft wird als übergeordnete Vision definieren, ein Tor schießen zu wollen; vielmehr sind es Titel, Aufstiege oder – wie beim FC Bayern – sogar eine gesamt-gesellschaftlich relevante Rolle, die ein Team erreichen will. Goals sind dabei unerlässlich. Ohne Tore, ohne Ziele geht es nicht. Doch während es im Sport aufgrund der oft recht klaren Rahmenbedingungen einfacher erscheint, Ziele zu definieren, fällt das vielen Menschen im Job schwer.

Zwar weiß jeder Mitarbeitende in der Regel, welche Aufgaben er zu erledigen hat – aber konkret definierte Ziele, die tatsächlich messbar sind und so zum Gelingen des Gesamtauftrags beitragen, sind im Berufsalltag nicht unbedingt Standard. Auch Hockeyolympiasieger Oskar Deecke hat diese Erfahrung in seiner neuen Rolle als Führungskraft in einem Unternehmen gemacht: „Ich habe mir Führung im Beruf einfacher vorgestellt – denn Sportler bringen diese Intention, sich weiterzuentwickeln, ein Ziel zu verfolgen, von Grund auf mit. Das ist im Job nicht so, da verfolgen viele ihr eigenes Ding. Das ist meine Aufgabe: Den Leuten klarzumachen, dass ihre Arbeit auf ein großes Ganzes einzahlt. Und sie auf diesem Weg auch mitzunehmen, sie an die Hand zu nehmen, das mache ich viel mehr als im Leistungssport. Ich versuche über transparente Kommunikation klarzumachen, was die höheren Ziele sind und diese möglichst einfach zu erklären. Welchen Beitrag kann jeder Einzelne leisten? Damit wir das erreichen, brauchen wir das, dazu musst du bitte Folgendes liefern usw."

Mit der sogenannten OKR-Methode (Objectives and Key Results) können Visionen und Ziele der Unternehmensebene konkretisiert werden. „Objectives" sind qualitativ beschriebene Ziele, „Key Results" sind ganz konkrete messbare Ergebnisse. Erinnern wir uns nochmal an das Beispiel Nike: Die (echte) Vision – Inspiration und Innovation für jeden Athleten auf der Welt – unterteilen wir in fiktive Objectives und Key Results. Das qualitative Ziel könnte also lauten: Die Innovationsführerschaft sichern. Ein daraus abgeleitetes, messbares Ergebnis könnte sein: Die Einführung von zwei bahnbrechenden Produktinnovationen bis zum Ende des nächsten Jahres, gemessen an der Marktakzeptanz und den Verkaufszahlen. Für die Marketingabteilung würden dann wiederum konkrete Ziele definiert werden, beispielsweise die Identifikation und Auswahl von mindestens zehn inspirierenden Athletenstorys bis zum Ende des Quartals sowie die Entwicklung einer Marketingkampagne, die eine Social-Media-Reichweite von 10 Millionen Menschen generiert. Und für den einzelnen Mitarbeitenden hieße das, dass er in den kommenden Monaten an einer Schulung zum Thema Storytelling-Methoden teilnehmen sowie mindestens einen hochwertigen Social Media-Post pro Woche mit einer bestimmten Klickzahl absetzen muss, um sein festgelegtes Individualziel zu erreichen. So wird für jeden einzelnen Mitarbeitenden deutlich, wie er mit seiner Arbeit zum Gelingen der Gesamtstrategie des Unternehmens, zum Wahrwerden der übergeordneten Vision beitragen kann – und muss. Julius Brink, Olympiasieger im Beachvolleyball, vergleicht die Zielsetzung eines Teams mit einer Straße: „Am Ende kann man die Ziele schon als fünfspurige Autobahn begreifen, die grundsätzlich Richtung Norden führt"[201]. Demnach habe jedes Team-Mitglied zwar seine eigene Spur, also eigene Ziele; aber man fahre in die gleiche Richtung: Das zeichne die Zielsetzung im Team aus.Auf dem Weg zum Ziel: Wie eine kluge Strategie den Erfolg bestimmt

Auf dem Weg zum Ziel: Wie eine kluge Strategie den Erfolg bestimmt

Der Weg ist das Ziel, heißt es so schön. Doch nicht immer macht dieser Weg auch Spaß – oder wird von allen akzeptiert. Davon kann Bernhard Peters ein Lied singen. Denn bevor der damalige Bundestrainer mit der Hockeynationalmannschaft 2006 Weltmeister in Mönchengladbach werden konnte, musste er auch Kritik einstecken. Peters hat strategische Entscheidungen getroffen, die auf den ersten Blick nicht für jeden verständlich waren. Zum Beispiel im Sommer 2003. Die Hockeyherren sind damals amtierender Weltmeister, sowohl auf dem Feld als auch in der Halle; doch die Olympia-Qualifikation müssen sie sich trotzdem noch sichern. Und das geht nur als Europameister! Also entscheidet sich Peters bewusst dafür, seine besten Spieler zur EM zu schicken – und nur mit der „zweiten Garde" bei der sogenannten Champions Trophy, einem prestigeträchtigen Turnier der sechs besten Mannschaften der Welt, aufzulaufen. Denn zwischen der Champions Trophy in Amsterdam und der EM in Barcelona liegen nur zwei Wochen. Und Peters ist sich sicher: Sein A-Kader würde diese Doppelbelastung physisch und psychisch nicht schaffen. „Schon im ersten Spiel in Amsterdam gerieten wir gehörig unter Druck, nicht nur auf dem Platz, sondern auch in der Öffentlichkeit", sagt Peters später über das Turnier. „Die Funktionäre des Weltverbandes, die Zuschauer und die holländischen Medien kritisierten mich sehr heftig ob dieser Entscheidung, lediglich mit dem Perspektivteam zu spielen."[202] Die Deutschen gehen bei der Champions Trophy gegen die starke Konkurrenz gnadenlos unter – doch der Bundestrainer ignoriert Spott, Häme und Mitleid, sein Ziel heißt weiterhin: Europameister werden. „Meine Top-Spieler spulten zuhause ihr Vorbereitungsprogramm ab: Ich hatte ihnen einen penibel ausgearbeiteten Plan vorgegeben und war mir sicher, dass sie sich mit diesem Programm optimal auf die EM vorbereiten würden."[203]

Und während die Dauer-Favoriten Niederlande körperlich und mental kaputt bei der EM nur Vierter werden, die Olympia-Qualifikation verpassen und kurz darauf auch ihren Trainer verlieren, gewinnt Deutschland das Turnier mit ausgeruhten, fitten Top-Spielern.

Ähnlich ist auch Triathlet Jan Frodeno bei einem Qualifikationslauf für den Ironman Hawaii 2016 vorgegangen: „Manchmal hast du dir größere Ziele gesetzt, die du nur mit Weitsicht, Taktik und Disziplin erreichen kannst. Dafür verzichtest du dann gern auf einen weniger wichtigen Sieg."[204] Frodeno war zuvor verletzt und hatte mit seinem Trainer besprochen, sich an bestimmte Wattwerte auf dem Rad und Geschwindigkeiten während des Laufs zu halten – auch wenn ihn das den Sieg kostete. „Der Verzicht hat sich ausgezahlt, meine Zurückhaltung ist belohnt worden."[205] Denn Frodeno qualifizierte sich nicht nur erholt für das wichtige Ironman-Finale in Kailua-Kona, sondern gewann es dann auch.

Die Beispiele von Frodeno und den Hockeyherren lehren uns drei wichtige Elemente strategischer Planung, die wir auch auf die Arbeitswelt übertragen können: Eine gründliche, vorherige Analysephase, die Schaffung von Wettbewerbsvorteilen durch innovative Maßnahmen und die Bereitschaft, kurzfristige Erfolge aufzugeben, um zukünftige Ziele zu erreichen – also langfristiges Denken. Strategien sind allerdings nicht nur auf Unternehmensebene relevant; in der heutigen komplexen Geschäftswelt benötigen fast alle Bereiche und Abteilungen innerhalb eines Unternehmens ihre eigenen Teilstrategien. Nur so kann sichergestellt werden, dass alle Teile der Organisation auf die gleichen langfristigen Ziele hinarbeiten. Darüber hinaus ist es auch für jeden einzelnen Mitarbeitenden wichtig, eine klare Strategie für seine berufliche Weiterentwicklung zu haben (s. Kapitel Fokus). Im Businesskontext versteht man darunter „eine Maßnahmenkombination, die dazu dient, langfristige Ziele zu erreichen."[206] Dabei beinhaltet eine Strategie Aussagen zum Tätigkeitsbereich, zu den eigenen Ressourcen und Fähigkeiten sowie zu möglichen Wettbewerbsvorteilen. Auf Team- und Unternehmensebene sind Strategien dabei häufig sehr komplex; deswegen spielen Zahlen, Daten und Fakten hier eine große Rolle. Auch im Sport helfen sie bei der Auswahl von Spielern, der Analyse von Niederlagen und der Optimierung von Taktiken; je höher das Leistungsniveau, desto wichtiger wird die Datenanalyse. Ein Vorreiter ist in dieser Hinsicht der FC Liverpool[207] So emotional und gefühlsbetont Cheftrainer Jürgen Klopp einerseits an der Seitenlinie erscheinen mag, so rational geht der Club andererseits an bestimmte Themen heran: So besteht die hauseigene Analytics Abteilung u.a. aus einem Doktor der theoretischen Physik, einem ehemaligen Forscher am Teilchenbeschleuniger CERN, einem Astrophysiker, einem Jugendmeister im Schach und mehreren IT-Fachleuten. Die Wissenschaftler helfen dabei, die richtigen Spieler am Markt auszuwählen, Informationen über die eigenen Spieler zu sammeln und sie liefern eine datenbasierte Analyse nach Niederlagen inklusive Optimierungsvorschlägen. „Die Abteilung im hinteren Teil des Gebäudes ist der Grund, warum ich hier bin", sagt Klopp.[208] Grundsätzlich gilt also – ob im Sport oder im Beruf: Komplexität erfordert eine Analyse. Und Strategien sind meistens komplex! Die Verwendung von Zahlen, Daten und Fakten ist unerlässlich, um gute Entscheidungen treffen zu können. Wenn eine Abteilung im Unternehmen beispielsweise neu ausgerichtet werden soll (vergleichbar mit dem Umbruch einer Sportmannschaft), könnte und sollte man Bewertungen der Mitarbeitenden einholen, Leistungskennzahlen einbeziehen und Feedback anderer Stakeholder, z.B. von Kollegen anderer Abteilungen, erfragen. Diese Elemente helfen dabei, die Neuausrichtung nicht nur nach Gefühl, sondern auf einer validen Basis zu gründen. Außerdem ist es hilfreich, verschiedene Dimensionen in die Analyse einzubeziehen: Von Teamdynamik und individueller Leistung bis hin zu äußeren Einflüssen und Wettbewerbsvergleichen.

Wie wirkungsvoll eine langfristige Strategie sein kann, beweist mal wieder der FC Bayern. 2009 verpflichtete man Louis Van Gaal als Trainer, die Spiel-Strategie wurde von nun an auf drei Säulen aufgebaut: Ballbesitzfußball, (Gegen-)Pressing, Flügelspiel. Alle Trainer, die danach folgten – egal ob Heynckes, Guardiola oder Flick – bauten auf diesen strategischen Grundpfeilern auf. Teure Stars, die nicht zur Spielphilosophie passten, wurden damals konsequent auf die Ersatzbank gesetzt (u.a. Miroslav Klose, Luca Toni, Mario Gomez). Und in der Folgezeit wurden nur noch Spieler verpflichtet, die sich nahtlos in die übergeordnete Spielphilosophie einfügten, zum Beispiel Arjen Robben, Javi Martinez und Kingsley Coman. Auch im Berufsleben kann uns langfristige Planung helfen: Je klarer Teams und

Organisationen ihre Strategie vor Augen haben, desto eher können sie kurzfristig die richtigen Entscheidungen treffen – beispielsweise bei der Personalplanung. So kann man genau auswählen, welche Profile benötigt werden und welche fachlichen und menschlichen Qualitäten die Mitarbeitenden mitbringen müssen. Aber auch Mitarbeitende, die nicht fürs Recruiting zuständig sind, können ihre persönliche Entwicklung vorantreiben, wenn sie die strategische Planung des Konzerns bzw. ihres Teams im Blick haben. Wenn die Firma in Zukunft beispielsweise verstärkt auf den Einsatz von KI setzen will, lohnt es sich, bereits jetzt in die eigene Weiterbildung in diesem Bereich zu investieren. Aber auch bei ganz alltäglichen Dingen, beispielsweise der Priorisierung der eigenen Aufgaben (s. Kapitel Fokus), kann man die strategischen Anforderungen des Unternehmens berücksichtigen: Ich habe das beim Erstellen meiner persönlichen To Do-Listen auch oft so gehandhabt. Welche Strategie verfolgt meine Abteilung – und welche meiner Aufgaben sind dafür heute am wichtigsten?

„Nur wer einen Plan hat, weiß,
wann er von ihm abweichen kann.“

Bernhard Peters, Hockey Weltmeister-Trainer

Dennoch bedeutet Strategie nicht, stur und starr an einem Plan festzuhalten – Flexibilität ist ebenso wichtig und kann in besonderen Situationen sogar (spiel)entscheidend sein. Pep Guardiola, einer der erfolgreichsten Fußballstrategen überhaupt, passte seine Taktik häufiger kurzfristig und flexibel an die Spielweise des Gegners an. Beim Spiel gegen Arsenal London im April 2023 entschied sich der Manchester City-Trainer dafür, weniger auf Ballbesitz, sondern mehr auf lange Konterbälle zu setzen.[209] Das Ergebnis: 4:1 gegen den direkten Konkurrenten und wenige Wochen später der Gewinn des englischen Meistertitels. Flexibilität in der strategischen Planung ist auch im beruflichen Kontext von großer Bedeutung. Die Strategie beantwortet Fragen wie: „Wo wollen wir hin?“ und „Wie planen wir dorthin zu gelangen?“ Während die eher kurzfristige und flexiblere Taktik sich mit folgender Frage beschäftigt: „Wie erreichen wir die nächsten Zwischenziele auf dem Weg zur Umsetzung der Strategie?“

Bei alledem braucht es jemanden, der vorangeht, der Entscheidungen trifft, der Orientierung bietet. Es braucht einen – oder mehrere! – Leader.

Leadership ist der Motor für herausragende Teamleistung

„Hey! Jetzt geht's los, Männer!“ Von ganz hinten in der Reihe ruft er auf einmal laut, sodass auch wirklich jeder Spieler mitbekommt, was er zu sagen hat. „Attacke!“ Noch einmal dehnen, die Hüfte nach links und rechts schieben, dabei die Mannschaftskollegen pushen. Gleich wird die deutsche Nationalelf im Finale der Fußball WM 2014 gegen Argentinien auf dem Platz stehen. Und Bastian Schweinsteiger ist in seinem Element. „Er hat mehr als Fußball gespielt. Er hat seine Gesundheit geopfert, er war bereit, zu zeigen: Ich gebe alles. Mehr geht nicht“[210], fasst Uli Hoeneß den Einsatz des Mittefeldmannes später zusammen. Gelbe Karte nach wenigen Minuten auf dem Platz, unzählige und zum Teil schmerzhafte Zweikämpfe. Krämpfe, eine Platzwunde am rechten Auge, schnell geflickt, zurück ins Spiel. „Das ist der unbedingte Wille. Und das holt auch nochmal letzte Prozente bei jemand anderem raus“[211], sagt Verteidiger Jérôme Boateng. In der Halbzeitpause der Verlängerung macht Schweinsteiger Ansagen im Kreis, motiviert und feuert an.

Eine Symbolfigur wird ihn die Presse später nennen, einen Helden. Und dann, in der 113. Minute, zieht André Schürrle von links in die Mitte ab, Mario Götze nimmt den Ball mit der Brust an und versenkt den Ball fallend ins rechte Netz. Doch Schweinsteiger ruht sich nicht aus, in den letzten Minuten dieser Partie wirft er sich nochmal in alles rein. Sogar den Abpfiff bekommt er kaum mit, weil er sich gerade – mal wieder – vom Boden aufrappeln muss. Deutschland wird an diesem 13. Juli 2014 Weltmeister. Und Bastian Schweinsteiger hat mit seinen Leader-Qualitäten einen großen Teil dazu beigetragen. „Das war das perfekte Spiel. Auch wenn ich kein Tor geschossen habe – aber das war das Spiel, bei dem ich am meisten Energie gespürt habe auf dem Platz.“[212] Was Bastian Schweinsteiger nicht nur im WM-Finale, sondern während seiner gesamten aktiven Karriere immer wieder unter Beweis gestellt hat, sind entscheidende Leader-Fähigkeiten. Das Team motivieren, schwierige Situationen meistern und die eigenen Mitstreiter zu Höchstleistungen antreiben. Leader stehen für ihre Meinung ein, auch wenn es mal unbequem wird. Sie sind Vorbilder, nicht nur für junge Athleten, sondern für jeden, der Führungsfähigkeiten entwickeln möchte – egal ob im Sport oder im Job.

„Lebe vor, was du von anderen verlangst."

Jürgen Klopp, Fußballtrainer

Auch wenn im Büro kein offizieller Kapitän oder eine Kapitänin mit Armbinde durch die Gänge läuft: In jedem Team gibt es früher oder später Leader, die mehr Verantwortung tragen, die Ansprechpartner für andere Kollegen sind, die zum Sprachrohr in komplizierten Diskussionen werden. Und das müssen bzw. sollten nicht immer nur die Chefs sein! Auch im Sport gibt es die bereits erwähnten Kapitäne, einige Mannschaften setzen auf ganze Führungskreise bzw. Mannschaftsräte. Leadership wird so auf mehreren Schultern verteilt und die Spieler tragen zur Gestaltung einer effektiven Teamdynamik bei – was die Erfolgschancen erhöhen kann. Das gilt auch im Business: Diversität, auch in den Führungsstilen, kann einen positiven Effekt auf die Teamentwicklung und damit auf die Geschäftsergebnisse einer Organisation haben. Unterschiedliche, aber sich gegenseitig ergänzende Fähigkeiten sind viel wert. Beim FC Bayern waren Leader nicht nur die Trainer, die jeweils individuelle Akzente im Umgang mit dem Team setzten; sondern auch Spieler wie der bescheidene Philipp Lahm, der euphorisierende Bastian Schweinsteiger, der konstante Manuel Neuer oder der humorvoll-schlagfertige Thomas Müller. Ganz unterschiedliche Leader-Typen, deren Rollen im Team aber klar definiert und zum Teil mit mehr Verantwortung aufgeladen waren als bei anderen. Und obwohl es verschiedene Definitionen von Leadership gibt, teilen sie alle zwei Dimensionen: die Fähigkeit, andere Menschen zu motivieren, und das Vorangehen durch persönliches Beispiel.

„Siegerteams entstehen durch die differenzierte Betrachtung der Teammitglieder."

Jack Welsh, ehemaliger amerikanischer Topmanager

Leader leben Engagement, Entschlossenheit und Teamarbeit vor. Damit inspirieren sie ihre Teammitglieder und fördern eine positive Teamdynamik. Aber: Nicht nur Leadership-Rollen, sondern auch andere Team-Positionen sollten gezielt besetzt werden. Denn ein High-Performance-Team setzt sich nicht nur aus (mehreren) Führungspersönlichkeiten zusammen.

Ideale Teambesetzung: Ein Team besteht aus mehreren Individuen, die sich optimal ergänzen

Nach dem Tod von Kobe Bryant erzählte sein ehemaliger Mannschaftskollege Shaquille O'Neal von einer Unterhaltung, die er einmal mit dem Basketball-Superstar hatte: „Kobe, there is no I in the word TEAM", will er gesagt haben. Und Bryant soll darauf geantwortet haben: „But there is M and E (me) in it."[213] Wie viel Raum sollte also für das „Ich" in einem Teamgefüge sein? Obwohl ein Team als Einheit agiert, setzt es sich aus individuellen Persönlichkeiten mit unterschiedlichen Fähigkeiten und Perspektiven zusammen. Die Anerkennung und Nutzung dieser individuellen Stärken sind entscheidend für die Effektivität und Produktivität des Teams. Und: Es ist wichtig, dass die Teammitglieder ihre individuellen Rollen und Verantwortlichkeiten kennen und verstehen – und dass sich die Mitglieder ideal ergänzen. Die Deutschen Basketball-Männer haben das während der Weltmeisterschaft 2023 eindrucksvoll unter Beweis gestellt: Auch wenn Kapitän und Spielmacher Dennis Schröder zurecht zum wertvollsten Spieler des Turniers gekürt wurde, ohne seine Mannschaftskollegen wie Daniel Theis, Andreas Obst oder die Wagner-Brüder hätte er den Titel nicht gewinnen können. Klar, allein gegen ein gegnerisches Team aufzulaufen hätte niemand geschafft. Aber viel wichtiger: Die deutschen Basketballer waren nicht nur herausragende Einzelspieler, sondern haben durch ihre unterschiedlichen

Stärken eine perfekte Einheit geformt.[214] Und die Effektivität einer solchen Einheit zeigt sich vor allem in Drucksituationen: Im Viertelfinale schwächelte Dennis Schröder extrem, er selbst sprach vom „wohl schlechtesten Spiel meiner Karriere."[215] Doch seine Teamkollegen fingen die ausbleibende Leistung ihres Kapitäns auf. „Dennis ist menschlich, er hatte ein schweres Spiel. Unsere zweite Einheit hat uns heute getragen und das Spiel gedreht"[216], sagte Trainer Gordon Herbert nach der Partie. Deutschland qualifizierte sich mit 81:79 gegen Lettland knapp fürs Halbfinale und wurde wenige Tage später erstmals Basketball-Weltmeister.

> *„In jedem erfolgreichen Team, das ich trainiert habe, hatten die meisten Spieler eine klare Vorstellung von der Rolle, die sie zu spielen hatten."*
>
> Phil Jackson, 11 NBA-Titel als Basketball-Trainer

Für ein funktionierendes Team braucht es also nicht nur Führungsspieler oder Alphatiere wie Kobe Bryant oder Dennis Schröder – im Gegenteil: Die ehemalige Fußball-Nationalspielerin Annike Krahn betont, dass nicht jedes Teammitglied eine Führungsrolle übernehmen möchte oder sollte. Die richtige Mischung aus verschiedenen Persönlichkeiten und Fähigkeiten sei für den Teamerfolg entscheidend.[217] Selbst- und Fremdwahrnehmung sollten dabei idealerweise zusammenpassen. Welche Stärken (und Schwächen) habe ich? Welche Aufgaben machen mir am meisten Spaß, in welcher Rolle im Team sehe ich mich? Aber auch: Werden meine Skills bei der aktuellen Herausforderung gebraucht? Die ehemalige Fußballbundestrainerin Martina Voss-Tecklenburg plädiert in dieser Hinsicht für mehr Ehrlichkeit: „Wenn ich von einer Außenverteidigerin bestimmte Dinge erwarte, weil es unser Spiel hergibt – und die Spielerin das aber nicht hergibt, weil sie andere Kompetenzen hat, dann müssen wir auch ehrlicherweise sagen: Okay, dann bist du für mich gerade nicht die Spielerin. Das heißt aber nicht, dass du eine schlechte Spielerin bist, gar nicht! Es kann auch sein, dass du bei einem anderen Trainer oder einer anderen Trainerin komplett anders funktionierst und anders wahrgenommen wirst."[218] Im Rudersport wird die Bedeutung passender Teammitglieder mit folgendem Satz sehr greifbar gemacht: „Wähle deine besten 8, nicht deine 8 Besten!" Vor einigen Jahren haben Wissenschaftler das erfolgreiche Ruderteam der Cambridge University analysiert. Das Ergebnis: Die acht Ruderer, die individuell am schnellsten waren, haben häufig nicht (!) das schnellste 8er-Team gebildet![219] Es geht eben nicht nur um persönliche Bestleistungen, sondern auch um das Teamgefüge, zwischenmenschliche Aspekte, sich ergänzende Individualstärken, die auf das gemeinsame Ziel einzahlen. Mehr als 40 Ruderer kämpften in Cambridge während der Vorbereitung auf die Wettkämpfe um die begehrten acht Plätze im Boot; obwohl sie im direkten Wettbewerb miteinander standen, mussten sie zusammenarbeiten, um als Team erfolgreich zu sein. Konkurrenz und Kooperation gehen Hand in Hand. Oder beim Rudern eben: Schlag auf Schlag.

Die Herausforderung bei der Teambesetzung besteht darin, dass Führungskräfte eine klare Vorstellung davon haben, welche Rollenprofile im Team gebraucht werden. Gleichzeitig bringen die Teammitglieder unterschiedliche Stärken und Interessen mit – heißt: In den meisten Fällen kommt es zu keiner hundertprozentigen Übereinstimmung zwischen den Erwartungen und den individuellen Fähigkeiten. Was also tun? In einer solchen Situation haben Führungskräfte mehrere Optionen: Sie könnten versuchen, die Mitarbeiter in die vorgegebenen Rollen zu drängen, um Ziele und Erwartungen kurzfristig zu erfüllen. Das kann auch funktionieren. Nur wird diese Variante langfristig mit großer Wahrscheinlichkeit zu Frustration und Ineffizienz führen, da sich die Mitarbeiter nicht wohlfühlen. Eine andere Möglichkeit besteht daher darin, neue Mitarbeiter einzustellen, die die Rollenprofile genau erfüllen (Stichwort gezielte Personalauswahl). Ein weder einfaches noch kostengünstiges Unterfangen, und dafür braucht es nicht mal den allgegenwärtigen Fachkräftemangel. Die dritte (und oft unterbewertete) Option besteht darin, die Rollen neu zu interpretieren und die Teammitglieder basierend auf ihren individuellen Stärken einzusetzen. Diese Vorgehensweise ermöglicht es, die vorhandenen Ressourcen optimal zu nutzen und die Mitarbeiter zudem gezielt weiterzuentwickeln. Also: Ein erfolgreiches Team berücksichtigt sowohl das gemeinsame Ziel als auch die individuellen Stärken der Teammitglieder. Es geht darum, die Balance zwischen dem „Ich" und dem „Wir" zu finden und die Zusammenarbeit so zu gestalten, dass sowohl das Team als Ganzes als auch die individuellen Personen darin wachsen und sich entwickeln können.

Erfolgsfaktor Rahmenbedingungen: Was Hochleistungsteams an Unterstützung benötigen

Geld allein macht nicht glücklich. Und erst recht nicht erfolgreich! Das musste auch Manchester City vor einigen Jahren schmerzlich lernen. Nachdem schwerreiche Investoren aus Abu Dhabi mehrere hundert Millionen Euro in den Verein gesteckt hatten, damit dieser sich zahlreiche neue Spieler auf Weltklasseniveau leisten konnte, passierte erstmal – nichts. Statt im Schnelldurchlauf die Champions League zu gewinnen, verpasste Man City sogar zweimal den Einzug in die Königsklasse. Auch wenn sich der damalige Trainer Mark Hughes sehr über den Geldsegen freute: „Das ist wie Geburtstag, Weihnachten und ein Lottogewinn zusammen."[220] Diese Geschenkesammlung allein reichte offenbar nicht aus, um die Mannschaft zu einer der erfolgreichsten der Welt zu machen. Denn was neben den horrenden Summen für Spielertransfers offenbar vergessen wurde, waren die Rahmenbedingungen. Kaputte Toilettentüren, für die sich niemand verantwortlich gefühlt habe; Hanteln mit verrosteten Gewichtsangaben und Plätze, die im Winter kaum genutzt werden konnten: Der ehemalige Innenverteidiger und langjährige Man City-Spieler Vincent Kompany machte seinem Unmut über die Bedingungen im Club Luft.[221] Viele Top-Spieler wechselten daher immer noch lieber zu Bayern, Real, Barca und Co. Auch wenn Geld grundsätzlich immer noch der wohl wichtigste Erfolgsfaktor im Profifußball ist[222]: Es muss auch richtig eingesetzt werden.

Und dann gibt es noch Bedingungen im Sport, die kann man selbst mit Geld nicht beeinflussen, zum Beispiel das Wetter. Als wir uns 2013 mit dem Berliner Hockeyclub für die Playoffs der Euro Hockey League – die Champions League im Hockey – qualifizierten, verlief die Vorbereitung auf dieses wichtige Turnier alles andere als optimal. Denn der Winter in Berlin war lang und unser Platz bis in den März hinein gefroren. Um trotzdem irgendwie im Training zu bleiben, mussten wir also auf die Anlage eines lokalen Konkurrenten ausweichen – und selbst da konnten wir gerade mal ein Viertel des Platzes nutzen! Die Situation war so absurd, dass sie uns als Team tatsächlich noch enger zusammengeschweißt hat. Spielerisch nutzte uns das nur leider wenig: Als wir am 1. April gegen die Gastgeber aus Amsterdam bei frühlingshaften Temperaturen und vor tausenden Zuschauern auf dem Platz standen, verloren wir 3:2. Wir waren es wohl nicht mehr gewohnt, mit warmen Füßen zu spielen.

Dass die Rahmenbedingungen für den Erfolg einer Mannschaft wichtig sind, erkannten dann auch die Verantwortlichen bei Manchester City und investierten u.a. in ein modernes Trainingsgelände mit sechzehn Trainingsplätzen, drei Fitnessstudios und sechs Schwimmbecken. Im kreisrunden Hauptgebäude verbringen die Spieler nun die meiste Zeit des Tages, hier gibt es auch einen Indoor-Trainingsplatz, um bei schlechtem Wetter Standardsituationen üben zu können; außerdem ein Basketballfeld, einen Pilates-Raum, einen Massagebereich und einen Regenrationsraum mit modernsten Geräten zur Muskelentspannung. Im hauseigenen Kinosaal werden Videobesprechungen gemacht und der Speisesaal gilt augenzwinkernd als das beste Restaurant in Manchester. Außerdem hat man für die Gestaltung der Wandfarben eigens einen Psychologen engagiert. Die Kabine der Gegner erstrahlt seitdem in tristem grau, während die der Gastgeber in den Vereinsfarben weiß und hellblau gehalten ist. Die Liebe zum Detail wird bei Manchester City seit ein paar Jahren also extrem großgeschrieben. Pep Guardiola und Belgiens Nationalmannschaftskapitän Kevin de Bruyne sollen vor allem wegen der besonderen Rahmenbedingungen zu diesem Verein gewechselt sein.[223]

Neben den finanziellen Ressourcen, die dann für professionelle Trainingsstätten, Ausstattung, Analyse-Tools und medizinische Betreuung genutzt werden können, sind auch die Unterstützung durch das Management und die Fans entscheidende Faktoren für den Erfolg eines Teams. Für Jürgen Klopp war diese Unterstützung einer der Grundpfeiler, warum er 2008 zu Borussia Dortmund gewechselt ist[224]: Der damalige Geschäftsführer Hans-Joachim Watzke und Sportdirektor Michael Zorc hatten großes Vertrauen in Klopps Fähigkeiten und gaben ihm Zeit, seine Spielphilosophie umzusetzen – ohne die Erwartungshaltung, bereits in der kommenden Saison große (zählbare) Erfolge liefern zu müssen. Sie unterstützten ihn auch bei der Zusammenstellung des Kaders und verpflichteten Spieler, die zu Klopps Spielstil passten. Darüber hinaus wurde Klopp von den Fans und der gesamten Dortmunder Fußballgemeinschaft enthusiastisch gefeiert. Sie teilten seine Leidenschaft, schufen eine beeindruckende Atmosphäre während der Heimspiele im Signal Iduna-Park und verhalfen der Mannschaft 2011 und 2012, drei Jahre nach Klopps Antritt, zu zwei aufeinanderfolgenden Meistertiteln und dem Sieg des DFB-Pokals. Der Erfolg des BVB ist also nicht nur auf die individuellen Trainerfähigkeiten von Jürgen Klopp zurückzuführen, sondern auch auf die passenden Rahmenbedingungen, die er gewinnbringend für die Mannschaft und sich nutzen konnte.

Was heißt aber all das nun für unseren Arbeitsalltag im Büro? Die Beschaffenheit des Rasenplatzes ist hier ja eher weniger für Erfolg oder Misserfolg verantwortlich. Trotzdem brauchen auch Business-Teams gewisse Rahmenbedingungen, um gut arbeiten zu können. Da sind zum einen die relativ offensichtlichen, eher „weichen" Faktoren, wie eine gute Arbeitsumgebung mit ergonomischer Ausstattung, ausreichend Platz und Maßnahmen zur Gesundheitsförderung. Auch Weiterbildungsmöglichkeiten und flexible Arbeitszeitmodelle verbessern die Kompetenzen der Teammitglieder, fördern die Work-Life-Balance und steigern die Motivation im Team. Abgesehen von den räumlichen und zeitlichen Faktoren braucht es auch eine gute Personalausstattung, um den ans Team gestellten Anforderungen gerecht zu werden. Vor allem in komplexen Organisationen ist man häufig auf wichtige Schnittstellen und Schlüsselressourcen angewiesen, um ein Projekt zum Erfolg zu führen. Eine effektive und frühzeitige Koordination kann dabei helfen, dass den Mitarbeitenden genügend Zeit und Kapazität für ihre Aufgaben zur Verfügung steht. Im Team selbst sollten darüber hinaus noch passende Rahmenbedingungen für eine gute Zusammenarbeit geschaffen werden: Es muss nicht gleich die runde Mannschaftskabine sein, die sich Pep Guardiola gewünscht hat, um jedem Spieler immer in die Augen gucken zu können; aber klar definierte Kommunikations- und Entscheidungsprozesse erleichtern den Arbeitsalltag definitiv. Eine gute technische Infrastruktur und Tools zur Zusammenarbeit sind zudem unerlässlich, um in der heutigen Zeit effektiv und effizient arbeiten zu können. Und dann muss man natürlich auch nochmal außerhalb der eigenen Teamgrenzen schauen: Welche weiteren Interessensgruppen (Stakeholder) wie Kunden, bereichsexterne Kollegen usw. spielen eine wichtige Rolle, wer hat Einfluss auf unsere Projekte, wer hat ein Interesse an den Ergebnissen, die wir liefern?

Übrigens hat auch der FC Bayern erkannt, wie wichtig passende Rahmenbedingungen sind, um die Mannschaft weiterhin an der deutschen und internationalen Spitze halten zu können. So soll der Verein 80 Mio. Euro in den Neubau eines professionellen Trainingszentrums an der Säbener Straße investieren wollen.[225] Doch neben all diesen Einflussfaktoren – der gemeinsamen Vision mit passenden (Individual-)Zielen, einer Strategie, Leadern mit Führungsverantwortung, der idealen Teambesetzung und den externen sowie internen Rahmenbedingungen – braucht es eine weitere, entscheidende Komponente, um ein High-Performance-Team zu formen. Und ohne diese Komponente wäre auch der FC Bayern heute nicht da, wo er eben ist. Dauerbrenner an Deutschlands Fußballspitze, den nächsten Titel immer fest im Blick, allen Widrigkeiten zum Trotz: Und diese Komponente heißt Teamkultur. „Mia san Mia“ heißt es bei den Münchnern. Teamentwicklung heißt es bei uns – und zwar im nächsten Kapitel.

F.I.N.E.-Praxistipps:
Wie du die Geheimnisse der High-Performance-Teams nutzen kannst

✓ **Dein Team braucht eine gemeinsame Vision und konkrete Team-Ziele.**
Erfolgreiche Teams benötigen eine gemeinsame Richtung, die alle motiviert und vereint. Findet die richtige Balance zwischen langfristigen Visionen und kurzfristig messbaren (Zwischen-) Zielen. Idealerweise definiert dein Team einen übergeordneten Zweck, der über den bloßen Erfolg hinausgeht, wie einen Purpose oder ein Mission Statement. Visualisiert Vision und Ziele im Team regelmäßig, um sie für alle transparent zu machen; hängt sie z.B. prominent im Büro auf.

✓ **Persönliche Ziele sollten aus Teamzielen abgeleitet werden.**
Jedes Teammitglied sollte eine Vereinbarung unterzeichnen, die sowohl die Akzeptanz der Teamziele als auch die Festlegung individueller Leistungsziele beinhaltet.

✓ **High Performance Teams zeichnen sich durch mutige und flexible Strategien aus.**
Jede Strategie erfordert eine detaillierte Analyse, die die Stärken und Schwächen des Teams berücksichtigt. Richtet die Teamstrategie langfristig aus, bleibt aber offen für kurzfristige Anpassungen. In manchen Fällen sind neue Ansätze nötig, um Wettbewerbsvorteile zu erzielen.

✓ **Leadership muss die Menschen auf emotionaler Ebene ansprechen und bewegen.**
Eine gemeinsame Eigenschaft von erfolgreichen Leadern im Sport ist ihre Fähigkeit, Menschen zu motivieren. Wer im Job Führung übernehmen möchte, sollte ebenfalls in der Lage sein, emotional auf die Kollegen und/oder Mitarbeitenden einzugehen. Dabei sollten die Gefühle, die individuelle Persönlichkeit und die persönlichen Lebensumstände der einzelnen Teammitglieder berücksichtigt werden.

✓ **Ein Team besteht aus mehreren Individuen, die sich optimal ergänzen.**
Ein erfolgreiches Team berücksichtigt immer auch die individuellen Stärken und Beiträge der Teammitglieder. Man sollte eine gewisse Individualität ermöglichen, während klare Rollen und Verantwortlichkeiten für jedes Teammitglied definiert sind.

✓ **Schafft eine optimale Arbeitsumgebung und optimale Arbeitsprozesse.**
Etabliert klare Kommunikations- und Entscheidungsprozesse sowie eine effiziente technische Infrastruktur. Beachtet auch "weiche" Faktoren wie eine positive Arbeitsumgebung mit ergonomischer Ausstattung, Maßnahmen zur Gesundheitsförderung, Weiterbildungsmöglichkeiten und flexible Arbeitszeitmodelle.

✓ **Koordiniert Ressourcen und bezieht externe Interessengruppen (Stakeholder) mit ein.**
Stellt sicher, dass die notwendigen Ressourcen und Schnittstellen rechtzeitig bereitgestellt werden, um die Effizienz deines Teams zu gewährleisten.

Interview Lothar Linz

„Wir denken: Der Trainer stellt sich da hin, sagt irgendwas und dann kommen die Spieler ins Laufen. Das ist doch Kappes! Ich gehe erstmal davon aus, dass sie von sich aus Lust aufs Laufen haben. Motivation bedeutet für mich daher etwas anderes: Ich schaffe einen Raum, in dem Leute ihre Grundmotivation umsetzen und realisieren können."

Wenn man sich das Portfolio von Lothar Linz anschaut, könnte man denken: Der Mann kann sich nicht entscheiden! Fechten, Leichtathletik, Beachvolleyball, Zweikampfsport, Handball... Mehr als 20 verschiedene Sportarten hat er schon betreut. Doch diese Bandbreite ist das Entscheidende: Denn Lothar Linz ist Sportpsychologe und hat schon mit diversen Top-Athleten zusammengearbeitet. Außerdem hält er Vorträge in Unternehmen. Er weiß, was Einzelplayer und Teams erfolgreich macht. Und warum dabei nicht selten das Ego der Führungskraft im Weg ist.

Was sind Muster, die sich bei erfolgreichen Teams wiederfinden?

Grundsätzlich: Kein Team ist immer erfolgreich. Das beste Team hat auch immer mal Phasen, in denen es nicht die optimale Leistung abrufen kann. Das muss ich auch aushalten können, wenn es mal nicht so gut läuft; ich muss weiter handlungs- und lösungsorientiert bleiben – nicht in der emotionalen Verarbeitung feststecken. Erfolgreiche Teams zeichnet aus, dass sie sehr klar auf der Handlungsebene bleiben. Sie denken nicht: Was wäre, wenn...? Sie gucken: Was ist jetzt die Maßnahme? Ich denke da zum Beispiel an das Olympiafinale von Julius Brink und Jonas Reckermann 2012: Sie führen, haben drei Matchbälle und vergeben sie. Das ist ein Punkt, an dem im Kopf viel losgehen kann. Dann aber die Fähigkeit zu haben, lösungsorientiert zu bleiben, das ist ein ganz wichtiger Faktor. (Anm.: Die beiden Beachvolleyballer verwandeln den vierten Matchball gegen die Favoriten aus Brasilien und holen als erstes europäisches Team eine Olympische Goldmedaille in ihrer Disziplin.)

Du hast auch die deutschen Hockeyherren auf ihrem Weg zum ersten Weltmeistertitel 2002 begleitet. Was habt ihr bei der Teamentwicklung anders gemacht als zuvor?

Das ist ein Zusammenspiel aus mehreren Faktoren. Bernhard Peters (Anm.: der damalige Hockeybundestrainer) hat zum Beispiel eine neue Spielstrategie eingebracht, Angriffe über rechts, das war eine sehr dominante Spielweise. Was aber auch sehr wichtig war: Er hat sehr klare Rollen verteilt. Die Rolle von Kapitän Florian Kunz war unumstritten – und ein Jamilon Mülders wusste: Ich werde meine Spielzeit nutzen, ich mache meinen Job solide, muss keine Kunststücke versuchen und habe keine anderen Ansprüche. Außerdem haben wir die Kommunikation gefördert: Klare sprachliche Codierungen – was heißt es, wenn das gesagt wird? Immer wiederkehrende Ausdrücke, die die Jungs entsprechend verstanden haben und ausleben konnten. Und zuletzt hatten wir noch klare Bewältigungsstrategien für Stress: Wir sind vorher durchgegangen: Was könnten stressige Situationen sein, wie gehen wir damit um? Die Situation, dass wir im Finale zurückliegen, ist vorher besprochen worden. (Anm.: Deutschland dreht einen 0:1-Rückstand gegen Australien noch zum 2:1-Sieg) Das war ja eine nicht unwahrscheinliche Variante, und damit muss ich geistig umgehen können.

Eine klare Strategie zu haben und trotzdem flexibel auf bestimme Situationen reagieren zu können – wie funktioniert das?

Wir haben zum Beispiel darüber gesprochen: Was machen wir, wenn wir einem Rückstand hinterherlaufen und die Zeit immer knapper wird? Viele Mannschaften verfallen da in einen hektischen Aktionismus. Wir wollten auch in solchen Situationen strukturiert bleiben. Deshalb haben wir mit der Mannschaft eine komplette Liste von möglichen Szenarien angefertigt und sind die über mehrere Lehrgänge verteilt immer wieder durchgegangen.

Was können sich Business-Teams denn von herausragenden Sportmannschaften in Sachen Führung abgucken?

Menschen stärker zu beteiligen, mehr zu delegieren – nicht im Sinne von: Dann habe ich die Aufgabe vom Tisch – sondern: Ich vertraue meinen Mitarbeitenden. Das entlastet mich, das stärkt meine Mitarbeitenden und das bereichert unseren gemeinsamen Prozess. Dafür muss ich nicht gleich die komplette Struktur umwerfen. Es kann aber ein Anstoß sein, um bisherige Abläufe zu hinterfragen und ggf. anzupassen.

Was zeichnet für dich einen guten Teamleader heutzutage aus?

Die grundsätzliche Wertschätzung, ein positives Bild von den beteiligten Personen zu haben. Ich traue mir etwas zu und ich traue den anderen etwas zu. Wenn ich eher skeptisch bin, nach dem Motto: Wenn ich nicht aufpasse, dann bauen sie Mist – dann muss ich immer wieder die Leine kurzhalten, dann kann ich ihnen keine Freiräume lassen. Deshalb ist für mich eine positive Grundhaltung gegenüber meinem Team wichtig. Außerdem ist Kommunikation ein entscheidendes Mittel: Dass ich auf Leute zugehen kann, dass ich mich mitteilen kann, dass ich zuhören kann, dass ich Fragen stellen kann. Weil ich dadurch mehr erfahre und meine Mitarbeitenden dazu bringe, dass sie selbst zu einer Lösung kommen. Dann sind sie davon überzeugter und werden sie besser umsetzen.

Wie wichtig ist die Motivation bei High Performance Teams?

Wir haben häufig ein falsches Verständnis davon. Wir denken: Der Trainer stellt sich da hin, sagt irgendwas und dann kommen die Spieler ins Laufen. Das ist doch Kappes! Ich gehe erstmal davon aus, dass sie von sich aus Lust aufs Laufen haben. Motivation bedeutet für mich daher etwas anderes: Ich schaffe einen Raum, in dem Leute ihre Grundmotivation umsetzen und realisieren können. Wenn ich die Grundbedürfnisse eines Menschen befriedige, dann schaffe ich zumindest schon mal die Basis – das sind Dinge wie Sicherheit, Orientierung und sozialer Anschluss. Im nächsten Schritt geht es dann um individuellere Bedürfnisse: Mitarbeitende, die beispielsweise neugierig sind, für die sollte ich ein passendes Umfeld schaffen. Dass sie sich fortbilden können, reisen können, immer wieder neuen Input bekommen. Du machst als Führungskraft schon etwas gut und richtig, wenn du jedes Teammitglied einmal am Tag bewusst wahrnimmst. Ich muss den Leuten das Gefühl geben: Du bist nicht egal, ich habe ein Auge auf dich – und zwar nicht nur, wenn ich etwas von dir will. Sondern auch: Wie kann ich dich unterstützen? Was brauchst du von mir?

Wie hast du als Teampsychologe gemeinsam mit dem Trainerstab Teams zum Erfolg geführt? Wie läuft Teamentwicklung ab?

Sobald ein Kader neu zusammenkommt, herrscht Unsicherheit – da braucht es eine klare Führung, Orientierung, erste Strukturen. Ich fange aber auch immer früh an, über Ziele zu reden. Wir wollen uns ja in die gleiche Richtung bewegen. In der darauffolgenden Phase wird es dann zu Konflikten kommen. Und das muss ich aushalten können! Mein Prinzip: Ich versuche so viel wie möglich von der Mannschaft selbst regeln zu lassen. Die können das. Da gibt es ein schönes Beispiel, das Basketballtrainer Phil Jackson mal erzählt hat: Zwei seiner Spieler, Kobe Bryant und Shaquille O'Neal, hatten einen Streit. Und er hat nur danebengestanden und zugeguckt – immer bereit, im Ernstfall einzuschreiten. Er hat gehandelt durch Nicht-Handeln. Und wenn eine Mannschaft dann funktioniert, dann halte dich zurück! Rot-Weiß-Köln hat vor zwei Jahren (mal wieder) um den Deutschen Meistertitel im Feldhockey gespielt, da habe ich mit dem damaligen Trainer André Henning gesprochen und ich habe ihm geraten: Wir brauchen keine extra Teamsitzung mehr mit mir als Psychologen, weil alles Wichtige besprochen war und ich die Mannschaft in dem Moment einfach laufen lassen wollte und konnte. Da wäre ein Eingreifen durch mich nicht mehr hilfreich gewesen. Das ist die Kunst: Den Prozess nicht zu behindern, auch wenn das für manches Ego schwer ist.

Von Individuen zu Champions – Wie aus Einzelkämpfern echte Teamplayer werden

„Ausrufezeichen!" Die Fans erwidern den Ruf: „Ausrufezeichen", schallt es vom Frankfurter Römerberg zurück. Es ist Montagnachmittag, trotzdem stehen tausende Menschen, eng an eng, schwenken schwarz-rot-goldene Fahnen, und singen gemeinsam mit Almuth Schult. „Humba, humba, tätärä…" Es wird gehüpft, getanzt und gefeiert, als hätten die deutschen Fußballerinnen gerade einen großen Titel gewonnen. Dabei hat die Mannschaft das EM-Finale gegen England 1:2 nach Verlängerung verloren, trägt „nur" Silbermedaillen um den Hals. „Wir haben das erreicht, was wir erreichen wollten. Das oberste Ziel war, unsere Sportart wieder nach vorne zu bringen. Den Fußball auch für die Frauen präsent zu machen und mit ein paar Vorurteilen aufzuräumen. Und genau das hat funktioniert"[226], sagt Torhüterin Almuth Schult rückblickend über das Turnier. Der Jubel auf dem Balkon des Frankfurter Römers ist das vorläufig letzte Kapitel einer ganz besonderen Geschichte im deutschen Frauenfußball. Denn obwohl die Spielerinnen den ganz großen Coup verpasst haben, ist ihnen – neben der erfolgreichen Werbung für ihre Sportart – noch etwas anderes gelungen: Sie sind im Laufe der Vorbereitung und des Turniers zu einer Einheit geworden. Oder wie Mittelfeldspielerin Linda Dallmann es ausdrückt: „Am Ende hat sich jeder für den anderen am Platz den Arsch zerrissen!"[227] Absolute Hingabe für ein gemeinsames Ziel, gegenseitiges Vertrauen und bedingungsloser Support: Das sind Eigenschaften, die für eine gelungene Teamkultur stehen. Und damit das Ergebnis einer erfolgreichen Teamentwicklung sind.

Ein Beleg dafür ist wiederum: Almuth Schult. Denn dass gerade sie während der Vize-Feier so ausgelassen die Stimmung anheizt, ist alles andere als selbstverständlich. Die damals 31-Jährige ist nur als Nummer 2 zur Europameisterschaft nach England gefahren, obwohl sie sich nach Schulterproblemen, einer Operation und der Geburt ihrer Zwillinge zurück auf Leistungskurs gebracht hatte. „Ich habe schon zuletzt einige gute Spiele gemacht, aber es gibt Entscheidungen, die muss man akzeptieren"[228], zeigte sie sich auf einer Pressekonferenz vor der EM diplomatisch. Schult machte während des Turniers kein einziges Spiel. Und trotzdem fühlte sie sich als Teil der Mannschaft, galt als wichtiges Mitglied im Kader.[229] Das eigene Ego hintenanstellen, um trotzdem – oder gerade deswegen – für das große Ganze zu kämpfen: Wie geht das? Die Entwicklung eines Teams, vom Zusammenstellen einer neuen Gruppe über Konflikte bis hin zu einer High-Performance-Gruppe, ist ein Muster, das sich sowohl im sportlichen als auch im beruflichen Kontext wiederfinden lässt. Das wohl bekannteste Modell im Bereich der Teamentwicklung hat der amerikanische Psychologe Bruce Wayne Tuckman[230] entwickelt. In seiner sog. „Teamuhr“ werden 5 Phasen der Teamentwicklung beschrieben. Und der Startschuss fällt mit der Forming-Phase.

Forming – das Team wird zusammengestellt

Die Reise zur EM 2022 beginnt mit einem unerwarteten Rückschlag für die DFB-Frauen: Sie verpassen die direkte Qualifikation für die Olympischen Spiele. Für ein Team von diesem Kaliber ist das normalerweise undenkbar! Auch einige Qualifikationsspiele für die WM verlaufen nicht nach Plan, insbesondere in Bezug auf Taktik, Rollen und die Kommunikation im Team. Die Mannschaft braucht einen Neuanfang. „Wir können das Jahr nutzen, um uns mit dieser jungen Mannschaft weiterzuentwickeln. Um dann zu sehen, wo stehen wir in einem Jahr, welche Erfahrungen können wir rausnehmen, welche Spielerinnen haben sich so weit entwickelt, dass sie EM-tauglich sind“[231], so die damalige Bundestrainerin Martina Voss-Tecklenburg über das turnierfreie Jahr 2021. In dieser Startphase der Teamentwicklung lernen sich viele der Spielerinnen zum ersten Mal kennen. Laura Freigang beispielsweise kann sich noch gut an den Moment ihrer ersten Nominierung für die Nationalmannschaft erinnern – da ging bei der Stürmerin das Gedankenkarussell los: „Was ziehe ich an zum Flughafen, damit die anderen nicht denken, ich wäre komisch? Wie sage ich Hallo, gebe ich eine Umarmung oder gebe ich die Hand? Das war so ein Stress!“[232] Aber auch bereits etablierte Spielerinnen müssen sich bei jeder Neuaufstellung des Teams erst wieder finden.

So wie Lena „Obi" Oberdorf: „Ich glaube, ich bin gerade in so einer Zwischenrolle von ‚neu und jung' zu ‚jung aber trotzdem nicht mehr neu und kann nun auch mal seine Meinung sagen'"[233]. Und dann gibt es auch noch unsichere Faktoren wie verletzte Spielerinnen, die eigentlich einen festen Platz im Kader haben – aber bei denen nicht klar ist, ob und wann sie wieder fit werden. Kapitänin Alexandra Popp beispielsweise verpasst die EM-Vorbereitung aufgrund einer schweren Knieverletzung und läuft erst drei Monate vor Turnierstart wieder für Deutschland auf.

In einer solchen Orientierungsphase stellen sich viele Spielerinnen die Frage, ob sie akzeptiert werden und wie sie ihre Stärken in der Gruppe entfalten können. Ähnlich ergeht es zum Beispiel Kollegen, die als neues Projektteam zusammengestellt werden. Seien es externe Unternehmensberater, die mit Inhouse-Mitarbeitenden zusammenarbeiten sollen; oder interne Teams, die aus unterschiedlichen Bereichen eines Unternehmens zusammengesetzt sind. Und sogar die Eingliederung nur eines (neuen) Mitarbeitenden hat Einfluss auf die Dynamik eines bereits bestehenden Teams! Daher spielt in der Forming-Phase eine Person eine ganz besondere Rolle: Die Führungskraft. Sie hat die zentrale Aufgabe, den Prozess des Kennenlernens zu unterstützen, ein angenehmes Klima zu schaffen, eine Gruppenstruktur zu formen und die Grundlagen für effektive Zusammenarbeit zu legen. Und zwar ohne zu viel Führung aufzudrängen! Die Gruppe sollte die Möglichkeit haben, sich selbst zu finden. Das hat auch Martina Voss-Tecklenburg beherzigt: Während eines Quali-Spiels gegen Serbien lief es nicht gut für die deutschen Fußballfrauen, die Mannschaft wirkte in der ersten Halbzeit total verunsichert. Doch statt vehement einzugreifen und Ansagen zu machen, hielt sich die Bundestrainerin bewusst zurück. Weil sie sehen wollte, wie sich die Gruppe in solchen Situationen verhält. „Dann haben wir in der Halbzeit nochmal gesagt, dass wir diesem Team jetzt die Möglichkeit geben, das jetzt besser zu machen. Dass es aber jetzt auch von ihnen ein bisschen was braucht an Mentalität."[234] Und es funktionierte: Deutschland gewann 5:1 dank einer extremen Steigerung in der zweiten Spielhälfte.

Im Spitzensport setzen viele Trainer auf Einzelgespräche, um erstmal den Status Quo der jeweiligen Athleten abzufragen. Wo stehst du? Wie siehst du deine zukünftige Rolle im Team? Was willst du, was willst du nicht – auch wenn du es vielleicht kannst? Im Berufsleben finden solche Einordnungen meiner Meinung nach noch viel zu selten statt. Ein Mitarbeiter liefert gute Arbeit ab, bewährt sich über einen gewissen Zeitraum auf einer Position und steigt immer weiter auf, bis er plötzlich neben der fachlichen Führung auch noch Personalverantwortung übernimmt. Ohne, dass zuvor im Detail darüber gesprochen wurde, ob er überhaupt Menschen führen möchte. Umgekehrt das Gleiche: Wer neu im Team ist, ordnet sich oft unter, will nicht direkt anecken, sondern sich erstmal mit den neuen Gegebenheiten vertraut machen. Aber was wäre, wenn genau diese Person eigentlich ein toller Leader wäre, der sich aufgrund seiner unklaren Rolle im Team aber nicht traut, Verantwortung zu übernehmen? Wer sich in der Forming-Phase ausreichend Zeit nimmt, die (neuen) Teammitglieder kennenzulernen, sie ausprobieren zu lassen und auch mal schwierige Phasen zu durchleben, der kann sich im Nachgang viel Ärger ersparen. Leider gibt es genau für diese wichtigen Prozesse im beruflichen Kontext häufig nicht genug Raum; die Forming-Phase wird manchmal einfach übersprungen. Im Business gilt oft ab Tag eins: Ein Team muss liefern.

Und das geht am besten, wenn nicht nur jedes Teammitglied weiß, was es kann, was es will und wie es sich aus Sicht der Führungskraft mit diesen Skills einbringen sollte – sondern wenn auch die Rahmenbedingungen, Erwartungshaltungen und Ziele klar definiert und abgesteckt sind. Ein Kickoff-Workshop kann hierbei sehr hilfreich sein. Bei einem meiner Projekte im Unternehmen haben wir aufgrund von Zeitdruck auf ein solches Kickoff-Meeting verzichtet; diese Entscheidung ist uns kurze Zeit später auf die Füße gefallen. Denn nach mehreren Wochen haben wir gemerkt, dass die einzelnen Akteure unterschiedliche Erwartungen an das Projekt hatten, auch mit den Vorstellungen des Managements waren viele nicht einverstanden. Dadurch gab es – etwas zeitverzögert – unnötige Reibungen im Team. Hätten wir uns am Anfang mehr Zeit genommen, uns kennenzulernen, Erwartungshaltungen abzugleichen und gemeinsame Ziele zu formulieren, hätten wir den Prozess deutlich entspannter gestalten können. Ein weiteres Learning, was ich mir vom Spitzensport für meinen Berufsalltag abgeschaut habe: Die bereits oben erwähnten Einzelgespräche. Als mein Projektteam einen neuen Strategieprozess anstoßen sollte, führte ich mit jedem Team-Mitglied Einzelgespräche. So bekam ich von vielen der Mitarbeitenden Meinungen und Perspektiven aufgezeigt, die sie in der großen Gruppe bisher nicht geäußert hatten. Es war für mich aber sehr wichtig, diese Sichtweisen frühzeitig aufgezeigt zu bekommen und somit proaktiv Konflikte vermeiden zu können.

Neben all den Maßnahmen, die man im Rahmen des Joballtags ergreifen kann, um eine erfolgreiche Forming-Phase zu gestalten, halte ich gemeinsame Events und Erlebnisse außerhalb der Büroräume und -zeiten für wichtig: After-Work mit dem Team in einer Bar, ein Besuch im Escape Room, eine interaktive Weinwanderung, ein Ausflug in den Klettergarten... Auch wenn so mancher bei der Auflistung dieser klassischen Teambuilding-Maßnahmen innerlich die Augen verdrehen wird: Sie sind nützlich. Nicht nur, um die (neuen) Kollegen einmal in anderen Situationen zu erleben und kennenzulernen – sondern auch als Basis für anschließende inhaltlich und strukturell entscheidende Schritte. „Dann kann es zum Beispiel auch ein Turnier, ein gemeinsamer Grillabend oder sogar ein Besuch im Theater sein. Essenziell ist, dass man sich danach zusammensetzt, miteinander redet und die Werte, Ziele und Regeln gemeinsam erarbeitet. Das ist ein sehr wichtiger Prozess für jedes Team“[235], sagt Sportpsychologe Markus Flemming. Und wenn dieses erste Kennenlernen, das Beschnuppern, das Ausprobieren und Abstecken gemeinsamer Ziele und Erwartungen abgeschlossen ist – dann muss sich das Team finden. Die Teamentwicklungsuhr nach Tuckman dreht sich weiter, es ist Zeit für die Storming-Phase.

Storming-Phase – das Team muss sich finden

Petach Tikwa, Oktober 2021. Die DFB-Damen spielen zum ersten Mal gegen Israel. Und obwohl Svenja Huth ihre Mannschaft in der 18. Spielminute in Führung schießt und Giulia Gwinn nach langer Verletzungsphase ihr Comeback in der Nationalmannschaft gibt, können die Deutschen nicht weiter punkten. Sie kreieren wenige Torchancen – und wenn sie es dann doch mal vor den gegnerischen Kasten schaffen, scheitern sie immer wieder an der israelischen Torhüterin. „Über die Breite kommen, Leute! Man, wie oft noch!"[236] Bundestrainern Voss-Tecklenburg ist alles andere als zufrieden. Nach 98 Minuten will sie gar nicht mehr hinsehen: „Komm, pfeif die Scheiße ab."[237] Und Lina Magull fasst es später so zusammen: „Es war irgendwie eine komische Stimmung. Wir haben uns als Team noch nicht so richtig gefunden."[238]

Doch genau darum geht es jetzt in der Storming-Phase: Jedes Teammitglied muss wissen, welche Rolle es spielt, welche Aufgaben ihm zukommen. Im Sport, aber auch im Job, bedeutet das häufig: Konkurrenzkampf. Mehrere Personen, die ähnliche Interessen und Stärken haben und sich auf wenige Stellen im Team „bewerben". Das können (inoffizielle) Leader-Positionen sein, fachlich spezifische Rollen oder Projekt-bezogene Aufgaben. Oder im Falle der DFB-Frauen: Almuth Schult, die um ihren Platz als Torhüterin Nummer 1 mit Merle Frohms ringt. Oder Laura Freigang, die sich präsentieren und einen festen Platz im Sturm erkämpfen will.

Dieser exemplarische Konkurrenzkampf auf und neben dem Platz ist ganz typisch für die Storming-Phase. Jeder hat einen eigenen Antrieb, ist egoistisch. Das ist normal und auch vollkommen in Ordnung. Deshalb wird dieser Prozess in der Teamentwicklung auch Nahkampfphase genannt. Spielerinnen kämpfen nicht nur um Spielzeit, sondern auch um Einfluss und Verantwortung. Das kann zu Spannungen und Unsicherheiten führen. Aber: Genau jetzt legt das Team die Grundlage für den Erfolg in der Zukunft. Für Hockey-Olympiasieger und Hyrox-Mitgründer Moritz Fürste ist die Storming-Phase die wichtigste: „Das Storming ist deshalb so interessant, weil Menschen in dieser Phase über sich hinauswachsen und Leistungen zeigen, die ihnen nicht zugetraut wurden", sagt er. Aber macht auch klar: „Der Nachteil ist, dass es Zeit kostet."[239]

„Die Stärke des Teams ist jedes einzelne Mitglied.
Die Stärke eines jeden Mitglieds ist das Team."

Phil Jackson, 11x NBA-Meister als Basketballtrainer

Im Sport ist das die Vorbereitung auf eine neue Saison oder ein Turnier. Die deutschen Fußballfrauen bestreiten auf ihrem Weg zur EM 2022 viele Lehrgänge und diverse Spiele, zum Beispiel gegen Serbien – und diese Begegnung endet für die Mannschaft von Voss-Tecklenburg mit einer bitteren 2:3-Niederlage. „Ich muss sagen, an dem Abend war echt eine eklige Stimmung irgendwie, weil jeder so frustriert war"[240], analysiert Giulia Gwinn die Partie im Anschluss. Aber so ein schlechtes Spiel kann auch ein Weckruf sein: Nochmal zurück auf den Boden der Tatsachen, sich auf die wirklich wichtigen Dinge fokussieren, erneut in die Analyse gehen. In der Storming-Phase sollte für genau solche Erlebnisse und die daraus abgeleiteten Erkenntnisse Zeit sein. Das Team bekommt die Möglichkeit, Erfahrungen zu sammeln, dabei werden auch Probleme aufkommen – und müssen gelöst werden.

Auf dem Weg zu unserer Meistersaison 2012 standen wir vor einer großen Herausforderung, die die meisten Teams wohl auseinandergerissen hätte: Einer unserer Spieler hatte einem anderen Spieler die Freundin ausgespannt. Der Ärger innerhalb der Mannschaft war groß! Zuerst wurde der betreffende Spieler suspendiert, und wir als Team setzten uns in Einzel- und Gruppengesprächen zusammen, um zu überlegen, wie wir mit dieser Situation umgehen sollten. Es war keine einfache Entscheidung, denn der suspendierte Mann war einer unserer Schlüsselspieler, und wir wussten, dass wir mit ihm auf dem Platz stärker waren. Allerdings hatten wir Bedenken, dass das Teamgefühl dauerhaft geschädigt werden könnte. Am Ende trafen nicht wir, sondern der betrogene (!) Spieler die Entscheidung: Er stellte sein Ego zur Seite und erlaubte dem anderen Spieler, wieder ins Team zurückzukehren. Obwohl die beiden danach nie wieder miteinander abklatschten, fanden wir als Mannschaft einen Weg, mit dieser schwierigen Situation umzugehen. Das verdanken wir natürlich vor allem dem Großmut unseres Spielers, den Teamerfolg über sein eigenes Wohlbefinden zu stellen; aber auch der Tatsache, dass diese Krise in der Storming-Phase und nicht während der Meisterschaftsendrunde auftrat. Wir hatten noch genug Zeit, eine Lösung zu erarbeiten und uns als Team neu zu finden.

Und eine entscheidende Rolle bei erfolgreichem Konfliktmanagement spielt mal wieder: Die Führungskraft. Diesmal können wir uns aber nicht nur ein Beispiel an erfolgreichen Trainern nehmen, sondern uns auch an anderen zentralen Personen aus dem Spitzensport orientieren: An Schiedsrichtern. Deniz Aytekin ist der wohl bekannteste Fußball-Schiedsrichter Deutschlands; er weiß, wie er Konflikte möglichst schon im Keim ersticken kann: "Wenn ich spüre, ein Spieler ist kurz davor durchzudrehen, spreche ich ihn proaktiv an. Ich will Konflikte vermeiden."[241] Wenn das nicht gelingt, muss er strenger durchgreifen. Ähnlich sollte ein Teamleiter in der Storming-Phase agieren, indem er Konflikte frühzeitig erkennt und moderiert – und bei Bedarf Konsequenzen zieht. Das ist im Business häufig nicht so einfach wie auf dem Fußballplatz; der Chef kann einen aufgebrachten Mitarbeitenden nicht mit einer roten Karte aus dem Büro werfen oder ihn aufgrund von akuter Leistungsschwäche aus dem nächsten Projekt ausschließen. Aber man sollte die Storming-Phase nutzen, um die Mitarbeitenden so gut es geht nach ihren jeweiligen Interessen, Stärken und passend zur Teamstruktur einzusetzen.

„Mitarbeiter in Wirtschaftsunternehmen, die mit Leistungssportlern zusammentreffen, sind oft überrascht, wie sehr diese auf den Teamgedanken und das Ausprobieren von verschiedenen Strukturen und Aufgabenverteilungen anspringen"[242], so Moritz Fürste. Doch wie geht man dann mit Konflikten um? Hier ist die Art der Kommunikation enorm wichtig. Zuallererst: Konflikte sollte man mit allen beteiligten Personen besprechen. Klingt simpel, wird aber im Alltag oft nicht beherzigt; wer kennt nicht die Kaffeeküchen-Gerüchte über das angebliche Fehlverhalten eines Kollegen, bevor dieser selbst ein Gespräch mit dem Vorgesetzten dazu hatte? Außerdem sollte man stets versuchen, „Ich“- statt „Du“-Aussagen zu senden. Statt: „Du hast die Aufgabe nicht richtig gemacht!“ Also besser: „Ich bin enttäuscht, dass die Aufgabe nicht richtig gemacht wurde.“ Und wenn ein Konflikt das gesamte Team betrifft, zum Beispiel schlechte Werte bei einer Mitarbeiterbefragung, dann sollte sich auch das gesamte Team in der Gruppe äußern können. Und zwar in einem sogenannten „Safe Space“, indem jeder der Reihe nach zu Wort kommen kann. So hat es auch die Frauennationalmannschaft nach der Serbien-Pleite gemacht: Das Trainerteam hat gefragt, was das Team brauche, um eine bessere Leistung abrufen zu können. Und jede Spielerin hat sich offen geäußert. Lena Oberdorf zum Beispiel wünschte sich mehr Positivität beim Coaching: „Was machen wir, wenn das in der EM passiert: Wie kriegen wir uns da raus? Weil wir alle auch das Gefühl hatten im Spiel, dass man in so eine Abwärtsspirale gekommen ist und irgendwann halt nicht mehr rauskam.“[243]

Offene Kommunikation ist das eine, Lösungsorientierung das andere. Die kann auch die Teamleitung bewusst fördern, indem sie passende Fragen stellt: Statt „Warum ist die Zusammenarbeit so schlecht?“ Eher: „Wie können wir uns verbessern, dass es in Zukunft funktioniert?“ Wenn dann alle Meinungen gehört und anerkannt (!) sind, ist meiner Erfahrung nach häufig Konsent anstatt Konsens gefragt. Denn natürlich werden die Meinungen der Teammitglieder – teilweise vielleicht sogar sehr weit – auseinandergehen. Bevor man also zu viel Zeit aufwendet, um einen aufwändigen Kompromiss zu erarbeiten, der alle Bedürfnisse und Einwände berücksichtigt („Konsens“), könnte man das Konfliktmanagement auch andersherum aufziehen: Indem man einen Vorschlag macht und fragt, ob es schwerwiegende Einwände gibt („Konsent“). So tastet man sich auch schrittweise, aber deutlich effizienter an den größtmöglichen Nenner heran. Wenn der steht und die grundlegenden Konflikte ausgeräumt sind – dann dreht sich die Teamentwicklungsuhr weiter. Und der Zeiger landet auf der Norming-Phase.

Norming-Phase – das Team hält zusammen

„Merle Frohms ist seit drei Jahren unsere Nummer 1. Und von daher ändert sich an diesem Status aktuell gar nichts.“[244] Bundestrainerin Martina Voss-Tecklenburg bezieht auf der Pressekonferenz zur erweiterten Kaderaufstellung einige Wochen vor der EM ganz klar Stellung. Und schafft damit Klarheit nach außen und nach innen: „Natürlich war es eine große Erleichterung für mich. Einfach dass es jetzt mal ausgesprochen ist. Dass es vielleicht auch für die Medien ein bisschen klarer ist und nicht mehr ganz so viele Fragen dazu kommen, um die ich irgendwie herumwurschteln muss“[245], zeigt sich Merle Frohms sichtlich erleichtert. Der Konkurrenzkampf mit Almuth Schult, das Ringen um die eine begehrte, feste Position im Tor, ist damit erstmal beendet. Und kurz darauf, während des ersten Trainingslagers in Herzogenaurach, nominiert die Bundestrainerin dann den finalen Kader. Auch wenn ihr manche Gespräche extrem schwergefallen sind, sie emotional sehr mitgenommen haben: Sie weiß, dass Entscheidungen getroffen werden müssen. „Jetzt sind wir offiziell einfach das Team und wir fahren dahin. Darum geht's jetzt“[246], sagt Laura Freigang im Anschluss an die EM-Nominierung. In den nachfolgenden Wochen geht es für die Mannschaft noch einmal nach Herzogenaurach, wo sie nicht nur ideale Trainingsbedingungen vorfindet – sondern auch genug Raum und Zeit hat, um abseits des Fußballplatzes ein echtes Wir-Gefühl zu schaffen. Mit einem gemeinsamen Schlachtruf und Teamabenden inklusive Kaltgetränken. „Ich habe schon das Gefühl, dass gerade in den letzten Wochen irgendwas entstanden ist in der Mannschaft, was gerade für das Turnier extrem wichtig ist“[247], sagt Kapitänin Alexandra Popp über diese Zeit. Denn genau darum geht es in der Norming-Phase: Eine Gemeinschaft zu bilden, Rollen, Regeln und Ziele festzulegen. In dieser Phase der Teamentwicklung werden Verantwortlichkeiten und Aufgaben zugeteilt. Das erleichtert die Koordination und Zusammenarbeit; Teammitglieder können gezielt miteinander kommunizieren, um Informationen auszutauschen und Herausforderungen zu meistern. Manche Rollen sind sogar so klar definiert, dass sie Entscheidungen hinfällig machen: Wenn Real Madrid früher einen Freistoß bekam, war klar – den schießt Cristiano

Ronaldo. Keine Überlegung, keine Diskussion. Das spart Zeit, mentale Ressourcen und vermittelt dem Team ein Gefühl von Sicherheit und Stärke. Auch der (geplante!) Einsatz von Wechsel- oder Ersatzspielern nimmt Druck aus dem Team; so wusste Handballer Dominik Klein während der Weltmeisterschaft 2007, dass er als Einwechselspieler gesetzt war.

> *„Der Einzelne kann entscheidend für den Erfolg eines Teams sein, aber er bleibt immer Teil des Teams."*
>
> Kareem Abdul-Jabbar, amerikanischer Basketballspieler

Im Job kann die sogenannte RACI-Matrix, auch bekannt als Verantwortlichkeitsmatrix, bei der Klarstellung von formellen Rollen und der Zuordnung von Verantwortlichkeiten helfen. Das R steht dabei für Responsible (verantwortlich) und meint jene Personen, die für die Durchführung einer bestimmten Aufgabe oder Aktivität verantwortlich sind. Diese Mitarbeitenden tragen die Hauptlast der Arbeit. A bezieht sich auf Accountable (rechenschaftspflichtig) und beschreibt die Person, die letzten Endes für das Ergebnis einer Aufgabe oder Aktivität verantwortlich ist (in der Regel die direkte Führungskraft). Es kann nur eine Person in der „A"-Rolle geben, und diese Person muss sicherstellen, dass die Aufgabe ordnungsgemäß erledigt wird – sie muss die Aufgabe jedoch nicht selbst ausführen. C steht für Consulted (konsultiert); damit sind Personen oder Gruppen gemeint, die konsultiert werden müssen, bevor eine Entscheidung getroffen oder eine Aufgabe abgeschlossen wird. Diese Personen bieten in der Regel Fachwissen oder Informationen, die für den erfolgreichen Abschluss der Aufgabe erforderlich sind. Und die letzte Einheit in der RACI-Matrix bildet das I für Informed (Informiert): Die Personen oder Gruppen, die über den Fortschritt oder das Ergebnis einer Aufgabe oder Aktivität informiert werden müssen (zum Beispiel Führungskräfte, die in der Hierarchie weiter oben stehen). Sie sind nicht direkt in die Durchführung der Aufgabe involviert, sollten jedoch auf dem Laufenden gehalten werden.

Es gibt aber nicht nur formelle Rollen in Teams – wie z.B. Programmierer oder Projektmanager. Sondern auch informelle Rollen, die die Teamdynamik und Zusammenarbeit beeinflussen – z.B. Motivationskünstler, Innovatoren, Organisatoren oder Kümmerer. Es ist wichtig, auch diese Rollen, so wenig sie mit der offiziellen Bezeichnung im Arbeitsvertrag zu tun haben mögen, transparent zu machen. Eine Möglichkeit dazu besteht in folgender Teamübung: Die Kollegen werden gebeten, sich vorzustellen, welche Rolle sie in einer Fußballmannschaft einnehmen würden. Welche Position würde ich spielen? Was für ein Spielertyp wäre ich? Zeitgleich wird man auf Basis dieser Fragen von zwei Kollegen eingeschätzt. Daraus ergibt sich dann ein grobes Rollenprofil und man erkennt ggfs. Unterschiede zwischen Selbst- und Fremdwahrnehmung. Ein Kollege, der beispielsweise immer Verantwortung übernehmen will, der aber auch schwierig zu managen ist, könnte in dieser Übung zum Cristiano Ronaldo des Teams werden.

„Motivation ist, Dinge zu tun, die uns wichtig sind, zusammen mit Menschen, die uns wichtig sind."

Sheryl Sandberg, amerikanische Geschäftsfrau

Und dann gibt es in dieser Teamentwicklungs-Phase auch noch einen weiteren, zentralen Baustein, der ein bisschen über allen anderen thront: Die Definition gemeinsamer Werte. Oft werden diese dann durch Rituale zum Ausdruck gebracht – die dann auch Außenstehende in ihren Bann ziehen können. Der Haka-Tanz der neuseeländischen Rugby-Nationalmannschaft zum Beispiel, der die einzigartige Teamkultur der All Blacks zum Ausdruck bringt.[248] Und wer erinnert sich nicht an die Hú-Rufe der isländischen Nationalmannschaft während der Fußball-WM 2016, begleitet von ausgetreckten Armen und lautem Klatschen? Diese Ausrufe gelten in ganz Island (nicht nur auf dem Fußballplatz!) als Symbol der Einheit[249]. Diese Beispiele machen deutlich, dass gemeinsame Werte, Rituale und Regeln dabei helfen, ein starkes Mannschaftsgefühl zu entwickeln und erfolgreich zusammenzuarbeiten. Auch im beruflichen Kontext ist es entscheidend, Antworten auf grundlegende Fragen zu finden: Was zeichnet unser Team aus? Welche Werte sind uns wichtig? Wie möchten wir zusammenarbeiten, und welche gemeinsamen Rituale möchten wir etablieren? Auf Unternehmensebene nimmt die Kultur bereits einen immer höheren Stellenwert ein: Für 71% der insgesamt 500 befragten Vorstandsvorsitzenden in einer Studie von Heidrick Consulting ist die Unternehmenskultur sogar der Haupttreiber für den wirtschaftlichen Erfolg.[250] Daher haben viele Organisationen mittlerweile definierte Unternehmenswerte, auch bekannt als „Corporate Identity". Ein guter Anfang – meine Erfahrung zeigt jedoch, dass diese Werte oft abstrakt bleiben. Vor allem dann, wenn viele Unternehmen ähnliche Schlagworte wie „kundenorientiert", „innovativ" und „nachhaltig" verwenden. Daher ist es wichtig, gemeinsame Werte und konkrete Regeln auf Teamebene zu definieren, die zu den Unternehmenswerten passen. Und dann ist das Team bereit für die nächste Phase. Jetzt muss performt werden.

Performing-Phase – das Team liefert ab

Es geht endlich los! Am 8. Juli 2022 treffen die DFB-Frauen im ersten Gruppenspiel auf Dänemark. Kurz vorher hält die Bundestrainerin eine emotionale Ansprache, die Spielerinnen wirken hochkonzentriert. Und dann geht es raus aus dem Teamhotel, Richtung Mannschaftsbus – und Alexandra Popp steht da, den Rücken durchgestreckt, und bläst in ein kleines Jagdhorn. „Und ich guckte Poppi nur so an und dachte: Was macht die schon wieder da?"[251], lacht Lena Oberdorf über die kleine, sehr eigenwillige Musikeinlage ihrer Teamkollegin. „Aber irgendwie war es auch so: Boah geil, es geht los jetzt!" Spaß und Ernsthaftigkeit, Druck und Lust aufs Spiel: Die Spielerinnen haben sich als Team gefunden. Sie kreieren Torchancen ohne Ende, Lattenschüsse, nur scheitern leider immer wieder an der gegnerischen Keeperin. Aber irgendwann kommt der Befreiungsschuss durch Lina Magull, die den Ball nicht nur im Zweikampf selbst erobert, sondern mit einer enormen Wucht im rechten oberen Eck versenkt. Und nach der Halbzeit geht das Torspektakel der Deutschen weiter. Lea Schüller nach Freistoß per Kopf, Lena Lattwein ins linke untere Eck.

Und schließlich Alex Popp, in ihrem allerersten EM-Spiel überhaupt, in der 86. Minute zum 4:0. „Diese Lust, diese Bereitschaft, diese Intensität. Zwischendurch habe ich wirklich in den Himmel geguckt und habe echt gedacht: Wow, was geht hier ab? Zu was ist diese Mannschaft denn doch in der Lage?!“[252], erinnert sich die damalige Bundestrainerin im Anschluss an das Auftaktspiel.

Die deutschen Fußballfrauen sind jetzt mittendrin in der Performing-Phase. Und sie liefern ab: Dank eines vertrauensvollen Verhältnisses, das sie sich erarbeitet haben (Bankspielerinnen supporten ihre Teamkolleginnen); dank offener Kommunikation, die ihnen auch den Umgang mit schwierigen Situationen erleichtert (Lea Schüller erkrankt an Corona); dank fortlaufender Teamevents, die den Zusammenhalt weiterhin stärken (Playstation-FIFA-Turniere und Fahrradtouren). Es sind ganz typische Elemente der Performing-Phase: Eine hohe Effizienz und Produktivität. Das Team arbeitet reibungslos zusammen, um seine Ziele zu erreichen. Die Teammitglieder verstehen ihre Rollen und Verantwortlichkeiten gut und können Aufgaben ohne große Probleme bewältigen. Es gibt eine hohe Autonomie, und die Teammitglieder sind in der Lage, selbstständig Entscheidungen zu treffen. Und sie haben einen starken Teamgeist entwickelt – der sie manchmal sogar weit über die eigenen Schmerzgrenzen hinweg trägt. So wie Kunstturner Andreas Toba, der sich während des Mannschaftswettbewerbs bei den Olympischen Spielen 2016 in Rio schwer am Knie verletzte. Kreuzbandriss! Für jeden Athleten normalerweise das Ende des Wettkampfes. Doch Toba wollte unbedingt weiterturnen: In der Mannschaftswertung ist es nämlich wichtig, dass alle Mitglieder des Teams ihre Übungen absolvieren. Unter extremen Schmerzen trat Toba zu seiner Übung am Pauschenpferd an und verhalf seinen Teamkollegen so zum Einzug ins Finale. „Ich hätte es mir mein Leben lang vorgehalten, wenn ich es nicht wenigstens probiert hätte.“[253] Diese Aufopferung, diese extreme Fokussierung auf das gemeinschaftliche Ziel beeindrucken nicht nur seine Mitturner, sondern die ganze Welt: Überall wird Andreas Toba als „Hero de Janeiro“ gefeiert. Sein Mut und seine Entschlossenheit, seine eigenen Bedürfnisse den Teamzielen unterzuordnen, sind unglaublich inspirierend.

„Trainiere nicht die Spieler, trainiere das Team."

Jose Mourinho, Fußballtrainer

Aber was heißt das nun für den Berufsalltag, in dem wir hoffentlich ohne schwere Verletzungen auskommen – und trotzdem erfolgreich als Team performen können? Wenn ein Team neu zusammengestellt wurde (Forming), sind die darauffolgenden Phasen Norming (Normierung) und Storming (Auseinandersetzung) entscheidend, um dann in der Performing-Phase abliefern zu können. Außerdem ist Teambuilding ein fortlaufender Prozess, der in jeder Teamentwicklungsphase weitergeführt werden sollte – und nicht nur beim ersten Kennenlernen als Einzel-Event. Außerdem sollte sich die Teamleitung so oft es geht zurücknehmen, nur selektiv eingreifen und das Team dabei unterstützen, sich selbst zu reflektieren; die Führungskraft schafft Rahmenbedingungen und motiviert, wenn nötig. Wer mit diesem modernen Verständnis von Führung, das auf Vertrauen und Unterstützung beruht, arbeitet, stellt eher Fragen: „Was braucht ihr von mir?" Anstatt zu sagen: „Ich erwarte XY von euch." (mehr dazu im Kapitel Selbstorganisation). Das heißt allerdings nicht, dass Führung weniger wert ist und das Team im „leeren Raum" agieren sollte – im Gegenteil! Denn die Führungskraft muss bei Bedarf, insbesondere in Konfliktsituationen, an die gemeinsamen Werte, Regeln und Ziele erinnern. Sie behält das Gesamtbild im Auge, beobachtet den Fortschritt des Projektes und repräsentiert das Team nach außen, ähnlich wie es die Bundestrainerin bei Pressekonferenzen macht.

Adjourning-Phase – das Team beendet die gemeinsame Reise

Die deutschen Fußballfrauen kämpfen sich bis ins EM-Finale: Sieg über Dänemark, Spanien und Finnland in der Gruppenphase. Viertelfinale 2:0 gegen Österreich, Frankreich im Halbfinale mit 2:1 geschlagen. Und jetzt warten die Gastgeberinnen im Wembley-Stadion vor rund 87.000 Zuschauern. Fast 18 Mio. weitere schauen allein vor den deutschen Fernsehern zu (und damit ist dieses Finale das meistgesehene Fußballspiel 2022 – auch im Vergleich mit jeder Männer-Partie!).

Doch die DFB-Damen kommen nicht so richtig zum Zug, nach dem 0:0-Pausenstand gehen die Engländerinnen durch ein sehenswertes Lupfer-Tor in Führung, bis Lina Magull dann endlich den Ausgleich erzielt. „Das Schönste war einfach, die Mädels direkt bei sich zu haben und sich dann in dem Moment auch gleich wieder zusammen zu schweißen und zu sagen: Wir sind dran, wir sind am Drücker, wir machen jetzt das 2:1!“[254] Und dieses 2:1 fällt. In der Verlängerung, nach einem Eckball – für die Engländerinnen. Schluss, aus, vorbei! Die Enttäuschung ist riesig. Lena Oberdorf sackt nach Abpfiff direkt weinend zu Boden, Giulia Gwinn starrt ins Leere, Nicole Anyomi wird von ihren Mitspielerinnen getröstet. Doch Laura Freigang richtet den Blick nach dem Spiel schnell ins Positive: „Ich bin traurig. Aber ich weigere mich, am Boden zerstört zu sein, weil wir so eine tolle Zeit hatten. Und daran ändert der Ausgang vom Spiel heute nichts. Wir haben eine Silbermedaille. Wir haben so viel gewonnen und deswegen ist es irgendwie schön, aber auch bitter.“[255]

Denn nach dem ersten Schock und dem vorsichtigen Verdauen der Niederlage beginnt der Aufarbeitungsprozess. „Wenn du nicht gewinnst, dann denkst du immer darüber nach, wie deine Entscheidung war und wie du zu dieser Entscheidung gekommen bist. Wann welche Ansprache war, wer was wie gesagt hat (...) Du machst es, weil man ja irgendwie versucht, ein Learning für sich selbst mitzunehmen, oder auch nur ein Gefühl mitzunehmen. Und deshalb machst du dir diese Gedanken, die gehören auch zum Aufarbeitungsprozess“[256], sagt Martina Voss-Tecklenburg. Die Adjourning-Phase, auch als Abschlussphase oder Trennungsphase bekannt, ist der letzte Schritt im Teamentwicklungsprozess. Jetzt wird sich darauf konzentriert, wie ein Team nach dem Abschluss eines Projekts oder einer Mission damit umgeht, sich zu trennen oder auseinanderzugehen. In dieser Phase reflektieren die Teammitglieder ihre Erfahrungen, sie wertschätzen die erzielten Ergebnisse und verabschieden sich voneinander. Es ist wichtig, diese Phase zu würdigen, da sie den Abschluss eines Teamzyklus markiert und die Grundlage für eine potenziell zukünftige Zusammenarbeit legt. Aber: Diese Zeit ist auch herausfordernd – denn jeder Mensch geht unterschiedlich mit Erfolg und Misserfolg um; und diese Individualität muss innerhalb des Teams Platz haben. Ob im Sport oder hinter dem Schreibtisch. Wichtig ist: Es braucht Feedback. Sowohl an das Team als Gesamtkonstrukt als auch an die Einzelpersonen. Und dann geht der Blick wieder nach vorn: Was können wir für die Zukunft lernen, woran wollen wir anknüpfen, was wollen wir anders machen? Neben der Beantwortung inhaltlicher und struktureller Fragen hilft es außerdem, auch zwischenmenschlich verbunden zu bleiben und den Kontakt (zumindest sporadisch) zu pflegen. Auch wenn man in naher Zukunft vielleicht nicht mehr so intensiv zusammenarbeiten wird: Beziehungen langfristig aufrecht zu erhalten, ob bilateral oder durch Netzwerktreffen, ist wichtig und wird im Joballtag leider zu oft vernachlässigt. Denn Teamentwicklung ist ein kontinuierlicher Prozess und Teams können verschiedene Phasen mehrmals durchlaufen. Auch eine Nationalmannschaft wird immer wieder neue Spielerinnen aufnehmen, andere werden nicht mehr nominiert.

Mal gibt es große Umbrüche, mal eher schleichende Veränderungen. Genauso ergeht es Teams im Job: Neue Kollegen kommen dazu, andere orientieren sich um. Vielleicht stellt der Chef sogar mal ein Team für ein bestimmtes Projekt komplett neu zusammen. Doch wer versteht, wie die beschriebenen Phasen der Teamentwicklung grundlegend funktionieren, der hat ein besseres Gefühl für die Dynamik der Gruppe und kann schneller geeignete Maßnahmen ergreifen, um die Zusammenarbeit und die Produktivität zu fördern. Und dann, wenn man all das berücksichtigt, wenn man es wertschätzt und die Teamentwicklung als einen ganz wichtigen Bestandteil des Erfolgsweges anerkennt, dann denkt man vielleicht wie Laura Freigang nach dem EM-Finale: „Darauf freue ich mich und da bin ich auch stolz drauf, davon ein Teil zu sein: Von der Art und Weise, wie wir uns hier präsentiert haben. Das war alles echt, ich will unbedingt daran festhalten, das darf jetzt nicht vorbei sein (. . .) Ich freue mich einfach auf alles, was kommt.“[257]

**F.I.N.E.-Praxistipps:
Wie aus Einzelkämpfern echte Teamplayer werden**

✓ **Nehmt euch als Team in der „Forming"-Phase genug Zeit, um euch kennenzulernen.**
Wenn du Teil eines neuen Teams oder Leiter eines Teams bist, nimm dir Zeit, um dich und deine Teammitglieder kennenzulernen. Führt Einzelgespräche, in denen ihr über eure Erwartungen, Stärken und Ziele sprecht. Dies fördert ein besseres Verständnis und schafft eine solide Grundlage für die Zusammenarbeit.

✓ **Fördert Teambuilding auch außerhalb des Arbeitsumfelds.**
Organisiert Teamaktivitäten außerhalb des Büros, sei es ein gemeinsamer Abend in einer Bar, ein Besuch im Escape Room oder eine Sportveranstaltung. Solche Aktivitäten fördern den sozialen Zusammenhalt und ermöglichen es den Teammitgliedern, sich auf persönlicher Ebene besser kennenzulernen.

✓ **Definiert am Anfang klare Erwartungen und Ziele.**
Gerade am Anfang ist es wichtig, dass die gemeinsame Erwartungshaltung an das Vorhaben geklärt wird. Auch grobe Rollen und Regeln zur Zusammenarbeit sollten in der Forming-Rolle definiert werden. Dies kann im beruflichen Kontext z.B. durch einen Kickoff-Workshop geschehen.

✓ **In der „Storming"-Phase sollten Konflikte offen und frühzeitig angesprochen werden.**
Die Führungskraft hat große Verantwortung, um Konflikte zu moderieren. Auch „normale" Team-Mitglieder sollten Konflikte frühzeitig ansprechen. Anstatt „Du"-Aussagen, die beschuldigend wirken können, nutze „Ich"-Aussagen um deine Gefühle und Bedenken zu teilen. Ein „Safe Space" bietet Raum für offene Diskussionen, in dem jeder seine Meinung äußern kann.

✓ **Strebt bei Konflikten stets pragmatische Lösungen an.**
Statt sich zu sehr auf Konsens zu konzentrieren („alle stimmen zu"), sucht nach Konsent. Hierbei machst du einen Vorschlag und fragst, ob es Einwände gibt. Dies ermöglicht eine schrittweise Annäherung an gemeinsame Lösungen und spart Zeit.

✓ **Klarheit durch Rollen-Schärfung in der „Norming"-Phase.** In dieser Phase der Teamentwicklung geht es darum, dass die Rollen und Verantwortlichkeiten final geklärt werden. Für formelle Rollen kann man die RACI-Matrix (**R**esponsible, **A**ccountable, **C**onsulted, **I**nformed) verwenden. Aber im Team gibt es auch informelle Rollen, die die Teamdynamik beeinflussen. Diese Rollen – wie Motivationskünstler oder Organisatoren – können wertvoll sein. Schafft Raum für Diskussionen über diese Rollen und wie sie die Zusammenarbeit verbessern können.

✓ **Etabliert gemeinsame Werte und Rituale.** Definiert gemeinsame Werte, die euer Team auszeichnen sollen. Entwickelt Rituale, die diese Werte zum Ausdruck bringen und das Teamgefühl stärken. Hierfür gibt es diverse Beispiele: u.a. offene Feedback-Runden, einmal pro Woche am Anfang des Weekly Meetings auf die gemeinsamen Ziele und Werte schauen, After Work Treffen usw.

✓ **Führt das Teambuilding in der „Performing"-Phase weiter.** In dieser Phase sollte das Team sich gegenseitig unterstützen und möglichst autonom arbeiten. Behaltet das Vertrauen, das ihr in den vorherigen Phasen aufgebaut habt, bei. Nutzt weiterhin Teambuilding-Aktivitäten und Veranstaltungen, um den Zusammenhalt zu stärken und auch in stressigen Situationen geschlossen zu agieren.

✓ **Reflektiert und feiert Erfolge in der Adjourning-Phase.** Häufig wird diese Phase vergessen, dabei ist das gemeinsame Reflektieren von Erfolgen und Lernerfahrungen sehr wichtig. Setzt euch als Team zusammen und sprecht darüber, was gut gelaufen ist und was verbessert werden kann. Wertschätzt die gemeinsamen Leistungen und Erfolge, auch wenn das Ziel vielleicht nicht erreicht wurde. Plant eine Abschlussfeier oder ein Treffen, sofern einzelne Teammitglieder das Team verlassen.

Interview Andreas Kuffner

„Wie wäre es, morgens einen kurzen emotionalen Check-In einzuführen? Einfach mal zu fragen: Wie geht es jedem einzelnen heute, wer steht gerade wo, was muss noch gesagt werden, um heute gut miteinander performen zu können? Denn uns muss klar sein: Egal, um was es geht – wir können Emotionen nicht beiseiteschieben."

16 Jahre lang betreibt Andreas Kuffner Hochleistungssport, 2012 gewinnt er mit dem Deutschland-Achter Olympisches Gold in London. Und wie das bei vielen Leistungssportlern so ist, studiert er noch „nebenbei"; in seinem Fall: Wirtschaftsingenieurwesen. Heute, einige Jahre nach seiner aktiven Sportkarriere, hält er Vorträge, bietet Workshops und Coachings an – um Fähigkeiten, die er im Spitzensport gelernt hat, an andere weiterzugeben. Eines seiner Schwerpunktthemen ist die Teamentwicklung.

Was hat euer Ruderteam, mit dem ihr 2012 Olympiasieger geworden seid, ausgezeichnet?

Wir haben es in relativ kurzer Zeit geschafft, von „Individuum" auf „Team" umzuschalten. Du musst dir vorstellen: Von Oktober bis April sind wir nur Konkurrenten, jedes Jahr aufs Neue. Du musst dich individuell beweisen, um überhaupt ins Team reinzukommen. Aber dann musst du den Schalter umlegen können; nicht mehr egoistisch sein, nicht mehr nur die eigene Agenda verfolgen. Das ist uns 2012 sehr gut gelungen.

Sind denn die besten acht Ruderer auch das beste Achter-Team?

Genau das ist eigentlich nicht möglich. Klar, jeder muss gewisse physische Grundvoraussetzungen mitbringen, auf sehr hohem Niveau. Aber dann ist die Frage: Wie geht man mit dem Druck und den Erwartungen um? Auch mit diesen sehr komplexen Gegebenheiten – vom Konkurrenten zum Teamplayer. Wie schaffst du das, ein Vertrauen zu entwickeln? Wir haben bis 2012 einen sehr konsequenten Ansatz verfolgt: Wir sind in alle Details reingegangen, haben auf die Feinheiten, auf die kleinen Hebel geschaut, die gerade über einen längeren

Zeitraum hinweg auch den Unterschied machen können. Wir waren geleitet von der Frage: Machen wir das Boot mit dieser Maßnahme wirklich schneller? Das haben wir auf alle Ebenen übertragen, auf dem Wasser und an Land. Wir haben zum Beispiel kein Interview gegeben bis zum Olympischen Finale und waren nicht auf der Eröffnungsfeier. Wir haben alles gemacht, von dem wir dachten, dass es einen kleinen Beitrag dazu leisten kann, dass wir dann beim Rennen abliefern können.

Wie hast du denn deine Rolle in diesem Achter-Team gefunden?

Rein technisch gesehen hast du an verschiedenen Stellen im Boot auch verschiedene Rollen. Ich habe für mich dann erstmal daran gearbeitet, im Team anzukommen. Wir waren schon immer einigermaßen cool miteinander, aber das tiefe Vertrauen, sich voll aufeinander verlassen zu können, das muss sich erst entwickeln. Und dafür wollte ich auch meinen Beitrag leisten. Aufgrund meiner Position im Boot war ich dann auch schon immer eine Art Bindeglied, gleichzeitig habe ich sowohl technisch als auch menschlich sehr viel Gefühl reingepackt.

Wie wichtig ist aus für dich eine gewisse Heterogenität im Team?

Es gibt Bereiche, da sollte man sehr homogen denken – wir haben uns auf etwas verständigt und dann sollten wir da auch an einem Strang ziehen. Aber grundsätzlich unterschiedliche Charakteristika, verschiedene Stärken zu haben, ist super wichtig. Das muss man aber auch zulassen können. Und das ist die große Herausforderung! Anzunehmen, wenn jemand anders tickt, anders reagiert.

Wie habt ihr die Teamentwicklung gestaltet und wer war daran alles beteiligt?

Dadurch, dass du auf dem Wasser immer wieder in unterschiedlichen Konstellationen ruderst, spielst du quasi die Phasen der Teamentwicklung auch immer wieder neu durch. Richtig spannend wird es dann, wenn die Deutschen Meisterschaften rum sind und das finale Team nominiert ist. Auch wenn der Bundestrainer immer noch die Option hat, an einzelnen Stellschrauben zu drehen; so ganz sicher kann man sich nicht fühlen. Damit muss man umgehen können! Für mich ist ein weiterer wichtiger Baustein das Thema Beziehungspflege. Es geht nicht darum, immer nur harmonisch zu sein – aber wir haben uns darauf verständigt, uns wertschätzend und ehrlich Feedback zu geben. Ein Moment ist mir da sehr präsent vor Augen: Als der Bundestrainer den endgültigen Kader für Olympia nominiert hat, ist ein Ruderer rausgeflogen, bei dem wir alle sicher waren, dass er es in den Kader schaffen würde. Als wir dann das erste Mal im Team zusammenstanden, haben wir ehrlich sagen können, wie wir uns damit fühlen. Und viele haben sich nicht gut gefühlt! Weil ein sehr wichtiger Mann aus unserem Team geflogen ist, der auch viel Sicherheit und Vertrauen reingegeben hatte. Gleichzeitig haben wir auch dem „Neuen“ gesagt: Das hat nichts mit dir zu tun und wir werden dich von Anfang an zu 100% einbinden. Diese Gespräche waren extrem wichtig. Häufig werden solche „Widerstände“ in Unternehmen nicht gerne gesehen. Dabei sind Widerstände nichts anderes als die Botschaft eines klaren Bedürfnisses, das nicht erfüllt wird. Da geht es einfach darum, auch mal Raum für solche Emotionen zu lassen. Da kann und sollte man Rahmenbedingungen schaffen, die das ermöglichen. Das dauert, das funktioniert nicht von heute auf morgen. Aber wie wäre es, morgens einen kurzen „emotionalen Check-In“ einzuführen? Einfach mal zu fragen: Wie geht es jedem einzelnen heute, wer steht gerade wo, was muss noch gesagt werden, um heute gut miteinander performen zu können? Denn uns muss klar sein: Egal, um was es geht – wir können Emotionen nicht beiseiteschieben. Sie sind da und haben einen Einfluss auf unser Verhalten. Dann sollte man doch besser regelmäßig Möglichkeiten schaffen, diese auch im Team anzusprechen und ernst zu nehmen.

Du hast eben auch das Thema Feedback angesprochen. Wie können Teams eine Feedbackkultur fördern und welche Learnings hast du vom Sport auf deine Coachings übertragen?

Ich glaube, das wichtigste Learning ist, dass man erstmal über eine Grundhaltung spricht: Aus welcher Haltung heraus geben wir Feedback? Hat das was mit mir selbst zu tun oder sage ich dir etwas bezogen auf das gemeinsame Ziel, das wir haben? Wenn wir in einem

Unternehmen tätig sind, dann gibt es ja in der Regel ein verbindendes Element, ein gemeinsames Ziel, das wir verfolgen. Wenn ich Feedback gebe, dann sollte ich uns gemeinsam voranbringen wollen. Und man sollte nicht auf ein Jahresgespräch warten, sondern Feedback als Selbstverständlichkeit betrachten. Das finde ich extrem wichtig! Wenn wir im Sport nur Jahresgespräche machen würden, hätten wir ein großes Problem. Du wirst ja eigentlich dauerhaft beschallt, es gibt permanent Rückmeldungen vom Trainer und den Mannschaftskameraden. Und auch wenn jedes Feedback natürlich ein bisschen am Ego kratzt: Sobald die Grundhaltung stimmt, kannst du das viel besser verarbeiten.

Welche Tools oder Regeln empfiehlst du Führungskräften und Mitarbeitenden für den Umgang mit Feedback untereinander?

Es wird zwar viel darüber gesprochen, dass wir eine bessere Feedbackkultur brauchen – aber das ist aus meiner Sicht oft zu verkopft. Das wirkt dann zu angestrengt. Ja, natürlich sollten wir darauf achten, wie wir Feedback geben. Raum und Zeit sollten stimmen, also beispielsweise nicht mitten in einer totalen Stresssituation. Aber ich würde das Thema Feedback nicht so technisch sehen. Für mich ist und bleibt die Haltung entscheidend: Wohlwollend und dem Ziel dienlich. Dann entsteht auch die Art von Kommunikation, die sich richtig anfühlt.

Wie wichtig sind gemeinsame Ziele für die Entwicklung eines Teams?

Erstmal sollte eine gewisse Grundorientierung da sein. Wofür machen wir das alles? Im Business sollte bei diesem Gedanken immer auch der Kunde eine Rolle spielen. Das ist im Sport anders: Da wollen wir für uns eine Goldmedaille holen – nicht für Deutschland. Man spürt auf jeden Fall Stolz, aber am Ende des Tages machen wir das für uns als Team und nicht für einen „Externen“. Das ist im Business anders. Neben der Grundorientierung sollte man dann auch Prinzipien formulieren: Wie wollen wir miteinander arbeiten, um für den Kunden den größten Mehrwert zu schaffen? Ich finde es schwierig, sich sehr engmaschige Ziele zu stecken, bei denen es nur darum geht: Was können wir heute abhaken? Damit gerät man in ein „höher, schneller, weiter". Dann geht es oft nur noch um Zahlen – und man verliert den Blick für den Kunden.

Wann war euch als Ruderteam klar: Wir wollen Gold holen! Und wie habt ihr euch das als Team verbildlicht?

Das ging eigentlich schon los, als wir 2009 Weltmeister geworden sind. Das Ziel war ganz klar! Wir haben dann irgendwann folgendes Bild geschaffen: Wir wollen selbst an einem schlechten Tag die Chance haben, Gold zu gewinnen. Die Goldmedaille selbst können wir nicht beeinflussen, da gibt es noch so viele andere Einflussfaktoren. Das hat auch dazu geführt, dass wir uns in der Vorbereitung auch durch schwierige Verhältnisse gekämpft haben. Wenn das Wetter schlecht war, haben wir uns gesagt: Das kann auch an DEM Tag so sein – wenn wir die Chance auf Gold auch unter solchen Bedingungen haben wollen, müssen wir das trainieren. Dieses Bild hat nochmal sehr viel Kraft gegeben. Das war differenzierter und hat den Fokus auf den Prozess gelegt. Das hat uns einfach das Gefühl gegeben, dass alles, was wir tagtäglich tun, auf diesen Weg einzahlt.

Der Coach kann keine Tore schießen – Wie du Selbstorganisation im Team förderst

Es ist ein sehr ungewöhnliches Bild, das sich den Zuschauenden im neuseeländischen Hauraki Gulf beim Finale des America's Cup bietet: Ein Segelboot schippert einsam und allein, scheinbar völlig unbeeindruckt vom Wellengang und den äußeren Umständen, Richtung Ziellinie. „Wie ein Schweizer Uhrwerk. Die Männer der Alinghi mit dem Trend zur Null-Fehler-Perfektion."[258] Ein passender Vergleich, den der Sportkommentator des NDR hier anstellt – denn das führende Segelteam kommt tatsächlich aus der Schweiz. Die gastgebenden Favoriten aus Neuseeland schaffen es dagegen nur mit Abschleppboot ins Ziel: „Die Yacht war so instabil geworden, dass sie wie ein Kartenhaus in sich zusammensackte!" Zum Glück wird niemand verletzt. 4:0 steht es nach diesem Rennen. Und den Schweizern fehlt nur noch ein Sieg zum großen Triumph: Noch nie hat ein Team aus Europa die berühmteste und prestigeträchtigste Segelregatta der Welt gewonnen! Am 02. März 2003 ist es dann so weit. Alinghi gegen New Zealand, die Entscheidung. Und noch bevor die Crew des Schweizer Teams das Rennen offiziell beendet hat, klatschen sich die Mitglieder ab, jubeln und liegen sich in den Armen – denn sie wissen: Diesen historischen Sieg kann ihnen niemand mehr nehmen. Zum ersten Mal in der 152-jährigen Geschichte des berühmtesten Segelwettbewerbs der Welt gewinnt eine Truppe, die in ihrer Heimat noch nicht mal direkten Zugang zum Meer hat! „Respekt vor dieser Teamleistung", kommentiert der NDR-Sportreporter. Und trifft damit genau den Kern dieses Überraschungserfolgs.

Denn ohne die Teammitglieder und ihre autonome Herangehensweise an jegliche Herausforderungen wäre dieser Sieg nicht möglich gewesen. Ernesto Bertarelli, italienisch-schweizerischer Unternehmer, hat das Team so zusammengestellt und dabei nicht nur ein erstaunlich gutes Gespür für die richtigen Persönlichkeiten bewiesen, sondern genau diesen auch genug Freiraum für selbstbestimmte Entscheidungen gelassen.[259] Das zeigt sich zum Beispiel in einer wichtigen Situation im Finalrennen: Die Alinghi-Mitglieder vertrauen ihrem Wetterexperten John Bilger und entscheiden kurzfristig vor dem Startschuss, sich auf der rechten Seite des Segelkurses aufzustellen – obwohl das die vermeintlich schlechtere Seite ist. Doch das Vertrauen in die Expertenmeinung sowie die Flexibilität, auf diese unvorhergesehene Situation reagieren zu können, werden belohnt: Mit 150 Metern Vorsprung auf den Zweitplatzierten.[260]

Komplexe Aufgaben erfordern Selbstorganisation und Eigenverantwortung

Was das Team rund um den Milliardär Ernesto Bertarelli, der bei jedem Rennen selbst als Navigator an Bord war, eindrucksvoll unter Beweis gestellt hat, ist die Bedeutung von Agilität – also die Fähigkeit, sich auf alle Arten von Veränderungen einzustellen und Ziele, Inhalte und Prozesse zeitgerecht anzupassen (mehr dazu im Kapitel Innovation). In der heutigen Arbeitswelt sind viele Aufgaben und Probleme so komplex, dass sie von Einzelpersonen nicht mehr allein überblickt und bewältigt werden können; traditionelle Führungsmodelle, bei denen ein Manager alle Anweisungen gibt, stoßen dann schnell an ihre Grenzen. Agilität zielt deshalb darauf ab, die Eigenverantwortung von Mitarbeitenden und Teams zu stärken.

Dabei ist Agilität mehr als nur die Anwendung agiler Lehrbuch-Methoden wie Scrum, Kanban oder Design Thinking; sie basiert auf Werten wie Mut, Respekt, Fokus, Offenheit und Engagement.[261] Und ganz wichtig: Agilität bedeutet nicht, dass die Mitglieder eines Teams – ob im Sport oder im Job – führungslos und vollkommen frei entscheiden! Es gibt klare Rahmenbedingungen, die von der Führungskraft vorgegeben sind, innerhalb derer die Teammitglieder dann selbstorganisiert agieren dürfen und sollen. Im Fußball, Hockey oder Handball heißt das: Spielsysteme und Ziele werden vom Trainer(stab) vorgegeben, aber die Spieler haben die Freiheit, sich im Spiel innerhalb dieser Rahmenbedingungen selbständig zu entfalten.

Weitere Merkmale agiler Teams sind eine flache Hierarchie, Mitspracherecht aller Beteiligten, Vielfältigkeit und Heterogenität, Flexibilität in der Aufgabenverteilung und ein hohes Maß an Eigenverantwortung. Im Gegensatz dazu arbeiten managergeführte Teams zentralisiert, Entscheidungen werden „top-down“ getroffen und es gibt klare, statische Rollen und Verantwortlichkeiten, die von der Führungskraft zugeteilt werden.

> *„Hol die besten Leute ins Team und lass sie ihren Job tun!“*
>
> Ernesto Bertarelli, Alinghi-Chef

Der Vorteil von agilen Teams: Sie können flexibel und vor allem schneller (re)agieren. Wer kennt nicht die teils extrem langwierigen und bürokratischen Prozesse in großen Unternehmen – und wünscht sich häufig, dass es doch ein bisschen zügiger gehen könnte! Der sogenannte „second annual state of agile culture report“, eine weltweite Befragung von 1.392 Führungskräften und Mitarbeitenden, hat ergeben, dass drei agile Komponenten am stärksten mit einer guten Business Performance korrelierten: Gute Feedback-Prozesse, Klarheit hinsichtlich der Ziele, Aufgaben und Verantwortlichkeiten sowie eine agile Arbeitsweise der Führungskräfte.[262] Außerdem haben mehrere Studien herausgefunden, dass Agilität zu mehr Arbeitszufriedenheit führt,[263] die Motivation steigert[264] und die Teammitglieder besser mit Stress und Herausforderungen umgehen können.[265] Selbstorganisierte Teams können (wenn sie richtig geführt werden) also nicht nur mehr leisten, sondern ihre Mitglieder fühlen sich trotz hoher Arbeitsleistung auch noch weniger belastet! Allerdings muss nicht jeder Großkonzern von heute auf morgen seine Struktur anpassen und agil gestalten – häufig hilft es auch schon, einzelne Elemente der Selbstorganisation in bestehende Strukturen zu integrieren, um die Mitarbeiterbeteiligung und -autonomie zu erhöhen. Aber wie schaffen wir das?

Selbstorganisierte Systeme brauchen Führung – aber anders

Schon als Kind hatte Ernesto Bertarelli diesen einen Traum: Irgendwann möchte er den America’s Cup gewinnen! Er musste sich allerdings noch ein paar Jahre gedulden. Doch der leidenschaftliche Segler setzte alles daran, um seinen Traum wahrwerden zu lassen –

und konzentrierte sich dabei vor allem auf die Zusammenstellung und Führung des richtigen Teams. Jochen Schümann war dabei, Deutschlands erfolgreichster Olympiasegler; aber auch Steuermann Russell Coutts, den Bertarelli zuvor vom Team New Zealand abgeworben hatte. Und viele weitere Experten, die sich in ihrer Erfahrung und ihrem Mut sehr gut ergänzten.

97 exzellente Teammitglieder aus 15 verschiedenen Nationen, von Seglern über Manager bis Designer, waren nach einem peniblem Auswahlverfahren sprichwörtlich an Bord.[266] „Wir haben nicht einfach Leute gesucht, die gut segeln können, sondern wir haben nach Persönlichkeiten Ausschau gehalten, die darüber hinaus auch passioniert und humorvoll sind"[267], sagte Simon Daubney, der damals zum Führungskreis der Alinghi gehörte. Zudem habe man nicht einfach talentierte Segler gecastet, sondern die bereits bestehenden Teammitglieder um Empfehlungen gebeten: Wen kennt ihr, der zu uns passen würde und unsere Werte teilt? Nach einer ersten Prüfung durch die Verantwortlichen habe dann das gesamte Team (!) gemeinsam über die Aufnahme des potenziell neuen Mitglieds entschieden. Die Alinghi-Mannschaft bestand also aus Menschen, die sich gegenseitig vertrauten und unterstützten – und gleichzeitig die Verantwortung für ihre eigene Zusammensetzung trugen.

Doch Bertarelli hat nicht nur bei der Teamauswahl viel Raum für Selbstorganisation gelassen, sondern auch während der Trainings- und Wettkampfphasen: So bestimmten nicht er oder sein engster Kreis, wer am Ende auf der Yacht mitfuhr, sondern die Ergebnisse aller Teammitglieder während der zweijährigen Vorbereitung auf den America's Cup. „Bei uns gab es das Prinzip des ‚Besten auf jeder Position' – und das galt auch für mich. Bei den anderen Seglern verschaffen dir nicht deine Titel Anerkennung, sondern nur deine Fähigkeiten und deine Leistung im Team"[268], sagte er. Und diese Leistung rufen Menschen aus seiner Sicht am besten ab, wenn sie möglichst viele Freiräume haben; dann können sie ihr volles Potential entfalten. Ein Führungsstil, den der Unternehmer auch in seinem Biotech-Konzern Serono angewandt hat: Mitarbeitende sollten die Möglichkeit haben, an ihren Projekten zu wachsen. „Wenn ich eine

Organisation führe, versuche ich, mich in ihr unauffällig zu bewegen wie eine Fliege, die überall mal umherschwirrt."[269] Präsent sein, Rahmenbedingungen schaffen, Unterstützung anbieten – aber auch genug Raum zur Selbstorganisation lassen.

Dieser sogenannte transformationale Führungsstil zeichnet sich dadurch aus, dass die Führungskräfte eine Vision vermitteln, die Motivation der Teammitglieder steigern und deren Bedürfnisse berücksichtigen. „Du musst relativ schnell die individuelle Motivation jedes Einzelnen für Leistung herausfinden. Wenn ein Spieler zum Beispiel sehr stark intrinsisch motiviert ist, musst du hier weniger aktiv werden, weil es aus dem Spieler selbst herauskommt. Wenn ein Spieler eher über extrinsische Motivation kommt, musst du dich als Trainer viel mit dem Umfeld des Schützlings auseinandersetzen und dieses soweit es geht gestalten", sagt Fußballtrainer Alexander Zorniger. Es geht darum, zu inspirieren und als Vorbild zu dienen – anstatt nur auf Belohnungen (in Form von Gehältern oder Beförderungen) für Leistung zu setzen.

Grundvoraussetzung ist, dass die Teammitglieder die Führungspersönlichkeit als Unterstützung wahrnehmen und schätzen. Das muss allerdings nicht heißen, dass der Chef nun jeden Kollegen morgens mit einer herzlichen Umarmung begrüßt und alle ausgiebig nach ihren persönlichen Befindlichkeiten befragt; Unterstützung sollte individuell ausgerichtet sein. Wie der ehemalige Hockeybundestrainer Markus Weise so schön sagte: „Für den einen ist es ‚Arschtreten', für den anderen ist es ‚in den Arm nehmen'."[270] Jeder Mensch reagiert eben unterschiedlich auf verschiedene Arten der Motivation. Einige benötigen Lob und positive Verstärkung, während andere von konstruktiver Kritik und herausfordernden Zielen angetrieben werden. Gute Leader – ob im Sport oder im Business – erkennen diese Unterschiede und passen ihr Führungsverhalten situativ und individuell an, um die besten Ergebnisse zu erzielen.

So hat auch Michael Jordan seinen Umgang mit den Teamkollegen bei den Chicago Bulls nach seiner Basketball-Auszeit verändert, indem er deren Bedürfnisse und Persönlichkeiten stärker berücksichtigte: Er motivierte Scottie Pippen durch Vorbildfunktion und

Verlässlichkeit, während er bei Dennis Rodman auf emotionale Verbindung setzte. Und Scott Burrell verstand Lautstärke am besten: „Ich konnte ihn anschreien und er hat es kapiert", sagte Jordan über Burrell. „Aber das hat in keiner Weise an seinem Selbstvertrauen gekratzt."[271] Heutzutage wird im beruflichen Kontext häufig noch der transaktionale Führungsstil gepflegt, der sich vor allem an messbaren Ergebnissen und handfesten „Tauschbeziehungen" ausrichtet: Erfüllen die Mitarbeitenden bis zum Jahresende ein zuvor vereinbartes Ziel, erhalten sie einen Bonus in voller Höhe. Aber was wäre, wenn die Mitarbeitenden sogar noch mehr leisten können – und wollen? Ein gutes Pferd springt nur so hoch, wie es muss, sagt der Volksmund. Das stimmt, wenn der Anreiz lediglich von außen gesetzt wird. Intrinsische Motivation (mehr dazu im Kapitel Leidenschaft) kann jedoch noch viel mehr bewegen. Diese findet sich auch in einem Leistungsmodell wieder, das ich im Rahmen meines Projektleiter-Coachings kennengelernt habe. Nach diesem Modell wird die Leistungsfähigkeit eines jeden einzelnen Mitarbeitenden gefördert, wenn folgende vier Dimensionen optimal ausbalanciert sind: Kennen, Wollen, Können, Dürfen. Der erste Faktor „Kennen" bezieht sich darauf, dass Teammitglieder eine klare Vorstellung davon haben sollten, was von ihnen in ihrer Rolle erwartet wird und was nicht. Das „Wollen" beschreibt die bereits erwähnte intrinsische Motivation, die aus dem Individuum selbst kommt, weil es einen eigenen Antrieb, eine Leidenschaft für seine Tätigkeit hat. Im Bereich „Können" kommt der Führungskraft eine aktive Rolle zu, indem sie die Entwicklung der Mitarbeitenden fördert. Der vierte und letzte Faktor „Dürfen" bezieht sich auf die Fähigkeit, Verantwortung an die Mitarbeitenden abzugeben. Für viele ist genau das eine große Herausforderung, weil sie die Abgabe von (Führungs-)Verantwortung mit Kontrollverlust gleichsetzen.

*„Leader ziehen keine Mitläufer groß,
sondern bringen neue Leader hervor."*

Tom Peters, Autor und Unternehmensberater

Im Arbeitsalltag kann die Verteilung von Führungsaufgaben in selbstorganisierten Teams folgendermaßen aussehen: Die Teammitglieder können – je nachdem, welche Stärken und Fähigkeiten sie einbringen – in verschiedenen Rollen der Teamführung aktiv sein. Zum Beispiel als Product Owner, der für die Vision des Produkts oder Projekts verantwortlich ist. Er definiert die Anforderungen und Prioritäten aus Sicht des Kunden und des Unternehmens. Der Scrum Master unterstützt das Entwicklungsteam bei der Selbstorganisation und bei der Einhaltung der Praktiken und Regeln. Und People Leads sind für die Weiterentwicklung der Mitarbeitenden zuständig; die personelle Führung wird dann bewusst von der fachlichen Führung getrennt. Ich habe sogar schon Unternehmen kennengelernt, in denen die People Leads von den Mitarbeitenden selbst gewählt wurden – ähnlich agieren manche Sportmannschaften, in denen die Kapitäne von den Teammitgliedern bestimmt werden. Um herauszufinden, welche Kollegen zu welchen (Leadership-)Rollen passen, sollte man folgende Fragen aufwerfen: Wer ist ein Kommunikator? Wer ist empathisch und hat immer ein offenes Ohr für die Mitarbeitenden? Wer ist ein Managertyp, der das Team in Gremien vertreten kann? Wer ist ein Motivator? Wer ist ein Visionär und Stratege? Wer geht immer mit gutem Beispiel voran? Wer kann gut Entscheidungen treffen und diese auch selbstbewusst vertreten? Die Vielfalt dieser Fragen zeigt schon: Es ist unwahrscheinlich, dass eine Person all diese Fähigkeiten in gleichem Maße in sich vereinen kann. Von daher macht es nicht nur für Teams im Spitzensport, sondern auch für Unternehmen (und ihre Abteilungen) Sinn, Führung auf mehreren Schultern zu verteilen. Allerdings gibt es bei der Anwendung agiler Methoden im Arbeitsalltag vieler Unternehmen noch Luft nach oben – und Diskussionsbedarf. Denn während 70% der befragten Führungskräfte des bereits zitierten „second annual state of agile culture report"[272] (Stand 2021) der Meinung sind, Vorbilder hinsichtlich agilen Verhaltens zu sein, stimmen dieser Selbsteinschätzung nur 16% der befragten Mitarbeitenden zu.[273]

Erfolgreiche Selbstorganisation: Die Bedeutung von klaren Leitlinien und Regeln

„Russell sagte uns immer: Wenn ihr Probleme oder Konflikte habt, dann müsst ihr die selbst lösen. Wenn ihr das nicht schafft, werde ich die Dinge lösen, dann aber konsequent. Es könnte jedoch sein, dass euch diese Lösung nicht gefällt, darum würde ich euch dringend raten, die Dinge selbst in die Hand zu nehmen.“[274] Es klingt ein bisschen wie Wegducken, was Alinghi-Segler Curtis Blewett da beschreibt; dabei war der Führungsstil von Skipper Russell Coutts ein Paradebeispiel für Agilität. Und macht deutlich, dass ein selbstorganisiertes Team nicht weniger, sondern sogar mehr (wenn auch andere) Führung braucht – und ein klares Regelwerk, an dem es sich orientieren kann. Im Falle der Schweizer Segelcrew hieß das: Konflikte im Team werden selbstständig gelöst; verdiene dir den Respekt deiner Kollegen durch deine Taten, nicht deine Titel. Führungskräfte wie Coutts oder Sportdirektor Jochen Schümann sollten zwar ansprechbar und Ideengeber sein, aber nicht proaktiv in interne Teamkonflikte eingreifen. So riet dieser einem jungen Segler, der sich von den anderen aufgrund seiner Unerfahrenheit gemobbt fühlte, das Problem selbst in die Hand zu nehmen: „Wenn nämlich ich für ihn zur Mannschaft sprechen würde, würde er die Achtung der anderen vollends verlieren. Er hat das eingesehen und sich im Laufe der Zeit durch Leistung die Anerkennung der Crew erarbeitet.“[275] Das Alinghi-Team agierte aber nicht nur im Bereich Konfliktmanagement nach klaren Rahmenbedingungen, sondern auch bei Themen wie der Feedbackkultur, dem Informationsaustausch und der Trainingsphilosophie. So einigte man sich gemeinschaftlich darauf, das Prinzip der Koopetition zu leben; diese Mischung aus internem Konkurrenzkampf und Kooperation war mitentscheidend für den Erfolg beim America’s Cup 2003. Auch während meiner Hockeylaufbahn haben wir diese Idee angewandt und im Training immer neue Mannschaften gebildet, um im Wettkampfmodus gegeneinander anzutreten. Nicht nur, um möglichst realistische Spielsituationen zu kreieren – sondern auch, um den internen Wettbewerb anzustacheln. Da wir die Teams aber ständig neu durchmischt haben, kämpfte man heute mit dem Konkurrenten von morgen. Dieses

Wechselspiel zwischen Zusammenarbeit und Gegeneinander kann man auch im beruflichen Kontext anwenden: Beim nächsten Projekt könnte das Team in zwei Sub-Teams aufgeteilt werden; beide sollen dann eigene Lösungen für eine konkrete Problemstellung entwickeln und ihre Ideen in einem kleinen Wettbewerb präsentieren. Die besten Ideen (aus den verschiedenen Teams) können dann kombiniert werden, um die finale Lösung zu erarbeiten. Oder man veranstaltet einen Innovationswettbewerb, indem jeder einzelne Mitarbeitende Strategien zur Problemlösung entwickelt. Die besten drei werden dann ausgewählt.

Ob Koopetition oder andere Modelle: Klar ist – es braucht einen Rahmen, ein Regelwerk, an dem sich das selbstorganisierte Team orientieren kann. Thomas Tuchel hat diesen Grundgedanken während seiner Zeit als Trainer beim 1. FSV Mainz 05 verfestigt: „Ich übernehme jede Verantwortung für das ‚Was': Was wir spielen, was für Regeln hier gelten oder welche Grundaufstellung – dafür übernehme ich die Verantwortung. Aber das ‚Wie' liefern die Spieler (...) Und das ‚Wie' ist der entscheidende Klebstoff, der das ganze Ding zusammenhält – vor allem im Mannschaftsleistungssport."[276] Gemeinsam mit dem Team stellte Tuchel einen Regelkatalog auf, der u.a. besagte, dass man sich mit Handschlag begrüßte, Handys und Tablets im Trainingstrakt verboten waren und jeder Spieler 45 Minuten vor Trainingsbeginn anwesend sein und in einem Buch unterschreiben musste, dass er sich mental und körperlich bereit fühlte. Außerdem waren immer drei Spieler und/oder Trainer dafür zuständig, eine Woche lang das Frühstück für die gesamte Mannschaft einzukaufen und vorzubereiten. Ein Gedanke, der Demut vermitteln sollte und den sich Tuchel bei den Handballern vom THW Kiel abgeschaut hatte: „Da schmieren Olympiasieger, Goldmedaillengewinner, mehrfache Weltmeister, Champions League Sieger am Samstagmorgen die Brötchen im Bus bei der Fahrt zum Auswärtsspiel."[277] Im Büro muss man nicht unbedingt das Frühstück der Kollegen zubereiten; trotzdem sollten auch hier (gemeinsam) Teamregeln aufgestellt werden, die sich an folgenden Fragen orientieren: Wie viel Eigenverantwortung wollen wir als Team und Einzelpersonen übernehmen? Wo binden wir die Führungskraft ein? Welche Meeting-Formate brauchen wir? Inwiefern lassen wir internen Wettbewerb zu? Wie gehen wir mit teaminternen Konflikten um?

Um die Regeln auch im (stressigen) Joballtag einzuhalten und sich immer wieder zu reflektieren, sind regelmäßige Meeting-Termine wichtig. Seien es kurze Daily-Sessions, in denen das Team täglich zusammenkommt, um die wichtigsten ToDos zu besprechen; oder längere, wöchentlich stattfindende Sitzungen (Weeklys), in denen der Fortschritt der laufenden Projekte besprochen und gemeinsame Herausforderungen identifiziert werden. Das fördert die Transparenz und ermöglicht es dem Team, frühzeitig auf auftretende Probleme zu reagieren. Übrigens werden diese Meetings in meinem Berufsalltag häufig nicht von der Führungskraft geleitet, sondern von „normalen" Teammitgliedern: Die Rolle des Facilitators, also des Moderators, wechseln wir in der Regel quartalsweise. Neben den offiziellen Meetings gibt es natürlich auch andere (informelle) Möglichkeiten für das Team, sich auszutauschen – bei Alinghi passierte das oft im Gym, auf dem Gang oder beim Feierabendbier.[278] Wichtig ist: In selbstorganisierten Teams muss man stetig in Kontakt bleiben und die Kommunikation pflegen. Denn nur durch regelmäßiges Feedback kann sich das Team weiterentwickeln. „Wir machen regelmäßige Jour Fixes. Ich rede lieber einmal zu viel als zu wenig, das habe ich auch vom Sport gelernt", sagt Oskar Deecke, der mittlerweile als Direktor Marketing bei Fortuna Düsseldorf arbeitet. „Feedback zu geben und Feedback selbst anzunehmen ist echt schwierig, das merke ich im Berufsalltag. Ich will viele Leute mit einbinden und deren Meinung einholen; man muss aber auch viel mehr erklären, warum man das macht. Vom Sport bin ich das gewohnt, aber manche Kollegen denken sich dann auch irgendwann: Warum fragt er mich jetzt?" Es kann daher hilfreich sein, ähnlich wie bei der Moderatorenrolle in Meetings, die Rolle des Feedbackgebers zu wechseln (klar, das machten auch die Schweizer Segler so!). In der Sache darf Feedback durchaus kritisch sein, jedoch sollte es stets sachlich und konstruktiv bleiben.

Generell ist es wichtig, dass das Team selbst festlegt, wann und wie Feedback untereinander gegeben werden soll. Die Intensität und

Art der Kommunikation variieren dabei von Team zu Team erheblich! Funktionierende Teams loben sich grundsätzlich untereinander sehr viel. In meinen Sportmannschaften haben wir das sogar bewusst eingefordert; vor allem während wichtiger Spiele hat uns das immer beflügelt, selbst wenn es vermeintlich kleine Situationen waren, für die man sich gegenseitig gefeiert hat. Ich habe allerdings auch immer wieder erlebt, dass sich einige Spieler teilweise extrem beschimpft haben, wenn ein Teammitglied seine Leistung nicht erbracht hat, vor allem im Trainingsalltag. In den meisten Fällen wurde das akzeptiert und diente sogar als Ansporn, es das nächste Mal besser zu machen. Denn nach dem Training saß man wieder zusammen, hat gemeinsam gelacht und es gab keine nachhaltig negativen Auswirkungen. Im beruflichen Kontext ist eine derartig harte Herangehensweise nicht mehr vorstellbar – auch wenn es (leider) immer noch Kollegen gibt, die Lautstärke und Kraftausdrücke mit konstruktivem Feedback verwechseln. Trotzdem können wir uns von Sportlern und Trainern einige Grundsätze zum Thema Feedbackkultur abschauen und ins Business übertragen. Sei konkret: Statt vager Aussagen solltest du konkrete Beispiele für das Verhalten oder die Leistung anführen, auf die sich das Feedback bezieht. Starte positiv: Betone zuerst, was bereits gut funktioniert. Das stärkt das Selbstwertgefühl deines Gegenübers. Vermeide die persönliche Ebene: Beurteile immer nur die Sache, nicht die Person. Konzentriere dich auf das Verhalten oder die Leistung, ohne persönlich zu werden. Zeige Verbesserungspotenzial auf: In einer sachlichen Art und Weise solltest du darstellen, in welchen Bereichen du dir andere Ergebnisse wünschst und wie man diese erreichen könnte. Übrigens gelten Feedbackprinzipien nicht nur für die Kommunikation und Beziehung zwischen Kollegen – auch Führungskräfte sollten bewertet werden. Manche Unternehmen haben bereits regelmäßige (anonyme) Mitarbeitenden-Befragungen etabliert; die finden oft aber nur in einem sehr breiten Turnus statt. Für ein etwas schnelleres Feedback vom Mitarbeitenden an den Chef eignen sich beispielsweise (Halb-)Jahresgespräche, in denen man auch die eigenen Erwartungen und Wünsche an die Führungskraft richten kann.

Selbstorganisierte Teams sind flexibler und anpassungsfähiger

Ein weiterer Erfolgsfaktor selbstorganisierter Teams ist Flexibilität. Auch die Alinghi-Segler hatten zwar feste Rollen und Aufgaben für jedes Crewmitglied; aber sie waren trotzdem in der Lage, sich schnell und kreativ an veränderte Bedingungen und äußere Umstände anzupassen. Insbesondere in Krisenzeiten – sei es ein gebrochener Mast kurz vor dem Halbfinale des Louis Vuitton Cups 2002 (die Qualifikation für den America's Cup) oder plötzlich veränderte Wetterbedingungen: Hätte das Schweizer Team nicht auf die jeweilige Situation reagieren können, hätte es ein Jahr später nicht die schwere, langersehnte Trophäe in die Höhe stemmen können. Gleiches gilt im Job: Manchmal können sich die Anforderungen eines Projekts ändern, Fristen werden verschoben, Mitarbeitende werden krank. In den beruflichen Teams, in denen ich bisher gearbeitet habe, haben wir daher immer penibel darauf geachtet, dass jedes Teammitglied bei Bedarf von einem anderen Kollegen vertreten werden konnte. Zusätzlich zu den spezifischen Rollen haben wir auch Standardrollen definiert, die regelmäßig rotierten. Der „Secretary" war für die Dokumentation der Meetings verantwortlich, der bereits erwähnte „Facilitator", übernahm die Moderation. So wurden immer alle Teammitglieder aktiv einbezogen und hatten die Möglichkeit, ihre verschiedenen Fähigkeiten und Perspektiven einzubringen. Flexibilität und Vielschichtigkeit auf den verschiedenen Positionen hat sich auch für die All Blacks ausgezahlt: Als sich während der Rugby-WM 2011 alle drei Verbinder verletzten, rief der Coach seinen vierten Mann Stephen Donald an – der eigentlich gar nicht nominiert und gerade beim Angeln war. Er sprang beim Endspiel gegen Frankreich ein, mit einem geliehenen Trikot, das einige Nummern zu klein war – und verwandelte den entscheidenden Kick, mit dem Neuseeland Weltmeister wurde.[279]

„Zur Hölle mit Umständen – ich erschaffe Möglichkeiten."

Bruce Lee, Kampfkünstler

Flexibilität erfordert allerdings nicht nur das Vertrauen der Führungskraft, sondern auch viel Selbstvertrauen der agierenden Teammitglieder. Denn es ist alles andere als einfach, aus einem bestehenden System auszubrechen oder in einem wichtigen Spiel die geplante Taktik über den Haufen zu werfen. Hockeystar Moritz Fürste ist sich beispielsweise sicher: Hätte Stürmer Christopher Rühr beim Olympia-Viertelfinale 2016 gegen Neuseeland nicht kurz vor Schluss die Grundordnung verlassen und drei Ecken herausgespielt, wäre diese Partie vermutlich verloren gegangen. So erzielten die deutschen Hockeymänner 40 Sekunden vor Schluss noch den 2:2 Ausgleich. Und Florian Fuchs verwandelte in der letzten (!) Spielsekunde einen Pass von Timur Oruz zum 3:2 Endstand. „Das Neuseeland-Spiel ist ein perfektes Beispiel dafür, dass Unverhofftes notwendig ist, wenn die geplante Struktur nicht zum Erfolg führt."[280] Und manchmal geht es auch im Sport nicht mehr nur um Sieg oder Niederlage, sondern um Leben und Tod – und dann müssen alle Teammitglieder so flexibel und schnell handeln wie nur möglich. Als der dänische Fußballnationalspieler, Christian Eriksen, 2021 während des EM-Spiels gegen Finnland kollabierte und auf dem Boden liegen blieb, reagierten seine Mannschaftskollegen blitzschnell: Der Torwart eilte zu Eriksens Frau auf der Tribüne, um sie zu unterstützen; die anderen Spieler bildeten einen engen Kreis um ihren Kameraden, um ihn vor neugierigen Blicken zu schützen. Denn was die Zuschauenden auf der ganzen Welt zu diesem Zeitpunkt nicht ahnen konnten: Es stand sehr ernst um den damals 29-Jährigen, er musste noch auf dem Platz reanimiert werden. Doch Eriksen überlebte. Und wenige Tage später verfolgte er vom Krankenbett aus, wie seine Teamkollegen es bis ins Halbfinale der Europameisterschaft schafften. Dieses besondere Beispiel zeigt: Eine starke Teamkultur, ein extremer Zusammenhalt ist vor allem dann wichtig, wenn es nicht nach Plan läuft. Erfolg im und mit dem Team bedeutet eben nicht nur, gemeinsame Ziele zu verfolgen – sondern auch, sich insbesondere in Krisenzeiten bedingungslos um die anderen Teammitglieder zu kümmern. So kann man als Mannschaft und als Kollegen unvorhergesehene Situationen gemeinsam meistern und dadurch sogar noch enger zusammenwachsen.

Widerstand und Akzeptanz: Herausforderungen auf dem Weg zu selbstorganisierten Teams

Zugegeben: In der Theorie klingen die Beschreibungen funktionierender, selbstorganisierter Teams zu schön, um wahr zu sein. Denn natürlich gibt es auf dem Weg hin zu einer Mannschaft, die aus selbst- und verantwortungsbewussten Mitgliedern besteht, viele Herausforderungen. Und das gilt sowohl im Sport als auch im Business. Insbesondere Führungskräfte, die bisher zentral gesteuert und viele Entscheidungen selbst getroffen haben, tun sich mit der Einführung agiler Arbeitsweisen oft schwer und setzen diese mit Kontrollverlust gleich; solche Veränderungsprozesse brauchen daher Zeit und erfordern viel Geduld aller Beteiligten.

Weder die Alinghi-Segler, noch die deutschen Hockeyherren oder die neuseeländischen Rugby-Weltmeister waren schon immer selbstorganisiert – und sind es auch nicht über Nacht geworden. Was hilft: Den Change (Was?), den Sinn (Warum?) und auch die Vorgehensweise (Wie?) immer wieder zu kommunizieren. Damit die Mitarbeitenden sich auf dem teils herausfordernden Weg hin zu einem selbstorganisierten Team mitgenommen fühlen; sonst drohen Verwirrung und Widerstand. Die bereits erwähnte weltweite Agilitätsumfrage betont in dieser Hinsicht nochmal die zentrale Aufgabe der Führungskraft und definiert ein gravierendes Problem: Die Leader seien oft nicht in der Lage, Aufgaben klar zu priorisieren und förderten die Experimentierfreudigkeit der Teams zu wenig. Was die Umsetzung von Selbstorganisation zusätzlich erschweren kann, sind unklare Rollen (die wiederum auch Raum zur flexiblen Anpassung lassen müssen) und fehlende Gemeinschafts-Ziele. Und klar ist auch: Es ist einfach nicht jedermanns Sache, agil zu arbeiten. Das kann zu Konflikten innerhalb eines Teams/einer Abteilung/eines Bereichs führen; und auch innerhalb eines gesamten Unternehmens, wenn einige Bereiche selbstorganisiert arbeiten, andere aber nicht.

Aber auch mit Blick auf die Implementierung selbstorganisierter Arbeitsweisen können wir uns wieder einiges von erfolgreichen Sportmannschaften bzw. ihren Coaches abschauen. Zum Beispiel von Marc Lammers: Denn bevor der Hockeytrainer die niederländischen

Damen zu einem der erfolgreichsten Teams der Welt machen konnte (u.a. Weltmeisterinnen 2006 und Olympiasiegerinnen 2008), musste er sich erstmal an die eigene Nase fassen. In den Jahren vor den großen Triumphen wurden seine Spielerinnen nämlich immer nur Zweite; in den entscheidenden Partien setzten sie, so die Auffassung des Trainers, seine Ansagen nicht richtig um. „Ich war wirklich enttäuscht und traurig“[281], sagt Lammers über diese Zeit. Darum holte er sich Rat bei einem Mentaltrainer – der ihm deutlich machte: Nicht die Hockeyfrauen seien schuld, sondern er! „Du sagst ihnen immer, was sie zu tun haben. Dabei solltest du mehr offene Fragen stellen: Was denkt ihr, welches System sollten wir morgen spielen?“

Am Anfang seien seine Spielerinnen irritiert gewesen: Warum fragst du mich das, du bist der Trainer! Aber dann seien sie ins Denken gekommen, sie hätten sich wertgeschätzt und ernst genommen gefühlt. Dadurch hätten sie schnellere und bessere Entscheidungen auf dem Platz getroffen. Ein weiterer von Lammers Grundsätzen: Nutze Best Practices. Das Eisbad zur Regeneration hat er sich zum Beispiel vom Reitsport abgeschaut; eine Idee, die seine Spielerinnen zunächst alles andere als toll fanden – also hat er eine der erfolgreichsten holländischen Reiterinnen eingeladen, die anschaulich und nahbar von ihren eigenen Erfahrungen berichtete und die Hockeydamen so von der Methode überzeugen konnte. Und er hat seine Spielerinnen Ownership übernehmen lassen: „Menschen wollen etwas verändern, aber sie wollen nicht geändert werden.“[282] Ähnlich haben auch die neuseeländischen Rugbymänner agiert, um die Selbstorganisation innerhalb ihres Teams zu fördern. So haben neue Mitglieder der All Blacks die Teamkultur nicht vom Trainer(stab) eingetrichtert bekommen, sondern von ihren Mitspielern – das schaffte Vertrauen und eine höhere Akzeptanz: „Wenn sie diese Informationen von Ihresgleichen bekommen, nehmen sie sie besser auf“[283], erklärte der ehemalige Trainer Graham Henry.

Und Alexander Zorniger, aktuell Trainer des Zweitligisten Spielervereinigung Greuther Fürth (Stand 2024), schont durch die Selbstorganisation seines Teams seine eigenen Ressourcen – und die Nerven seiner Spieler: „Es gibt ja diesen schönen Spruch: Wenn du willst, dass es gut wird, dann mach es lieber selbst. Das sehe ich heute nicht mehr so. Ich will meinen Teammitgliedern mehr das Gefühl geben, dass sie am Erfolg beteiligt sind. Zudem habe ich erkannt, dass meine Ansprachen und mein Coaching extrem fordernd sind. Und wenn du das als Spieler die ganze Zeit aus dem gleichen Mund hörst, dann schaltest du früher oder später ab. Außerdem hast du als Trainer mit 55 Jahren ein anderes Energielevel als mit 45 Jahren. Also sparst du deine Energie in ein paar Situationen, die jetzt nicht entscheidend sind. Verantwortung abzugeben ist natürlich nicht leicht, aber das muss man lernen."

Es braucht also sowohl Führungskräfte, die Verantwortung abgeben können als auch Team-Member, die diese annehmen wollen. Bestseller-Autor und Management-Coach Simon Sinek spricht in diesem Zusammenhang von einer „Koalition der Willigen" bei organisatorischen oder kulturellen Veränderungen.[284] Er argumentiert, dass sogenannte Early Adopters oder Change Agents notwendig seien, um Veränderungen erfolgreich umzusetzen. Diese Idee beruht auf der Diffusionstheorie von Everett Rogers, die verschiedene Persönlichkeitstypen unterscheidet. An erster Stelle stehen die Innovatoren (2,5%); visionäre Menschen wie Steve Jobs, die Innovationen und Veränderungen explizit vorantreiben. Die Early Adopters (13,5%) sind dann diejenigen, die neue Ideen und Veränderungen frühzeitig annehmen, weil diese ihren Überzeugungen und Werten entsprechen. Entscheidend für den Erfolg einer Veränderung ist die Early Majority (34%): Sie repräsentiert die breite Masse und akzeptiert neue Ideen, wenn sie von den Early Adopters bestätigt werden. Im Gegensatz dazu ist die Gruppe der Late Majority (34%) eher skeptisch und akzeptiert Veränderungen erst, wenn die Mehrheit bereits umgestiegen ist. Das Schlusslicht bilden die Laggards (16%); also jene Personen, die Veränderungen erst sehr spät oder überhaupt nicht akzeptieren.

Und was bedeutet diese Einteilung für deine beruflichen Veränderungsprozesse – wenn du beispielsweise verstärkt agile Methoden in deinem Team implementieren möchtest? Ganz einfach: Überzeuge zuerst diejenigen, die Neuerungen gegenüber grundsätzlich offen sind, also Innovatoren und Early Adopters – danach werden sie ihre (positiven) Erfahrungen weitertragen und treten damit eine Art Change-Lawine los.

> *„Im nächsten Jahrhundert werden diejenigen Leader sein, die andere fördern."*
>
> Bill Gates, Microsoft-Mitbegründer, Ende des 20. Jahrhunderts

Die Alinghi-Segler haben es genauso gemacht: Am Anfang gab es ein kleines, aber (überzeugungs-)starkes Kernteam, das weitere Sportler für die gemeinsame Mission begeistern konnte. Und sie bewiesen gleichzeitig, dass diese Überzeugung einen nachhaltigen Effekt hatte: Denn nachdem das Schweizer Team 2003 den America's Cup spektakulär gewonnen hatte, setzte in der Schweiz ein regelrechter Segel-Boom ein. „Ich erinnere mich, wie ich mit meinen Freunden das letzte Rennen des Matches bei der Société Nautique de Geneve gesehen habe[285], sagt Arnaud Psarofaghis, der damals 14 Jahre alt war und heute selbst als Skipper bei Alinghi arbeitet. „Das war der Moment, in dem ich beschloss, mit dem Schweizer America's-Cup-Siegerteam Alinghi am America's Cup teilzunehmen." Denn obwohl sich Ernesto Bertarelli und sein Steuermann Russell Coutts kurz nach dem historischen Triumph überworfen hatten, gelang Alinghi als austragendes Team vier Jahre später in Valencia der große Coup – die Titelverteidigung. Ohne den neuseeländischen Star-Segler, aber mit einem selbstorganisierten Team. Und 2024 treten die Schweizer nach jahrelanger Pause erneut an.

F.I.N.E.-Praxistipps:
Wie du Selbstorganisation im Team förderst

✓ **Verteile die Führungsaufgaben im Team.**
In selbstorganisierten Teams kann die Führung auf mehrere Schultern verteilt werden. Ermutige Teammitglieder, je nach ihren Stärken und Fähigkeiten in verschiedenen Rollen der Teamführung aktiv zu sein. Das könnte z.B. einen Product Owner, einen Scrum Master oder People Leads umfassen.

✓ **Fördert intrinsische Motivation.**
Äußere Anreize allein reichen nicht immer aus, um die beste Leistung zu erzielen. Setzt daher verstärkt auf intrinsische Motivation, die aus Leidenschaft und dem inneren Antrieb der Teammitglieder resultiert. Sorgt dafür, dass sie ihre Aufgaben und Projekte nicht nur kennen und können, sondern auch wollen und dürfen.

✓ **Selbstorganisation benötigt klare Regelwerke und Rahmenbedingungen.**
Selbstorganisation ist nicht gleichbedeutend mit Chaos. In selbstorganisierten Teams ist es stattdessen entscheidend, klare Leitlinien und Regeln festzulegen, an denen sich das Team orientieren kann. Definiert zum Beispiel, wie Konflikte gelöst werden sollen und wie die Zusammenarbeit auszusehen hat.

✓ **Fördert eine offene Feedbackkultur.**
Etabliert regelmäßige Meetings, in denen das Team zusammenkommt, um Ergebnisse, Fortschritte und Herausforderungen zu besprechen. Dies fördert die Transparenz und ermöglicht, frühzeitig auf Probleme zu reagieren. Ermutigt Teammitglieder, konstruktives Feedback zu geben. Die Feedbackkultur sollte auf konkreten Beispielen und Sachlichkeit basieren, verwendet dafür Ich- statt Du-Botschaften. Übrigens: Auch Führungskräfte sollten Feedback erhalten!

- ✓ **Fördert Flexibilität durch Vielseitigkeit.**
  In selbstorganisierten Teams ist es wichtig, Teammitglieder auf verschiedenen Positionen rotieren zu lassen und sicherzustellen, dass jedes Mitglied bei Bedarf andere Rollen übernehmen kann. Das steigert die Flexibilität und ermöglicht es, sich schnell an veränderte Bedingungen und unvorhergesehene Herausforderungen anzupassen.

- ✓ **Setzt auf Early Adopters und Change Agents.**
  Identifiziert und unterstützt Personen im Team, die Innovatoren und Early Adopters sind. Diese Mitarbeitenden sind offen für Veränderungen und können als Vorbilder dienen, um andere zu überzeugen.

Interview André Henning

„Ich lerne von meinen Leuten genauso viel wie sie hoffentlich von mir!“

Während andere in seinem Alter gerade erst anfangen, sich in einer Herrenmannschaft als Spieler zu etablieren, steht André Henning schon als Chefcoach an der Seitenlinie: Mit gerade mal 23 Jahren wird er Trainer der Hockeyherren vom HTCU Mülheim, mittlerweile ist er Bundestrainer und hat die deutschen Hockeymänner im Januar 2023 zum WM-Titel geführt. Wie hat der studierte Jurist es geschafft, in nur elf Monaten die wohl mental stärkste Mannschaft der Welt zu formen?

Du warst früher selbst Leistungssportler, bist dann aber aufgrund einer Verletzung relativ früh Trainer geworden. Was reizt dich am Mannschaftssport?

Hockeytrainer zu werden war eigentlich nie mein Plan. Aber wenn Mannschaften im Sport zusammenarbeiten – da kann eine unglaubliche Kraft entstehen. Und natürlich auch eine extreme Dynamik. Diese Komplexität, das zu steuern, das ist sehr reizvoll. Wie schaffen wir es, aus einer wild zusammengewürfelten Gruppe ein Team zu formen, das miteinander und füreinander arbeitet? Das erlebe ich vor allem dann, wenn man im Sport zum Beispiel einen großen Titel feiert und die Beteiligten fragt: Was war jetzt so besonders daran? Und dann heißt es ganz oft: Der Teamgeist.

Kann man denn überhaupt Titel gewinnen, wenn man als Mannschaft nur neben-, aber nicht miteinander arbeitet?

Es gibt zwei unterschiedliche Arten von Erfolg: Den reinen Ergebniserfolg und die Frage, wie sich dieses Team anfühlt. Wenn viele Leute sich wohlfühlen und sich entfalten können, dann ist das auch Erfolg. Im Sport werden wir natürlich oft an unseren Resultaten gemessen. Das bedeutet nicht zwingend, dass alle total eng miteinander sind, dass alles immer harmonisch abläuft. 18 Leute aus dem Kader müssen nicht zusammen in den Urlaub fahren wollen! Es gibt auch

Teams, die maximal erfolgreich sind, die persönlich bzw. privat keine gemeinsame Ebene haben, aber sich für das gemeinsame Ziel zusammenraufen. Dazu gehört für mich, dass man sich gegenseitig vertraut, wenn es auch mal nicht so gut läuft. Und dass man offen und ehrlich miteinander sprechen kann.

Wie wichtig war das Thema Vertrauen bei den Teams, die du begleitet hast?

Sehr wichtig! Nach der WM haben wir analysiert, was zu dem Erfolg geführt hat. Was war Spielglück – und was war das Ergebnis unserer Arbeit? Da kam u.a. heraus, dass ein wichtiger Faktor das Thema Sicherheit war: Dass wir ein Umfeld geschaffen haben, in dem sich die Leute gegenseitig und sich selbst vertrauen. Auch Mut spielte eine große Rolle; wir haben Mut als Vertrauen in die eigenen Stärken definiert. Ob als kreativer Zweikampf auf dem Platz oder als neue Idee während einer Besprechung, die vorher noch niemand hatte: Dafür braucht es eine grundlegende Offenheit, damit nicht nur die lauten Führungspersonen reden, sondern alle.

Wie habt ihr diese Entwicklung als Trainerteam bewusst gefördert?

Wir haben erstmal eine klassische Startanalyse gemacht: Wo stehen wir, wo hapert es? Wir haben schnell gesehen, dass die Mannschaft spielerisch sehr gut war. Wir mussten dann schauen, wo wir innovativer ansetzen können. Denn wir arbeiten als einzige Top-Nation dezentral; die Belgier zum Beispiel trainieren jede Woche mehrere Tage mit der Nationalmannschaft! In Australien, Indien und Argentinien gibt es keine richtigen Ligen, deshalb haben die Nationalspieler da auch viel mehr Zeit miteinander. Das ist bei uns anders. Deshalb war die Überlegung: An welcher Schraube können wir am meisten drehen, um relativ kurzfristig Erfolge zu feiern? Wie können wir die Mannschaft stärker und stabiler machen? Ich als Trainer berühre keinen einzigen Ball. Ich habe nur mittelbaren Anteil an dem, was auf dem Platz passiert. Da liegt also enorm viel Verantwortung auf den Spielern – aber drumherum bisher eher wenig. Das haben wir geändert! Bei meinem ersten Lehrgang im Frühjahr 2022 haben wir drei Teams aus je vier bis sechs Personen gebildet. Eine Gruppe hat sich um Taktik und Training gekümmert, eine andere um Performance und die dritte Gruppe war für soziale Themen zuständig. So gab es bei manchen Länderspielen Viertel- und Halbzeitpausen, in denen Spieler mit der Taktiktafel vor der Mannschaft standen und Ansagen gemacht haben – nicht ich als Trainer. Das hat dazu geführt, dass sie ihre eigenen Ideen mit einer ganz anderen Überzeugung umgesetzt haben. Oder wir haben besprochen, wie wir das Vertrauen ineinander stärken können, auch wenn wir gerade nicht als A-Kader zusammen, sondern auf die jeweiligen Vereine verteilt sind. Also gab es die Idee, ein Monitoring einzuführen, um die Einheiten aller Spieler tracken zu können. Das Interessante war, dass einer meiner Vorgänger das auch schon mal so ähnlich angedacht hatte; der Unterschied war nur, dass diese Vorgabe „von oben" kam. Die damalige Mannschaft fand das nicht gut: „Was sind das denn für Stasi-Methoden?!" hieß es. Jetzt haben sich die Spieler diese Methode selbst auferlegt. Dadurch haben wir ein komplett kooperierendes Team geschaffen. Und wir haben uns mehr über Rollen definiert: Was kann uns der Einzelne geben? Wer kann pushen und Leute mitreißen, wer ist eher der Stratege, wer ist der Connecter und hält die Verbindungen in der Hand? So hat sich jeder Spieler mit seinen individuellen Fähigkeiten einbringen können.

Inwiefern war diese Kulturveränderung ausschlaggebend für euren Erfolg bei der WM?

Ich behaupte, dass das schon einen großen Einfluss hatte. Den Ernstfall kannst du nie perfekt trainieren und simulieren: Es ist jetzt WM-Halbfinale, du liegst 0:2 zurück und hast nur noch drei Minuten zu spielen. Da klopft ja erstmal im Training keinem das Herz schneller! Aber du kannst natürlich Prozesse üben. Wir haben zum Beispiel mal einen Design Thinking-Workshop gemacht und uns innerhalb von zwei Stunden 100 verschiedene Eckenvarianten überlegt. Und genau diese Erkenntnis haben wir dann als Prozess verinnerlicht: Wenn wir innerhalb von zwei Stunden sowas Kreatives entwickeln können, dann werden wir auch innerhalb von drei Minuten vor Schlusspfiff noch Lösungen finden. Natürlich haben wir auch einige Ansätze in der Schublade liegen, aber so eine Situation erfordert einfach Agilität. Und bei solchen Entscheidungen ist der Trainer erstmal sehr weit weg, die Spieler müssen selbst entscheiden, was sie wie machen wollen. Da muss sich die Mannschaft auf dem Platz connecten, ausprobieren, mutig sein. Wenn eine Mannschaft dreimal hintereinander einen 0:2-Rückstand aufholt, kann das nicht nur dreimal Spielglück gewesen sein. Das hat was mit Kompetenz zu tun.

Du hältst auch Vorträge bei Unternehmen. Was entgegnest du einer Führungskraft, die sagt: Meine Mitarbeitenden haben aber nicht die gleiche Motivation zur Selbstorganisation wie eine Weltmeistermannschaft?

Als Führungskraft ist es deine Aufgabe, dafür zu sorgen, dass deine Mitarbeitenden motiviert sind! Wenn die Mitarbeitenden für- und miteinander arbeiten und jeder einzelne sich entfalten und einbringen kann, dann kommen sie gerne morgens zur Arbeit. Diese Effekte dynamisieren sich nach oben. Dafür kann ich wie beim Sport vorgehen und erstmal Rollenprofile festlegen: Weiß ich eigentlich, wie meine Mitarbeitenden ticken, welche Werte sind ihnen wichtig? Sind sie eher laut, eher leise, eher planerisch, eher intuitiv? So kann ich Menschen auf die richtigen Positionen setzen. Ich war mal bei einem Unternehmen, das hat die Hierarchien komplett abgeschafft und nur mit agilen Prozessteams gearbeitet. Außerdem hat diese Firma zwei Tage im Monat komplett freigeräumt, damit die Mitarbeitenden sich losgelöst von ihren aktuellen Projekten treffen und austauschen konnten. Mal gab es fachliche Vorträge, mal wurde eine Firmenband gegründet. Das muss man sich erstmal trauen: Die Mitarbeitenden zwei Tage von ihrer Arbeit zu entbinden! Aber der positive Effekt war enorm; obwohl de facto weniger gearbeitet wurde, hat sich die Produktivität erhöht. Das fand ich ganz spannend! Viele Unternehmen können sich gar nicht vorstellen, wie wichtig es ist, neben der fachlichen auch die soziale und empathische Intelligenz der Mitarbeitenden „anzuzapfen"; und dann wundern sie sich, wenn alle zwei Jahre eine Kündigungswelle kommt.

Du hast ja als Coach schon etliche Erfolge erlebt. Inwieweit hast du dich in den vergangenen Jahren weiterentwickelt, wie hat sich dein Führungsstil verändert?

Ich würde sagen, ich habe eine 180 Grad Wende gemacht. Leute, die ich vor zehn Jahren trainiert habe, reiben sich wahrscheinlich Augen und Ohren, wenn sie hören, was und wie ich es jetzt mache. Ich bin recht jung als Trainer gestartet, habe mit 19 Jahren das erste Mal eine Herrenmannschaft in der Oberliga trainiert, mit 23 Jahren dann in der ersten Bundesliga mit Mülheim. Da haben wir oft an der Deutschen Meisterschaft gekratzt, aber es hat einige Jahre lang nicht gereicht. Ich musste mich also fragen: Was fehlt uns denn? Ich habe dann gemerkt, dass ich als Trainer noch gar nicht verstehe, wie Wissenstransfer eigentlich funktioniert. Ich war bis dahin sehr oldschool unterwegs, war ein klassischer Top-Down-Trainer: Es gab viele Videobesprechungen, viele frontale Ansagen. Ich dachte: Je mehr Besprechungen ich mache, desto mehr versteht meine Mannschaft das und wird dementsprechend auch alle Spiele gewinnen. Ich habe die Spieler aber überhaupt nicht so mitgenommen, wie ich das heute mache! Letztlich geht es um die Frage: Wie viel ist mein Wissen wert und wie zapfe ich das Wissen von allen an?

Wie schwer ist dir diese persönliche Veränderung gefallen?

Extrem schwer! Verantwortung abzugeben – das ist für die wenigsten Führungskräfte am Anfang angenehm. Ob ich jetzt ein Führungskräftecoaching mache oder das bei anderen Hockeytrainern sehe: Viele befürchten, sie hätten dann weniger zu tun. Aber du wirst schon noch genug andere Aufgaben finden; vielleicht sogar welche, die besser zu dir passen. Aus dem Kontext der gewaltfreien Kommunikation kann man das gut übertragen: Aus „Macht über“ wird „Macht mit“. Und wenn man den Gedanken noch weiterdreht, dann führt die Abgabe von Verantwortung und diese Offenheit auch zu viel Feedback. Dafür braucht es ein Bewusstsein, dass es auch okay ist, dass du als Führungskraft vermeintlich derjenige bist, der die meisten Fehler macht. Das kann auch mal super hart sein, aber das Potential, dass wir uns gemeinsam verbessern und voneinander lernen, ist groß. Ich lerne von meinen Leuten genauso viel wie sie hoffentlich von mir! Mir geht da echt das Herz auf, wenn zum Beispiel unsere Performancegruppe an Tag zwei eines Lehrgangs zu mir kommt und sagt: So, wir haben für Problem X vier Lösungsvorschläge vorbereitet. Diese Art von Empowerment ist einfach fantastisch.

Was ist in diesem Modell noch deine Rolle als Coach, was sind deine Aufgaben und welche Entscheidungen triffst du?

Bei uns im Sport gibt es natürlich einige Entscheidungen, die komplett beim Staff liegen; Nominierungen würde ich (noch) nicht an ein Team abgeben. Generell gibt es in Entscheidungsprozessen verschiedenen Stufen: Ich kann alleine entscheiden lassen, ich kann mitentscheiden oder ich kann mir nur Meinungen einholen, mache die Vorgaben aber dann selbst. In ein paar Bereichen haben wir als Trainer und Staff einfach eine andere Expertise, ich beschäftige mich zum Beispiel viel mehr mit Taktik als meine Spieler. Außerdem achte ich bei der Entscheidung, wie sehr ich die Jungs einbinde, auf mein Gefühl: Was will die Mannschaft und was kann sie gerade leisten? Beteiligungsprozesse sind in der Leistungsentwicklung extrem hilfreich. Aber während eines Turniers, wenn wir dann Leistung abrufen müssen, sagen die Spieler oft: Wir haben mit Hockey jetzt genug zu tun, jetzt liegt die Verantwortung beim Staff, da braucht es mehr Vorgaben. Mein Job als Coach oder Führungskraft ist es, ein Gespür dafür zu entwickeln, mit wem ich wie wann reden muss. Und wichtig ist auch: Ich muss die Leute nicht nur einbinden, sondern ich muss dann auch in die Umsetzung kommen.

Wie haben deine Spieler reagiert, als sie gemerkt haben, dass sie nun auch mehr Verantwortung übernehmen sollen?

Ganz unterschiedlich. Ich habe versucht, insbesondere auch Spieler anzusprechen, die nicht immer im Rampenlicht stehen. Ich habe erstmal Vier-Augen-Gespräche gesucht und versucht, viel zuzuhören. Was denkt die Person? Was hat sie für Ideen? Welche Problembeschreibungen kommen da? Das war auch interessant zu sehen, dass sich das sehr zwischen den verschiedenen Spielertypen unterschieden hat. Ich habe dann nicht jedem direkt eine Führungsrolle zugeteilt, aber habe zum Beispiel angeboten, dass man in einer Themengruppe mitwirken kann. Und ich habe immer eine Exit-Strategie aufgezeigt: Es gab die Möglichkeit, sich das erstmal ein paar Wochen anzugucken und dann wieder rauszugehen, ohne Konsequenzen. Ich würde auch nie mit dem größten, wichtigsten Thema starten – sondern eher mit einem kleineren Problem. So baut man Vertrauen auf: Der Mitarbeitende sieht, dass seine Ideen gehört und ggf. umgesetzt werden. Das steigert die Selbstwirksamkeitswahrnehmung und das Selbstvertrauen; und wenn das dann drei- oder viermal gut funktioniert hat, dann kommt der Mitarbeitende irgendwann von selbst, mit eigenen Ideen.

6
E wie Energy – Wie du Geist und Körper stärkst und Durststrecken in Punktsiege verwandelst

Mit Mentaltraining zum Sieg – Wie du Drucksituationen entschärfst

Peking 2008. „Wir liefen durch die Schwimmhalle und trafen auf einen Trainer, den wir nicht kannten. Und der klopfte mir dann auf die Schulter und sagte auf Englisch: Viel Glück. Du bist die Einzige, die die deutsche Schwimmerehre noch retten kann!“[286] Diesen Satz hört Britta Steffen nur wenige Minuten, bevor sie gleich ins Becken steigen wird, im Finale der Olympischen Spiele. Mehr Druck geht kaum! Zweimal war sie zuvor schon bei Olympia angetreten, zweimal habe sie „gepatzt“, wie die Berlinerin selbst sagt. Jetzt, am 15. August 2008, soll alles anders werden. 100 Meter Freistil, in dieser Disziplin will Steffen endlich gewinnen. Doch als der Startschuss ertönt und die Schwimmerinnen ins Wasser eintauchen, scheint schnell klar zu sein: Das schafft sie nicht. 17.000 Zuschauerinnen und Zuschauer beobachten, wie die 24-Jährige nach der Hälfte der Strecke auf dem letzten Platz liegt. Fast eine ganze Körperlänge trennt sie von der führenden Weltmeisterin und Weltrekordhalterin Lisbeth Tricket! Im Schwimmen bedeutet das: Keine Chance. Eigentlich. Denn als Britta Steffen nach insgesamt 53,12 Sekunden anschlägt, ist sie nicht mehr Letzte. Sie gewinnt! Dank einer unglaublichen Aufholjagd und einer

Willenskraft, die dem enormen Druck standgehalten hat. Wie hat sie das geschafft?

„Ich bin das Rennen auf der Couch meiner Psychologin ja schon ein Jahr lang durchgeschwommen. Es war gefühlt das 53. Mal, weil ich das jede Woche einmal geübt habe. Mich hinzusetzen, mir das richtig vorzustellen. Sie hat mir das immer beschrieben: Du gehst jetzt rein, dann kommt der erste Pfiff, dann der zweite Pfiff. So haben wir das durchgespielt."[287] Gemeinsam mit ihrer Mentaltrainerin erarbeitet Britta Steffen monatelang eine Strategie, wie sie das Rennen in Peking schwimmen und wie sie es gewinnen will. Immer und immer wieder geht sie jede Kleinigkeit im Kopf durch, bereitet sich auf alle erdenklichen Szenarien vor. Denn genau das sei es, was ihr acht Jahre zuvor, bei ihren ersten Olympischen Spielen in Sydney, gefehlt habe: Eine Ahnung davon, was sie bei einem Wettkampf mit so vielen Zuschauenden erwarte. „Ich hatte so weiche Knie. Ich wusste überhaupt nicht, wie ich damit umgehen sollte. Und dann konnte ich meine ersten Olympischen Spiele tatsächlich abhaken, da ich mental nicht auf diese Dimension vorbereitet war."[288]

> *„Wenn du Angst vorm Versagen hast, dann wirst du wahrscheinlich versagen."*
>
> Kobe Bryant, US-Basketballer

Obwohl Britta Steffen als die neue deutsche Schwimmhoffnung gilt, kann sie ihre Leistung in den entscheidenden Momenten nicht abrufen; in der Presse wird sie als „Sensibelchen" bezeichnet[289]. Und dann, mit gerade mal 20 Jahren, beendet sie ihre sportliche Karriere – weil der Druck einfach zu groß geworden ist. Ein Jahr lang trainiert sie nicht mehr, nur um dann festzustellen: So ganz ohne das Schwimmen, ohne den Leistungssport kann sie nicht sein. Doch einfach da weitermachen, wo sie aufgehört hat, kommt für sie nicht in Frage. Zusätzlich zum körperlichen Training holt sie sich auch mentale Unterstützung – und arbeitet fortan gemeinsam mit Psychologin Dr. Friederike Janofske daran, Drucksituationen besser aushalten zu können. Mehr noch: Aus genau solchen Situationen Kapital für sich zu schlagen.

Druck gibt Power – wenn man ihn zu nehmen weiß

Druck an sich ist nicht zwingend etwas Schlechtes. Viele kennen das: Das Referat, die Bachelorarbeit, die Vorstandspräsentation wird meist erst kurz vor dem fälligen Abgabetermin fertig. In der Nacht davor schiebt man noch eine extra Schicht ein und kann, trotz Müdigkeit und zu viel Kaffee intus, plötzlich die besten Gedanken zu Papier bringen. Zeitdruck kann beflügeln! Wenn sich dieser nur über einen begrenzten Zeitraum erstreckt, also kein Dauerzustand im (Arbeits-) Alltag ist, und man generell daran glaubt, der Aufgabe gewachsen zu sein – dann wird Zeitdruck als Herausforderung angesehen, die man gerne annimmt, und deren Bewältigung als positiv empfunden wird.[290] Es gibt Menschen, die brauchen sogar einen gewissen Druck, um ihre beste Leistung abrufen zu können. Ein gewisses Maß an Anspannung, an Erregung bringt uns dazu, besonders gute, vielleicht sogar unsere beste Leistung abzuliefern. Aber warum gehen dann trotzdem viele Präsentationen schief, warum versemmelt man das Bewerbungsgespräch und für den Uni-Vortrag gibt es auch gerade mal die Note „ausreichend" – obwohl man sich so gut vorbereitet hatte? Tatsächlich wurde dieses Phänomen bereits Anfang des 20. Jahrhunderts von den beiden US-amerikanischen Psychologen Robert Mearns Yerkes und John Dillingham Dodson entdeckt[291]: Demnach steigt die Leistungsfähigkeit eines Menschen bei mentaler und physischer Erregung bis zu einem bestimmten Grad an – ist diese Erregung jedoch zu hoch, weil z.B. die Nervosität zu groß ist, dann fällt die Leistungsfähigkeit wieder ab.

> *„Ich soll nicht auf die vielen äußeren Einflüsse hören. Meine eigenen Überzeugungen sind wichtig."*
>
> Wladimir Klitschko, ehemaliger Box-Profi

Als ich noch ein Kind war, hat mein Vater (der auch mein Trainer war) mir immer eingeredet, dass ich am besten spielte, „wenn es darauf ankam". Irgendwann glaubte ich ihm. Und tatsächlich performte ich bei wichtigen Spielen wie Meisterschaftsendrunden häufig besonders gut! Das ging sogar so weit, dass ich genau diese Spiele am meisten genoss, weil sie mich extrem anspornten. Druck war ich beim Hockey also nicht nur gewöhnt, ich brauchte ihn auch. Also ging ich einfach davon aus, dass es im Beruf genauso sein würde: Statt vor meinem ersten Workshop mit diversen Führungskräften aufgeregt oder nervös zu sein, strotzte ich vor Selbstbewusstsein. Mein Vater hatte mir schließlich beigebracht, dass ich in Drucksituationen Höchstleistungen erbringen würde! Als sich dann allmählich alle Führungskräfte in dem virtuellen Besprechungsraum versammelten – hauptsächlich erfahrene Männer mit durchschnittlich mehr als 30 Jahren Berufserfahrung – merkte ich, wie mir langsam mulmig wurde. Plötzlich schossen mir Fragen in den Kopf wie: Bin ich diesen gestandenen Managern überhaupt gewachsen? Was will ich denen eigentlich erzählen? Und bin ich auch wirklich gut genug vorbereitet? Weil der Termin erst kurz vorher von einer Präsenz- zu einer Online-Veranstaltung umorganisiert worden war, saß ich nun allein vor meinen Bildschirmen und sollte durch den Workshop führen. Die meisten meiner Zuhörer hatten ihre Kamera ausgeschaltet, viele von ihnen kannte ich nicht persönlich. Ich war mit einer Situation konfrontiert, die ich so noch nie erlebt oder geübt hatte! Obwohl ich wenige Minuten vorher noch so selbstbewusst war, blieb mir nun schon bei der Einführung die Stimme weg. Ich war dem Druck nicht gewachsen…

Fail, try again – auch Profis können scheitern

Ganz München ist aufgeregt: Denn das Champions League Finale „dahoam“ steht an. Für die Bayern ein Heimspiel, auf das sie sich seit Jahren vorbereiten. Und es sieht zunächst auch ganz danach aus, als würden sich die Hausherren an diesem Abend im Mai 2012 mit dem Titel krönen: Die Bayern dominieren das Spiel gegen den FC Chelsea ganz klar. Eine Torchance jagt die nächste – nur rein geht kaum ein Ball. „Wir waren viel zu hektisch in unserem Wesen, wie wir gespielt haben. Es war ganz untypisch zu dem, was wir eigentlich davor gespielt haben“[292], sagt Bastian Schweinsteiger später über das Spiel. Nach 83 Minuten steht es 1:0, Arjen Robben verschießt einen Foulelfmeter, stattdessen verwandelt Didier Drogba einen Eckball per

Kopfstoß. Ausgleich in der Nachspielzeit! Das ganze Stadion wirkt wie in Schockstarre. Es geht in die Verlängerung, dann ins Elfmeterschießen. Eine Situation, der sich kaum ein Spieler freiwillig stellen will. „Es haben sich – auf Deutsch gesagt – fast alle verpisst“[293], sagt Karl-Heinz Rummenigge, damaliger Vorstandsvorsitzender des FC Bayern. Am Ende muss sogar Torwart Manuel Neuer als Schütze antreten. „Weil sie Schiss hatten, zu schießen“[294], kommentiert der nüchtern seinen ersten Einsatz als Elfmeter-Verwandler. Nach vier Schüssen steht es unentschieden, Bastian Schweinsteiger tritt als letzter Bayern-Schütze an. Zwei Jahre zuvor hatte der Fan-Liebling seinen Vertrag bei den Münchnern verlängert – um im Finale „dahoam“ das Bayern-Trikot tragen zu können. Und jetzt schauen mehr als 300 Mio. Zuschauende weltweit zu, wie der damals 27-Jährige mit leicht gesenktem Kopf zum Elfmeterpunkt läuft. Die Kameras sind auf Schweinsteigers Gesicht gerichtet, in Großaufnahme flackern seine Emotionen in diesen Sekunden über die Bildschirme auf der ganzen Welt. Und es kommt, wie es kommen muss: Er verschießt, Drogba trifft. Die Bayern verlieren das CL-Finale und Bastian Schweinsteiger erlebt „den dunkelsten Moment meines Lebens“[295], wie er ihn auch Jahre später noch nennen wird.

> *“Ich fühle mich wahrhaftig, als hätte ich zurzeit die Last der Welt auf meinen Schultern.“*
>
> Simone Biles, US-Turnerin

Natürlich ist er nicht der einzige Sportler, der seine beste Leistung im entscheidenden Moment nicht abrufen kann: US-Turnerin und Titelfavoritin Simone Biles brach die Olympischen Spiele 2021 in Tokyo ab und erklärte, dass sie „mit ihrem Kopf“ kämpfte, weil der Druck auf sie zu groß geworden sei.[296] Serena Williams schied bei den US Open 2015 völlig überraschend im Halbfinale gegen die Außenseiterin Roberta Vinci aus; die Wettquote stand bei 300:1. Der Turniersieg wäre ihr vierter innerhalb eines Kalenderjahres gewesen; damit wäre Serena Williams mit Tennislegende Steffi Graf gleichgezogen – doch die Weltranglisten-Erste zerbrach offenbar an diesem

Druck.[297] Viele Sportlerinnen und Sportler in solchen Situationen haben ein großes Problem: Sie denken darüber nach, dass sie den Ball verschießen, das Match verlieren, die Goldmedaille doch nicht gewinnen könnten. Und was diese Niederlage bedeuten würde. Sie fokussieren sich also nicht mehr auf die eigentliche Handlung, sondern auf die Situation um sie herum: Was denken die Fans von mir? Was würde mein Scheitern für den Verein bedeuten? Psychologisch gesehen wird in solchen Fällen aus der Handlungsorientierung (Was ist hier zu tun?) eine Lageorientierung (In welcher Situation befinde ich mich?). Und genau das bremst aus. „Ich wollte die enttäuschten Gesichter nicht sehen“[298], sagt Bastian Schweinsteiger über den Moment, als er sich nach dem verschossenen Elfmeter das Trikot über den Kopf zieht. Er ist gescheitert – weil er Angst vorm Scheitern hatte.

> *„Angst zu haben bedeutet, dass du kein Vertrauen in deine Fähigkeiten hast. Ich habe totales Vertrauen in meine Fähigkeiten und deshalb habe ich auch keine Angst.“*
>
> Michael Jordan, Basketball-Legende

Angstplayer Angst – wie du mit ihm spielst, statt gegen ihn

Angst ist ein Reaktionsmuster unseres Körpers und wird entweder durch ein konkretes Ereignis ausgelöst, zum Beispiel einen Unfall, oder durch unsere subjektive Bewertung eines Ereignisses – in unserem Fall: Durch die Bewertung einer Drucksituation. Und genau so eine Situation erlebt Bastian Schweinsteiger beim Elfmeterschießen im Champions League Finale. Objektiv betrachtet ist er ein junger Mann, der einen Ball ins Tor schießen soll, aber nicht trifft. Niemand wird verletzt, niemand schwebt in Gefahr. Subjektiv ist die Situation für ihn aber so angsteinflößend, dass er dadurch wie gelähmt wirkt – und leider auch genauso schießt. In einer solchen Extremsituation, ob sie nun ganz konkret oder subjektiv empfunden ist, übernimmt unser Hirnstamm das Kommando. Unser Körper hat dann drei Handlungsoptionen: Kämpfen, fliehen oder erstarren. Und ganz egal, ob man nun einen wichtigen Vortrag halten oder einen Elfmeter verwandeln soll: Keine der drei Optionen ist in so einer Situation zu empfehlen. Ähnlich ergeht es uns, wenn wir großen Druck empfinden. Menschen sind soziale Wesen, wir wollen gefallen, uns ist die Meinung anderer über uns und unsere Leistung wichtig. Was denkt die Welt, wenn ich den Elfmeter verschieße? Halten mich meine Kollegen für unfähig, wenn ich während des Vortrags ins Stottern komme? Es ist menschlich, sich darüber Gedanken zu machen. Und gleichzeitig zeigt die Forschung: Es ist – genau wie bei der Angst – oft übertrieben. Zum einen unterschätzen wir unsere eigene Widerstandsfähigkeit, mit schwierigen Situationen umgehen zu können; zum anderen überschätzen wir unseren eigenen Einfluss.[299] Wir denken, dass wir eine Situation vollständig kontrollieren können, dabei spielt auch immer der Zufall eine wichtige Rolle. Die sogenannte Kontrollillusion lässt den Elfmeterschützen glauben, dass es ganz allein in seiner Macht stünde, den Ball im Tor zu versenken. Dabei könnte auch der Torwart den richtigen Impuls haben und genau in die Ecke springen, die der Schütze sich ausgeguckt hat. Der Ball kann noch so gut platziert sein, der Spieler kann den Schuss noch so oft geübt und die Millionen Zuschauenden erfolgreich ausgeblendet haben: Es gibt keine Garantie, dass er treffen wird. Perfektionismus sollte daher niemals der Maßstab sein.

Deshalb hilft es enorm – auch wenn es unangenehm ist – sich einmal konkret vorzustellen: Was ist das Schlimmste, was passieren kann? In den allermeisten Fällen, wenn man nicht gerade als Mediziner oder Pilot arbeitet, bedeutet das: Eine Niederlage im Sport, ein schlechter Vortrag im Job oder ein Tanzauftritt mit vielen Patzern sind ärgerlich, aber sie tun niemandem langfristig weh. Macht man sich bewusst, dass das eigene Scheitern vor allem auf eine Person Einfluss hätte – einen selbst – dann kann man gelassener und entspannter mit einer entsprechenden Drucksituation umgehen. Neben der oft übertrieben eingebildeten Erwartungshaltung anderer haben wir natürlich auch noch eine eigene Erwartung an uns und unsere Leistung. Britta Steffen wollte schon als Kind Olympiasiegerin werden: „Dieser Titel bleibt für immer. Man ist irgendwann Ex-Weltmeisterin, Ex-

Europameisterin. Aber man ist nie Ex-Olympiasiegerin“[300], erklärt sie ihren tiefen Wunsch, diesen Titel gewinnen zu wollen. Jahrelang ordnet sie diesem Ziel alles unter. Erst ihre Mentaltrainerin Friederike Janofske bringt ihr wieder bei, dass sie viel mehr ist als „nur“ die Schwimmerin Britta Steffen.

> *“Die Lust aufs Gewinnen muss größer sein als die Angst zu verlieren.“*
>
> Jürgen Klopp, Fußball-Trainer

Und damit wird auch ihr Ziel Olympiasieg in ein anderes Licht gerückt. Der Druck, den sie sich selbst gemacht und den sie von außen wahrgenommen hat, wird relativiert. Was würde passieren, sollte sie das Finale über 100 Meter Freistil nicht gewinnen? Genau – nicht viel. Am Ende des Tages ist es eben nur Sport. Und auch wenn man sich sehr lange, sehr intensiv auf einen solchen Wettkampf vorbereitet hat und man im entscheidenden Moment seine beste Leistung abrufen möchte: In vielen Fällen sind die Konsequenzen des potenziellen Scheiterns in der Realität nicht so schlimm wie das, was wir uns zuvor ausmalen. Als Britta Steffen vier Jahre nach ihrem Sieg in Peking bei den Olympischen Spielen in London nicht mehr an ihre Topleistung anknüpfen kann und im Halbfinale ausscheidet, beschwichtigt sie die wartenden Reporter: „Das ist kein Weltuntergang. Und durch mich ist auch nicht der Weltfrieden gefährdet!“[301]

Der Trick mit der umgekehrten Psychologie

Natürlich spielt bei Steffens entspannter Aussage auch eine Rolle, dass die Schwimmerin ihren großen Traum zuvor schon verwirklichen konnte. Olympiasieg dank starker Nerven! Wie blendet man in Drucksituationen also aus, was alles schief gehen könnte und was das bedeuten würde? Der Wissenschaftler Simon Dunne und seine Kollegen vom California Institute of Technology in Pasadena haben darauf 2019 eine Antwort gefunden.[302] In einem Experiment haben sie mehreren Probanden eine motorische Aufgabe gestellt; sollten sie diese lösen, bekämen sie ein Preisgeld. Je höher die Forscher dieses Preisgeld ansetzten, desto mehr Probanden scheiterten an der Aufgabe! Der Druck wuchs also mit dem potenziellen Gewinn. In einem zweiten Durchlauf sollten sich die Versuchspersonen nun vorstellen, sie seien bereits im Besitz des Geldes. Wenn sie die Aufgabe lösten, dürften sie dieses behalten. Und was passierte? In diesem Versuchsaufbau konnten plötzlich viel mehr Probanden die Aufgabe lösen. Die sogenannte umgekehrte Psychologie führt dazu, dass man weniger Druck empfindet. Auf eine Situation im Sport übertragen hieße das: Der Fußballspieler, die Schwimmerin, der Turner sollten sich vorstellen, den Titel bereits gewonnen zu haben und gedanklich darum kämpfen, diesen verteidigen zu wollen. Gleiches gilt für den Test im Studium, das Bewerbungsgespräch oder die Vorstandspräsentation: Wer sich vorstellt, die Prüfung bereits bestanden, den Job ergattert oder die Präsentation erfolgreich über die Bühne gebracht zu haben, dem wird genau das mit größerer Wahrscheinlichkeit auch gelingen. Neben dem sogenannten „Umkehren" hat dieser psychologische Trick noch einen weiteren Vorteil: Man setzt sich bereits gedanklich mit der potentiellen Drucksituation auseinander und nimmt dieser damit ein bisschen den Schrecken. Genau das hat auch Schwimmerin Britta Steffen bei den Olympischen Spielen 2008 geholfen: „Ein Satz meiner Psychologin, einen Tag vor dem Finale, war: Ob du es nun schaffst oder nicht, dein Gehirn denkt sowieso schon, du bist Olympiasiegerin."[303] Ein Jahr lang hatte sie dieses entscheidende Rennen vor ihrem inneren Auge immer und immer wieder gewonnen. „Ich war immer die Erste, die anschlug." Visualisierung hilft also nicht nur bei der Zielsetzung (s. Kapitel *F wie Focus*), sondern auch in der konkreten Drucksituation. Es ist wissenschaftlich erwiesen, dass die mentale Vorbereitung auf einen sportlichen Wettkampf, eine Prüfung oder einen Auftritt hilft, die reale Situation im Anschluss besser zu meistern. „Gehirn-Scans zeigen, dass beim Durchspielen von Bewegungsabläufen ähnliche Areale aktiv sind wie bei der tatsächlichen Bewegung"[304], erklärt Psychologe Dr. Leon Windscheid in seinem Podcast-Gespräch mit Britta Steffen dieses Phänomen. Heißt: Weil Britta Steffen sich die Situation des Wettkampfs immer wieder vor

Augen geführt hat, ist ihr Körper am tatsächlichen Wettkampftag darauf vorbereitet – und sie dadurch mental gelassener. Natürlich lastet immer noch ein immenser Druck auf ihr, bei ihren dritten Olympischen Spielen nun endlich Gold zu gewinnen. Doch diesmal hält sie diesen Druck aus. Ihr Körper muss nur das abrufen, was sie so häufig physisch, aber auch psychisch trainiert hat.

Strategien zum perfekten Umgang mit Druck

Drucksituationen zu üben ist etwas, das im Sport häufig passiert und mittlerweile sogar schon im Jugendbereich bewusst inszeniert wird: „Ich würde heute jedem Jugendtrainer sagen: Bereitet ihnen Schwierigkeiten“[305], sagt Fußballtrainer Thomas Tuchel. Genau so habe ich auch beim Hockey funktioniert: In besonderen Drucksituationen konnte ich abliefern, weil meine Eltern (und später meine Trainer) mich sehr gut auf diese Situationen vorbereitet hatten. Immer und immer wieder haben wir im Training diverse Spielszenarien geübt. Ich war auf das, was auf dem Spielfeld passieren würde, vorbereitet. Mein Körper kannte die Abläufe, und mein Kopf auch. Intuitiv hatte ich mir vor einer Endrunde schon immer vorgestellt, wie es sein würde, vor einem großen Publikum zu spielen (im deutschen Hockey leider kein Alltag bei „normalen“ Bundesliga-Partien). Bei meinem wichtigen, ersten Workshop vor den Führungskräften fehlte mir diese Routine: Angesichts meines Bildschirms mit den kleinen, kachelförmigen Standbildern meiner Workshop-Teilnehmenden hatte ich keine Vorahnung, kein Gefühl für diese Situation. Ich hatte sie mir vorher noch nie bildhaft vorgestellt, ich hatte sie eben nicht visualisiert. Dass dann auch noch meine Stimme versagen würde, brachte mich zusätzlich aus dem Konzept. Wenn ich mich heute auf eine so wichtige Präsentation vorbereite, gehört für mich also nicht nur dazu, inhaltlich abliefern zu können, sondern auch zuvor mehrfach mental durchzuspielen, wie dieser Tag ablaufen wird. Außerdem übe ich die potenzielle Drucksituation ganz konkret, so wie beim Sport. Ich lese mir die Folien einer Präsentation nicht nur im Stillen durch, sondern ich trage sie laut vor. Wie hört sich meine Stimme an? Gibt es Stellen, bei denen ich ins Stocken gerate, wo meine Rede nicht mehr so flüssig ist? An welchen Punkten sollte ich eine kleine Pause einbauen, wann könnten Rückfragen aufkommen? All das stelle ich mir immer und immer wieder innerlich vor und versuche, Drucksituationen so realistisch und praxisnah wie möglich zu üben. Auch Apple-Gründer Steve Jobs, der für seine mitreißenden Präsentationen bekannt war, hat sich akribisch auf solche Situationen vorbereitet. Tagelang ist er zuhause auf und ab gelaufen, hat seine Reden immer wieder laut vor sich her gesprochen und auch vor Familienmitgliedern gehalten, um ein Gefühl für die Reaktion seines Publikums zu bekommen. Übung macht eben Meister – und kann dabei helfen, nicht nur fachlich besser, sondern auch entspannter zu werden.

Aber: Auch wenn wir uns noch so gut vorbereiten und möglichst viele denkbare Szenarien proben, bei denen irgendetwas schief gehen könnte: Wir können nicht jeden potenziellen Stolperstein im Vorhinein visualisieren und durch Training ausmerzen. Hier ist (kurzfristig abrufbare) Kreativität gefragt. Das hat auch Britta Steffen bei ihrem Olympia-Finale gemerkt: „Wenn du auf dem Startblock runtergehst und die Spannung einnimmst, kurz bevor der Startpfiff kommt, muss eigentlich Ruhe sein. Dann ist es mucksmäuschenstill, da sagt keiner mehr was. Und die Chinesen haben immer gerufen: China! China!“[306] Das habe sie total gestört – deshalb habe ihre Mentaltrainerin ihr geraten, diese Rufe gedanklich umzuformulieren. „Stell dir einfach vor, die rufen: Britta! Britta!“ Die damals 24-Jährige wird also kreativ, reagiert flexibel auf eine Situation, die sie selbst nicht aktiv ändern kann und die sie so zuvor auch noch nicht gedanklich durchgespielt hatte. Spitzensportler sind darauf angewiesen, sich ein gewisses Maß an Flexibilität zu erhalten.

Der ehemalige Ski-Slalom-Profi Felix Neureuther, aber auch Fußballtrainer Jürgen Klopp, WM-Torschütze Mario Götze oder Tennis-Olympiasieger Alexander Zverev nutzen Life Kinetik, um insbesondere in herausfordernden Situationen flexibel reagieren zu können. Dabei geht es darum, durch spielerische Übungen verschiedene Gehirnareale, die sonst getrennt voneinander arbeiten, miteinander zu verknüpfen. Und zwar durch kognitive, koordinative und visuelle Aufgaben, die zeitgleich ausgeführt werden müssen[307]: Mit dem linken Fuß Kreise in die Luft malen, mit dem rechten Arm einen Ball hochwerfen und fangen und dabei europäische Hauptstädte aufsagen. Klingt absurd und ist wissenschaftlich auch nicht erwiesen – aber durch solche und ähnliche Übungen sollen sich neue Synapsen im Gehirn bilden, die helfen, neue Herausforderungen zu erkennen, anzunehmen sowie flexibel und schnell darauf zu reagieren.[308]

Es gibt also diverse psychologische Techniken und hilfreiche Herangehensweisen, mit denen man Druck schon im Vorhinein reduzieren kann bzw. lernt, damit umzugehen. Aber wenn der entscheidende Moment gekommen ist – wenn die erste Folie des Vortrags auffl ackert, der potenziell neue Chef das Bewerbungsgespräch eröffnet oder der Startschuss für das wichtige Rennen fällt – was hilft dann? Britta Steffen schnuppert dann an ihrem Handgelenk: Das duftet nach Zitrone und ruft positive Gedanken hervor. Denn wann immer sie das Rennen zuvor gedanklich geschwommen ist (und gewonnen hat!), hatte sie Zitronenöl auf ihrer Haut. Für sie riecht Zitrone nun also nach: Sieg. Golf-Superstar Tiger Woods trägt am Finaltag eines Turniers immer ein rotes Oberteil. Solche Rituale können helfen, die Nervosität zu reduzieren. Das belegt auch eine Metastudie der Universität Wien: Die Wissenschaftler haben Daten aus 61 Studien in 15 verschiedenen Sportarten zusammengetragen. Ihr Fazit: Wiederkehrende Rituale steigern die Leistung und reduzieren die Angst.[309]

> *"Bei einem Freiwurf entspanne ich mich immer nach demselben Ritual. Ich tippe den Ball dreimal auf, atme langsam und tief aus, oft summe ich noch mein Lieblingslied – so kann ich mich förmlich aus der Halle herausnehmen."*
>
> Dirk Nowitzki, ehemaliger Basketballspieler

„Automatismen lenken uns von äußeren Einflüssen ab. Sie helfen dabei, uns auf die Aufgabe zu konzentrieren“[310], sagt Führungskräfte-Coach Andreas Iffland. Wichtig ist, solche Automatismen – zum Beispiel die Zehen zusammenkrallen, mit dem Fuß aufstampfen oder in die Ferne schauen – zuvor zu trainieren und immer wieder zu wiederholen, damit sie in der konkreten Drucksituation einfach abgespult werden können. Wenn dann das Herzrasen einsetzt oder die Konzentration flöten geht, hilft uns ein solcher Automatismus, eine Art Anker zu setzen und katapultiert uns zurück in die konkrete Situation. „So wie ein Arzt einen Patienten mit einem Herzstillstand mit einem Defibrillator wieder zurückholt“[311], erklärt Psychologe Gilbert Enoka, der die neuseeländische Rugby-Nationalmannschaft während ihrer Erfolgsära beraten hat. Die All Blacks haben über Jahre hinweg den Rugby-Sport dominiert. Und der Druck, dauerhaft Titel zu gewinnen, ist riesig. Deshalb konzentrieren sich die Spieler kurz vor einem Match auch besonders auf eine bewusste Ein- und Ausatmung. Denn: Die für die Atmung zuständigen Neuronen sind eng mit den Regionen im Gehirn verbunden, die für unser Stresslevel zuständig sind. Sportwissenschaftler Prof. Ingo Froböse erklärt: „Das Stresslevel beeinflusst die Atmung. Diese Information kann man nutzen und den Spieß ganz einfach umdrehen.“[312] Heißt: Wenn wir uns in stressigen Situationen auf die Atmung konzentrieren, also bewusst ein- und ausatmen, wirkt sich das positiv auf den Stresspegel aus. Ähnliches gilt für sogenannte Power-Posen: Mag es noch so arrogant wirken, wenn Fußball-Superstar Cristiano Ronaldo mal wieder vier Schritte zurück und zwei zur Seite macht, dann eine breitbeinige Position einnimmt und nochmal die Hose hochzieht – solche Haltungen vermitteln Selbstbewusstsein. An die Außenwelt, aber auch an das eigene (vielleicht gerade ziemlich nervöse) Ich. Wissenschaftler der Universität Bamberg haben 2022 in einer Meta-Studie herausgefunden, dass dominante – wie in Ronaldos Fall – oder aufrechte Körperhaltungen dazu führen, dass wir uns besser und selbstbewusster fühlen.[313]

Britta Steffen hat es geschafft, mit Hilfe von Vorbereitung und gezielten Tricks die Drucksituation im Olympischen Freistil-Finale nicht nur zu überstehen, sondern aus ihr auch ihren bis dato größten persönlichen Erfolg zu machen. Nachdem sie nur Millisekunden vor ihrer Konkurrentin Lisbeth Trickett mit der linken Hand am Beckenrand anschlägt, verharrt sie einen Moment und zieht sich erstmal in aller Ruhe die schwarze Schwimmbrille vom Kopf, den Blick weiter nach vorne gerichtet. Erst dann dreht sie sich langsam über ihre linke Seite in Richtung der Anzeigetafel um und realisiert: Ich habe gewonnen. Gold, Olympiasiegerin. 53,12 Sekunden, die aus dem Sensibelchen, aus der Trainings-Weltmeisterin eine echte Legende machen. Denn Britta Steffen beendet mit ihrer überragenden Leistung nicht nur eine jahrelange Medaillendurststrecke der deutschen Schwimmer, sondern sie zeigt mit ihrem Sieg und ihrer persönlichen Geschichte auch, dass man lernen kann, mit Druck umzugehen. Nach der Siegerehrung sagt sie im Interview mit der ARD auf die Frage, wie sie nun auf das anstehende 50 Meter Freistil-Finale blickt: „Es ist schon so, dass ich weiß, dass meine Chancen über 50 Meter nicht besonders gut stehen, weil ich einfach nicht so die Sprinterin bin. Aber letztlich gebe ich natürlich mein Bestes. Es ist so viel Druck von meinen Schultern gefallen!“[314] Und ohne diesen Druck gewinnt Britta Steffen wenige Stunden später auch noch das Finale über 50 Meter Freistil.

F.I.N.E.-Praxistipps:
Wie du Drucksituationen entschärfst

✓ **Simuliere spezifische Drucksituationen.**
in der Vorbereitung auf ein wichtiges Event. Während Top-Sportler im Training wettkampfähnliche Situationen trainieren, könntest du in Vorbereitung auf einen wichtigen Vortrag Folgendes tun: Übe vor einer kleinen Gruppe, z.B. vor Kollegen oder Freunden, und lasse dich dabei filmen. Ziehe die Kleidung an, die du auch bei deinem eigentlichen Vortrag tragen wirst. Lasse deine Zuhörenden kritische Fragen stellen, die dich aus dem Konzept bringen könnten. Lasse dir Feedback geben, analysiere das Video und übe weiter. Notiere dir alle potenziellen Risiken und definiere den Umgang damit. Wie gehst du beispielsweise vor, wenn die Technik ausfällt? Je besser du vorbereitet bist, desto weniger Angst wirst du haben.

✓ **Trainiere gezielt deine Flexibilität.**
Nutze spielerische *Life Kinetik* Übungen, um deine verschiedenen Gehirnareale zu aktivieren und miteinander zu vernetzen. Dazu kombinierst du kognitive, koordinative und visuelle Aufgaben miteinander. Tippe dafür z.B. mit dem linken Fuß auf den Boden, während du mit der rechten Hand einen Ball hochwirfst und dabei die Geburtstage deiner Familienmitglieder aufzählst. Du kannst natürlich auch für dich inhaltlich „relevante" Informationen in die Übung integrieren – beispielsweise in Vorbereitung auf ein Bewerbungsgespräch statt der Geburtstage deine persönlichen Stärken und Schwächen aufzählen.

✓ **Baue Selbstvertrauen auf.**
Notiere dir deine bisher wichtigsten Erfolge: Wann und wie hast du Drucksituationen erfolgreich gemeistert? Wie hat sich das für dich angefühlt? Rufe dir diese Erfolgsbeispiele regelmäßig ins Gedächtnis, vor allem vor jeder neuen, potenziellen Drucksituation. Wenn du dich bei deinem nächsten Bewerbungsgespräch unsicher fühlst oder vor einem wichtigen Meeting nervös wirst, denke daran, welche ähnlichen Situationen du schon erlebt hast und wie du damit erfolgreich umgegangen bist.

✓ **Ändere deine Glaubenssätze für den Umgang mit Druck.**
Vermeide Sicherheitsdenken und Perfektionismus. Denn du weißt: Wir können nicht alles kontrollieren. Nutze stattdessen Glaubenssätze, mit denen du deine Angst proaktiv bekämpfen kannst. Notiere dir die Glaubenssätze, die bei dir ein positives Gefühl auslösen und schaue sie dir regelmäßig an.
Zum Beispiel:

- „Ich habe jetzt so gut dafür trainiert.
  Mich kann nichts stoppen."
- „Ich wachse persönlich an jeder Drucksituation."
- „Ich habe keine Angst vorm Verlieren, sondern Lust auf Gewinnen."
- „Falls es nicht klappt, ist es auch kein Weltuntergang für mich."

✓ **Visualisiere deinen Erfolg.**
Mache die Augen zu und versetze dich in einen Entspannungszustand. Denke an den Moment der anstehenden Drucksituation: Wer ist im Meeting? Wie sehen die Personen aus? Was trägst du für Kleidung? Wie fühlt sich die Situation an? Drehe anschließend die Situation um. Stelle dir vor, dass du den Druckmoment bereits erfolgreich gemeistert hast und wie stolz du auf dich bist, dass du deine Ängste überwunden hast.

✓ **Nutze Power-Posen für mehr Selbstvertrauen.**
Aufrechte und dominante Körperhaltungen können nachweislich dazu führen, dass du dich besser und selbstbewusster fühlst. Optional kannst du auch einige Minuten vor der Drucksituation auf Toilette verschwinden und dort 2 Minuten lang „posen" (aufrecht hinstellen, Hände in die Hüfte und Brust raus).

✓ **Reguliere die Aktivität deines Körpers durch gezielte Atmung.**
Hier eignen sich mehrere Techniken, z.B. die sogenannte Seufzer-Atmung: Dazu atmest du tief durch die Nase ein und setzt nochmal einen weiteren, kleinen Einatmer „obendrauf", bevor du dann durch den Mund ausatmest. Diese Atemtechnik erinnert an ein Kind, das beim Weinen seufzt, und hat einen beruhigenden Effekt (richtige Balance zwischen Sauerstoff und Kohlenstoffdioxid im Blut). Alternativ kannst du auch die 4-7-8 Atmung (4 Sekunden einatmen, 7 Sekunden Atem einhalten, 8 Sekunden ausatmen) anwenden. Probiere aus, welche Technik für dich am besten passt.

✓ **Wende weitere Entspannungstechniken an.**
Höre ein paar Minuten vor dem Druckmoment Musik, die dich runterbringt. Trinke ein Glas Wasser, bevor du redest, oder gähne ein paar Mal bewusst und ausgiebig (am besten so, dass es keiner hören und sehen kann). Das entspannt die Gaumen- und Nackenmuskulatur. Außerdem wird dadurch die Durchblutung angeregt und die Aufnahme von Sauerstoff im Gehirn erhöht.

Interview Britta Steffen

„Das beste Gefühl ist einfach, sich getraut zu haben! Sich einer Herausforderung zu stellen ist eine ganz große Leistung. Auch wenn es vielleicht nicht das Optimum wird; aber mit einer Offenheit ranzugehen, sich zu bemühen und sein Bestes zu geben, ist toll."

Es freut mich ganz besonders, dass ich die ehemalige Schwimmerin Britta Steffen interviewen darf; denn über Britta haben wir bereits im vorherigen Kapitel ausführlich geschrieben. Und trotzdem hat das Gespräch mit ihr nochmal viele neue, spannende Erkenntnisse gebracht – denn die Doppel-Olympiasiegerin von 2008 erlebt auch heute noch Drucksituationen, die sie mithilfe mentaler Techniken in den Griff bekommt. Und sie inspiriert nicht nur mich, sondern auch viele andere; vor allem junge Athleten, mit denen sie am Olympiastützpunkt in Berlin zusammenarbeitet. Dabei geht es vor allem um eine Frage: Was für ein Typ bist du?

Vor deinem Olympiasieg 2008 warst du schon zweimal bei Olympischen Spielen dabei, hast da aber nach eigener Aussage „gepatzt". Wie hast du diese Rückschläge damals erlebt?

Ich bin mit 16 Jahren als eine der Jüngsten im Team in Richtung Australien zu den Olympischen Spielen aufgebrochen. Und heute muss ich sagen: Ich hätte mir gewünscht, auch mental auf diese Dimension, die Olympia mit sich bringt, vorbereitet zu werden. Ich hatte aber niemanden vor Ort, mit dem ich diese Sorgen, Ängste und Nöte, die ich gespürt habe, besprechen konnte. Man hat zwar schon gemerkt, dass es den anderen ähnlich ging; aber ich hatte keine Strategien, die hätten passen können, um diese riesige Aufregung wegzudrücken oder zu verarbeiten. Dieses Herzklopfen, das ich schon von anderen Wettkämpfen kannte, war in Ordnung; aber plötzlich zitterten auch noch die Knie. Und dann kam noch dazu, dass Franziska van Almsick, mein großes Vorbild, leider nicht in Medaillenform war. Mitzuerleben, wie sie durch den medialen Kakao gezogen wird – „Franziska van Speck" oder „Als Molch gewinnt man kein Gold" – hat mir klar gemacht, was das Wort Schlagzeile bedeutet: Man kann sich wirklich geschlagen fühlen. Das hat sehr viel in mir ausgelöst.

Du hattest deine Schwimmkarriere 2004 eigentlich beendet, bist dann aber doch zurückgekehrt. Was war dein persönlicher Turning Point?

Das mentale Training war sehr wertvoll, weil ich genau abklopfen konnte: Möchte ich mich diesem Druck nochmal aussetzen? Nach zwei, drei Sitzungen mit Dr. Friederike Janofske war eindeutig klar, dass ich das nochmal wollte. Wir haben dann gemeinsam überlegt: Was würde ich ändern? Daraus ist ein Vertrag mit meinem Trainer entstanden, dass wir eine Art Führungswechsel hinlegen: Zuvor war es ein sehr autoritäres Verhältnis, ich wollte aber mehr auf Augenhöhe miteinander arbeiten. Das fand er sogar cool, er hat das teilweise dann auch in der Zusammenarbeit mit anderen so gemacht.

Wie lief das Mentaltraining ab?

Frau Janofskes Einstiegsfrage war: Kannst du mir mal erklären, warum man jahrelang mehrmals am Tag ins Wasser steigt und permanent wie ein Goldfisch hin und her schwimmt?! Ich habe dann versucht, ihr zu erklären, wie viel Spaß ich beim Schwimmen habe. Vor allem dann, wenn ich in den Flow gekommen bin: Manchmal hatte ich den Eindruck, dass ich durchs Wasser fliege und dafür kaum etwas machen muss! Ich bin richtig ins Schwärmen gekommen; wie sehr ich das Gefühl genoss, nach dem Training hungrig und abends müde zu sein. Und dann hat sie gefragt: Warum willst du dann aufhören? Ich habe mit ihrer Hilfe gelernt, auch Lust auf Wettkämpfe zu bekommen – und nicht mehr mit einer ängstlichen Haltung an den Start zu gehen. Und wir haben ganz viel visualisiert! So konnte ich dann bei den Olympischen Spielen 2008 1:1 genau das abrufen. Und ich wusste schon beim Anschlag: Egal, welchen Platz ich gerade gemacht habe, ich habe meine beste Leistung abgerufen, mehr ging nicht. Ich habe genau das hochholen können, was wir im Mentaltraining geübt haben. Wenn jetzt andere besser waren, dann ist das so. Dass genau diese Leistung dann zum Olympiasieg gereicht hat, ist für mich bis heute noch ein bisschen unwirklich.

Welchen Druck erlebst du heute noch, privat oder beruflich?

Heute zum Beispiel bin ich auf einem Event in Hamburg und werde eine Laudatio halten. Diese sollte möglichst feierlich sein, ich stehe auf einer Bühne, muss performen und viele Leute werden mich anschauen. Das fühlt sich ein bisschen wie Wettkampf an. Ich freue mich darauf, aber genau wie früher denke ich auch daran, mich davor zu drücken. Aber das beste Gefühl ist einfach, sich getraut zu haben! Sich einer Herausforderung zu stellen ist eine ganz große Leistung. Auch wenn es vielleicht nicht das Optimum wird; aber mit einer Offenheit ranzugehen, sich zu bemühen und sein Bestes zu geben, ist toll. Früher ging es natürlich viel mehr ums Körperliche – heute ist es egal, ob ich bei einem Vortrag drei Kilo mehr oder weniger wiege. Jetzt geht es um geistige Fitness.

Wie bereitest du dich heute auf solche neuen Drucksituationen vor – wendest du da ähnliche Methoden an wie damals im Sport?

Ich habe die Rede vor 10 Tagen geschickt bekommen und sie dann an meinen Wortlaut angepasst. Seitdem haben ich sie jeden Morgen und Abend im Badezimmer performt, um eine Routine reinzubekommen. Ich habe mal den Tipp von einem Schauspieler gehört, der meinte: Du musst etwas so lange üben, bis es deins ist. Trotzdem spielt mein Magen-Darm-Bereich vor so einem Auftritt noch verrückt! Diese Nervosität geht nicht weg, mein Körper reagiert immer noch. Ich werde daher bestimmte Klopfübungen, die ich früher mit meiner Mentaltrainerin einstudiert habe, anwenden. Eine Reihenfolge ist zum Beispiel: Rechte Augenbraue, unter dem Auge, über der Oberlippe, unter der Unterlippe, unter dem rechten Arm. Damit kann ich meinen Herzschlag regulieren, ich zittere weniger, ich fühle mich sicherer und auch meine Stimme wirkt nicht so aufgeregt. Wir haben das bei einem Visualisierungstraining auch mal gemessen: Ich saß, habe mir das Olympiarennen vorgestellt – nur vorgestellt! Und hatte einen Puls von 140. Das gleiche haben wir dann nach einer 90-sekündigen Klopfsequenz gemacht. Und mein Puls lag bei 90. Das war wahnsinnig. Ich habe mich auch körperlich ganz anders gefühlt, nicht so flatterig, sondern ganz bei mir.

Was kann man neben den Klopftechniken noch für Techniken im Berufsleben anwenden, die eigentlich aus dem Sport kommen?

Für mich ist eine gute Vorbereitung extrem wichtig. Auch wenn immer etwas Unvorhergesehenes passieren kann, macht ein guter Plan es einfacher, auf solche Situationen zu reagieren. Da sind wir wieder bei der Visualisierung: Wenn man sich möglichst viele Szenarien schon vorstellt und Pläne entwickelt, wie man reagieren kann, nimmt das in der eigentlichen Situation viel Druck raus. Ich behaupte, ich bin nur ganz, ganz selten schlecht vorbereitet.

Du bist u.a. als Laufbahnberaterin am Berliner Olympiastützpunkt tätig. Was rätst du den jungen Athletinnen und Athleten – sowohl in sportlicher als auch in beruflicher Hinsicht?

Ich biete den jungen Menschen an, dass ich ihnen gerne meinen Weg beschreiben kann. Ich rede dann auch von den Niederlagen und den nicht so schönen Erfahrungen. Ich versuche dabei aber immer, sehr bei mir zu bleiben und nicht alles universell zu machen; ich möchte ihnen mitgeben, dass sie sich reflektieren sollten: Was brauchst du? Was tut dir gut? Was ist dir wichtig? Welche Bindung stärkt dich, welche schwächt dich? Das einfach aufs Tableau zu bringen und ein Bewusstsein zu schaffen, das kann niemandem schaden. Viele dieser Fragen stellt man sich nicht einfach so. Ich denke, dass ein guter Coach mehr Fragen stellt und weniger Ratschläge gibt; außer, man wird explizit darum gebeten. Aber was für den einen gut ist, kann dem anderen schaden. Deshalb ist mir immer wichtig, dass man sich selbst im Blick hat. Das kann dir eine starke, innere Zufriedenheit geben, wenn du dein eigenes Potential entfalten kannst. Unabhängig von Titeln oder Siegen.

Interview Christian Pander

„Sobald der Schiedsrichter gepfiffen hatte, war für mich klar: Ich schieße diesen Ball rein, da gab es überhaupt keinen Zweifel. Dabei habe ich natürlich nicht jeden Ball reingeschossen, nicht mal jeden zweiten. Sondern nur ein paar von vielen. Aber ich hatte immer diese feste Überzeugung."

Obwohl Christian Pander ein Dauer-Abo auf Verletzungen zu haben scheint, kämpft sich der Fußballer immer wieder zurück – wird 2007 sogar in die Nationalmannschaft berufen und schießt bei seiner Premiere im Spiel gegen England den 2:1-Siegtreffer. Immer wieder muss sich der gebürtige Münsteraner im Laufe seiner Karriere neu beweisen, doch diesem Druck hält er stand: Zehn Jahre lang spielt er für den FC Schalke 04, danach für Hannover 96. Heute, einige Jahre nach dem Ende seiner Profikarriere, arbeitet Pander als Mentaltrainer und Autor.

Als Profifußballer erlebt man permanent Druck, wie hast du das erlebt und wie bist du damit umgegangen?

Der Druck war schon wahnsinnig groß. Man setzt sich zum einen selbst unter Druck: Ich habe hier gerade eine Riesenchance, ich kann mein Hobby zum Beruf machen, ich kann damit viel Geld verdienen. Ich kann mir dadurch eine Zukunft aufbauen, die ich selbst in der Hand habe. Auf der anderen Seite steht der Verein – jeder Verein ist heute ein modernes Wirtschaftsunternehmen – und der Verein profitiert nur von dir, wenn du erfolgreich bist. Wenn du nicht gut bist, hat das Auswirkungen auf alle. Dann muss ein Verein Strukturen reduzieren, Mitarbeiter entlassen. Vielleicht gibt es nicht so viele, die so über den Tellerrand schauen und eher nur an sich denken – aber bei mir war das anders. Ich habe zehn Jahre in meinem Verein gespielt und das war mir wichtig, mit allem drum und dran. Ich habe aber aufgrund einer schweren Verletzung am Anfang meiner Karriere schon früh gemerkt: Selbst wenn es im Fußball nicht mehr weitergeht, für mich muss es irgendwie weitergehen. Mir war bewusst, dass ich auch andere Dinge gut kann und es notfalls immer einen Plan B gegeben hätte.

In welchen Momenten hast du den größten Druck verspürt?

Der größte Druck war 2007: Wir standen kurz davor, Deutscher Meister zu werden. Was mit Schalke schon an ein Wunder grenzte! Wir waren zwar schon die Jahre davor zwei Mal Vizemeister geworden, aber wenn man sich die Historie anschaut, dann ist Schalke bis zu diesem Moment fast 50 Jahre lang nicht mehr Deutscher Meister gewesen. Dann hatten wir ein paar Punkte Vorsprung und es kam zum Derby in Dortmund. Da war es wirklich extrem, dass ich gemerkt habe: Du hast jetzt hier die Chance, in Dortmund Deutscher Meister zu werden! Das war schon ein wahnsinniger Druck, der ganz krass von außen kam. Egal, wo du hingeschaut hast: Jeder hat darüber gesprochen oder geschrieben. Ich war zu dem Zeitpunkt schon ein paar Jahre bei Schalke und habe Leute kennengelernt, denen hast du einfach angemerkt, wie sehr sie für dieses Ziel leben. Und dann siehst du dich natürlich auch ein Stück weit in der Pflicht, das zurückzugeben. Leider haben wir dann versagt und das Spiel verloren, sind nicht Meister geworden – und an diesem Druck sind wir als Mannschaft zerbrochen.

Habt ihr damals auch Versagensängste verspürt?

Ich glaube, dass einige Spieler das hatten. Ich hatte das nicht; ich kenne solche Gefühle zwar, habe das aber für mich nie zugelassen. Weil ich total von dem überzeugt war, was ich da tue. Ich war mir dessen bewusst, dass es wenige Gegenspieler gibt, vor denen ich übermäßigen Respekt haben muss – ich wusste einfach, was ich kann. Auf dem Platz hatte ich eher Angst davor, mich wieder zu verletzen; wenn du zweimal einen Kreuzbandriss hattest, dann hast du das im Kopf und gehst anders in solche Situationen.

Also basierte dein Umgang mit Druck auf Selbstbewusstsein?

Ja, komplett! Mein Selbstvertrauen war jetzt nicht Ibrahimovic-mäßig. Aber es war ein gesundes Selbstvertrauen; ich war schon gut auf der Position, auf der ich gespielt habe. Die Niederlagen, die ich erleben musste, waren eher gesundheitlicher Natur. Rein sportliche

Rückschläge waren sehr wenige da. Und das stärkt natürlich das Selbstvertrauen: Wenn man erfolgreich ist, es gibt eine Siegesserie, du bist Stammspieler. Das heißt nicht, dass die Siege nur an mir gelegen haben, natürlich nicht! Aber das hilft total, dieses Selbstvertrauen aufzubauen. Ein Beispiel: Mein Steckenpferd waren Freistöße; und sobald der Schiedsrichter gepfiffen hatte, war für mich klar: Ich schieße diesen Ball rein, da gab es überhaupt keinen Zweifel. Dabei habe ich natürlich nicht jeden Ball reingeschossen, nicht mal jeden zweiten. Sondern nur ein paar von vielen. Aber ich hatte immer diese feste Überzeugung.

Wie kann man das trainieren – Selbstvertrauen bewusst aufzubauen, damit man so ein Erfolgs-Mindset entwickelt wie du vor einem Freistoß?

Das ist ein Prozess, und der fängt für mich immer damit an, dass man eine Art Bestandsaufnahme macht, wie beim Auto in der Werkstatt: Woran muss ich arbeiten, was brauche ich mehr, was weniger? Aber es braucht auf jeden Fall Training! Egal in welchem Bereich. In der Schule war ich früher nicht so gut – und warum? Weil ich zu schlecht vorbereitet war. Ich war nicht dumm, aber ich habe zu wenig gelernt, um erfolgreich zu sein. Man muss auf entscheidende Situationen vorbereitet sein. Für mich ist Visualisierung auch wichtig: Dass man sich im Detail vorstellt – was erwartet mich? Schalke zum Beispiel lebt von seinen Zuschauern, gerade bei den Heimspielen. Dann gab es während der Coronapandemie die Geisterspiele, in der Saison ist Schalke abgestiegen. Ich habe mir alle Spiele angeguckt und es war für mich so krass zu sehen, dass die Spieler ins Stadion einlaufen und jedes Mal verwundert schienen, dass keine Zuschauer da sind. Das fiel mir immer direkt auf. Als hätten die sich jedes Mal aufs Neue gewundert: Hier ist ja gar keiner, was machen wir denn jetzt? Auch sowas gehört zur Vorbereitung.

Selbst wenn man noch so gut vorbereitet ist: In entscheidenden Situationen wird der Druck einfach größer, man ist angespannt und nervös – wie zieht man sich da raus? Hast du Tipps?

In der Drucksituation ist es schwer, das gebe ich zu. Ich bin auch schon mal vor der Halbzeitpause ausgewechselt worden, weil an dem Tag einfach nichts ging. Sowas hat man eben auch mal. Egal wie stark du mental bist – es wird immer Tage geben, an denen es einfach nicht läuft. Aber es gibt sogenannte Ankertechniken, die helfen können, dir Selbstvertrauen und Kraft zurückzugeben. Bei manchen hilft es, Daumen und Zeigefinger fest zusammenzupressen, weil sie das fokussiert. Wichtig ist, dass es ein individuelles Ritual ist, das mit positiven Assoziationen verknüpft ist. Ich hatte mal einen Spieler, der hat gesagt: Wenn ich an meinen Opa denke, dann gibt mir das Power. Dann hat er sich ein Tape ums Handgelenk gemacht und hat sich ganz klein „Opa“ draufgeschrieben. Und wenn es dann im Spiel mal nicht läuft, dann guckt der da drauf und er ist automatisch in einem anderen Modus.

Hattest du ein persönliches Ritual vor wichtigen Spielsituationen?

Beim Freistoß habe ich immer alles gleich gemacht: Ich habe geguckt, dass das Ventil oben liegt, ich bin immer die gleiche Anzahl an Schritten zurückgegangen. Bei mir hat man zwar nicht so sehr darauf geachtet wie bei Cristiano Ronaldo, weil es eher ein normaler Anlauf war. Aber es war für mich immer der identische Ablauf, der mir Sicherheit gegeben hat. Man kann einfach weniger überrascht werden. Das spielt ein bisschen in die gleiche Richtung wie die Visualisierung. Für den Kopf ist es quasi identisch, ob ich mir etwas nur vorstelle oder die Handlung tatsächlich ausführe. Ein Freund von mir musste mal vor 500 Menschen einen Vortrag halten, sowas hatte er zuvor noch nie gemacht. Und dann hat er mich angerufen und meinte: Auf gut deutsch – ich mache mir in die Hose! Wie schaffe ich das denn jetzt? Dann habe ich ihm ein paar Tipps gegeben, dass er sich diese Situation zum Beispiel immer wieder vorstellen soll. Er hat leise mit sich selbst gesprochen, ist den Ablauf immer wieder durchgegangen, hat sich konkret vorgestellt, wie sich das Mikro in seiner Hand anfühlen wird.

Und dann rief er mich nach dem Vortrag an und meinte, dass er sich an all die Dinge erinnert habe und es dann kein Problem mehr für ihn gewesen sei. Je genauer ich weiß, was auf mich zukommt, desto besser kann ich mit der Situation umgehen.

Aufgeben ist keine Option – Wie du nach Rückschlägen und Niederlagen neue Energie gewinnst

Eigentlich ist dieser 26. Juni 2018 kein besonderer Tag. Die Sonne scheint, sie trainiert mit ihrer Teamkollegin Pauline Grabosch auf der Bahn Sprints, abends wollen sie noch Cocktails trinken gehen. Kristina Vogel überholt, geht in Führung – und dann wird alles schwarz. „Mein erster Gedanke war: Atme, atme, sortiere dich erstmal“[315], beschreibt sie den Moment, als sie wieder zu Bewusstsein kommt. Wenige Augenblicke zuvor ist die zweifache Olympiasiegerin mit einem jungen Bahnradfahrer aus den Niederlanden kollidiert. Ihre Geschwindigkeit beim Aufprall: 60 km/h. Zu viel für ihre Wirbelsäule. „Dann war da plötzlich dieser Druck, dieser ganz, ganz dolle Druck. Als wenn mein ganzer Körper angeschwollen wäre. Mir war alles zu eng, vor allem die Rennschuhe.“[316]

Die damals 27-Jährige will, dass man ihr die Schuhe sofort auszieht. „Und dann sah ich jemanden mit meinen Schuhen weggehen. Aber ich habe nicht gemerkt, dass sie mir ausgezogen wurden. Da war mir sofort klar, das war’s. Jetzt bin ich querschnittsgelähmt.“[317] Und das bedeutet für die erfolgreichste deutsche Radfahrerin aller Zeiten: Ihre Karriere im Bahnrad-Sport ist vorbei. Ihr Leben und ihr Alltag werden sich drastisch ändern. Sie erlebt ihre größte Niederlage, nicht gegen Konkurrenten auf der Bahn, sondern gegen das Schicksal. Zweimal wird sie kurz nach ihrem Unfall operiert, dann erleidet sie eine schwere Lungenentzündung. Sie wird mehrfach ins künstliche Koma versetzt, die Einstellung mit Schmerzmitteln ist schwierig. Kristina Vogel kämpft ums Überleben - und gewinnt. Mehr noch: „Ich bin immer der Meinung, je schneller man eine neue Situation akzeptiert, desto besser kommt man damit klar. Deshalb sage ich mir: Okay, das ist jetzt so, und nun muss ich gucken, wie ich weiterkomme, was ich daraus machen kann.“[318]

Es ist eine Einstellung, die viele Sportler teilen. Scheitern, die Situation akzeptieren, daraus lernen, weitermachen. Natürlich erleben die wenigsten so extreme Situationen wie Kristina Vogel. Aber Rückschläge gehören zum Sport dazu, quantitativ dominieren sie die

Laufbahn eines Sportlers deutlich. Auch Basketball-Legende Michael Jordan ist oft gescheitert, sehr oft. „Ich habe in meiner Karriere mehr als 9000 Würfe verfehlt. Ich habe beinahe 300 Spiele verloren. Ich bin immer und immer wieder in meinem Leben gescheitert. Und das ist der Grund, warum ich gewinne.“[319] Bayern-Spieler Bastian Schweinsteiger, der im Champions League-Finale den entscheidenden Elfmeter gegen Chelsea verschossen hat, gewann dieses Turnier nur ein Jahr später und wurde 2014 mit der deutschen Nationalmannschaft Weltmeister. Auch die deutschen Handball-Männer, die noch in der Vorrunde der WM 2007 das Spiel gegen Polen verloren haben, krönten sich am Ende mit dem Titel und sorgten so für das berühmte „Wintermärchen“. Aber wie gelingt es, nach Niederlagen, nach Rückschlägen, nach schwierigen Phasen weiterzumachen und genau daraus auch noch Kraft und Motivation zu schöpfen?

> *„Falsche Entscheidungen im Wettkampf sind sofort für alle sichtbar. Wenn man auch in schwierigen Momenten offen und ehrlich zu sich sein muss, ist das ein Erziehungsprozess. Das stärkt die Persönlichkeit.“*
>
> Jochen Schümann, Segler

Mir sind Niederlagen immer schwergefallen. Schon als Kind konnte ich nicht damit umgehen zu verlieren – sei es auf dem Hockeyplatz, bei Spielenachmittagen mit der Familie oder bei Kindergeburtstagen: Wenn ich am Ende nicht als strahlender Sieger vom Platz oder der Gartenparty ging, war der Tag für mich gelaufen. Daher habe ich auch gerne mal in letzter Sekunde die Spielregeln zu meinen Gunsten geändert oder zig Verlängerungen eingefordert. Dieses extreme Nicht-Verlieren-Können ging so weit, dass mein Bruder darüber sogar einen Song geschrieben hat und ihn auf meiner Hochzeit zum Besten gab. Was bei den Gästen für große Lacher und bei meiner Frau für böse Vorahnungen sorgte; auch wenn ich mich mittlerweile schon für wesentlich gelassener halte, möchte sie bis heute lieber nicht mit mir in einem Team sein, wenn meine Familie am Spieleabend wieder mal „Tabu“ aus dem Regal holt und das Begriffe-Raten in hitzigen

Diskussionen endet. Erst im Laufe meiner sportlichen Laufbahn habe ich gelernt, mit Niederlagen besser umzugehen. Ich habe die Schuld nicht mehr nur auf andere oder äußere Umstände geschoben, sondern erkannt, was mir wirklich etwas bringt: Die Situation, auch wenn sie noch so unschön ist, zu akzeptieren und zu analysieren, was nicht gut gelaufen ist. Um daraus dann abzuleiten, was ich besser machen kann – und es im Idealfall beim nächsten Versuch auch besser zu machen.

A wie Akzeptanz und Analyse

„If you can meet with triumph and disaster and treat those two imposters just the same."[320] So steht es über dem Spielereingang am Tenniscourt in Wimbledon – und soll die Spieler daran erinnern, dass sie mit Sieg und Niederlage im Idealfall gleich gut umgehen sollten. Siege anzunehmen ist in diesem Gedankenspiel die vermeintlich einfachere Aufgabe; der Umgang mit Niederlagen fällt vielen Menschen, inklusive mir, dagegen deutlich schwerer. Entscheidend ist in diesem Zusammenhang erstmal eine grundlegende Akzeptanz, dass es nicht immer nur erfolgreiche Phasen geben kann und wird. So banal diese Tatsache klingt, so wichtig ist diese Erkenntnis und vor allem die Reaktion darauf: Wo wäre Michael Phelps heute, hätte er nach einem schlechten Rennen die Badehose sofort an den Nagel gehängt? Wer würde sich an Venus und Serena Williams erinnern, hätten die Tennis-Schwestern nach dem ersten verlorenen Spiel die Schläger in die Ecke geworfen?

(Leistungs-)Sport beinhaltet von Grund auf eine gesunde Fehlerkultur – die es in vielen anderen Bereichen des Lebens, insbesondere im Berufsalltag, oft nicht gibt. Welcher Chef klatscht schon Applaus, wenn der Mitarbeitende bei einer wichtigen Präsentation patzt? Welche Kolleginnen finden es toll, wenn du der Einzige bist, der seinen Teil der gemeinsamen Projektarbeit nicht rechtzeitig fertiggestellt hat? Abgesehen davon, dass manche Start Up-Gründer ihr Scheitern auf sogenannten „Fuck Up-Nights" feiern: In den allermeisten Branchen, Unternehmen und Teams wird es (immer noch) nicht gern gesehen, wenn man hinter den erwarteten Leistungen zurückbleibt oder

Fehler macht. Laut einer Umfrage der Talent- und Karriereberatung Rundstedt aus dem Jahr 2016 haben vor allem jüngere Arbeitnehmer Angst davor, Fehler zuzugeben – weil sie sich vor negativen Reaktionen durch Kollegen oder Vorgesetzte fürchten.[321] Dabei sollten Führungskräfte beim Thema Fehlerkultur positiv vorangehen; das ist jedoch selten der Fall: Für den „EY Fehlerreport 2023“ hat das Beratungsunternehmen Ernst&Young rund 1000 Führungskräfte und Angestellte aus verschiedenen Branchen befragt. Das Ergebnis: Rund 64 Prozent hatten in den vergangenen zwei Jahren nie oder nur teilweise Fehler zugegeben, in der Finanzbranche hatten sogar 82 Prozent der Befragten versucht, ihre Fehler „unter den Teppich zu kehren“.[322] Absurderweise ist den Befragten durchaus bewusst, wie wichtig eine gesunde Fehlerkultur wäre: So messen sie dem Thema auf einer Skala von 1-10 hohe Werte bei, durchschnittlich zwischen 8,1 und 9,3.

> *„Ich kann Scheitern akzeptieren, jeder scheitert bei etwas. Aber was ich nicht akzeptieren kann ist, es nicht versucht zu haben.“*
>
> Michael Jordan, Basketball-Legende

Wie schafft man es also, eine grundsätzliche Offenheit gegenüber Fehlern zu entwickeln? „Wem wir die Schuld geben, dem geben wir die Macht“ heißt es im Volksmund. Und das ist aus meiner Sicht entscheidend: Anzuerkennen, dass die Verantwortung nicht immer und nicht ausschließlich bei externen Faktoren liegt, sondern zu (kleinen oder manchmal auch großen) Teilen bei einem selbst. Gleichzeitig kann aber auch nicht immer als perfekt laufen; auf manche Dinge im Leben haben wir keinen Einfluss, das müssen wir akzeptieren. Und wir müssen auch akzeptieren, wenn wir oder andere einen schlechten Tag haben. Um es mit Kobe Bryant zu sagen: „Komm darüber hinweg, du bist nicht so wichtig.“[323] Diese Gelassenheit, sich auch selbst nicht zu wichtig zu nehmen und das eigene Scheitern in Relation zu setzen, hilft enorm (s. Kapitel *Drucksituationen*). Aber klar ist auch: Bei besonders schweren Rückschlägen ist es absolut in Ordnung, nicht direkt das Positive aus einer negativen Situation ziehen zu können, sondern Zeit zur Verarbeitung zu brauchen. Mir hat es zudem immer geholfen - im Gegensatz zu den Befragten der E&Y-Untersuchung - offen mit meinen Fehlern umzugehen und mit engen Vertrauten, ob im privaten oder beruflichen Umfeld, darüber zu sprechen. Denn aus Fehlern lernt man, und das ist auch wissenschaftlich erwiesen: Psychologen der University of Arizona haben bei einer Untersuchung 2019 herausgefunden, dass das ideale Verhältnis von richtigen Ergebnissen zu Fehlern 85:15 beträgt.[324] Wer 85 Prozent seiner zu erledigenden Aufgaben erfolgreich meistert und bei 15 Prozent Fehler macht, der befindet sich am sogenannten „sweet spot" - also in dem Bereich, in dem der Lerneffekt am größten ist. Natürlich lässt sich dieses Erfolg-Fehler-Verhältnis weder im Sport noch im Berufsalltag exakt simulieren; aber die Ergebnisse zeigen: Nur wer Fehler macht, entwickelt sich weiter. Ein Leitgedanke, der vor allem Spitzensportler dazu bringt, auch große Niederlagen als Chance zu begreifen.

> *„Gewinner nutzen Niederlagen, um besser zu werden. Verlierer suchen Ausreden."*
>
> Markus Czerner, Keynote-Speaker

6. Juli 2008. Immer wieder muss der Turniertag wegen andauernder Regenfälle unterbrochen werden. Und auch beim großen Finale am Abend gibt es eine ungewollte Pause - der Wettergott meint es nicht gut mit den Tennisfans in Wimbledon. Dabei wird kein Match seit Langem so sehnlichst erwartet wie diese Begegnung: Roger Federer, seit vier Jahren Weltranglistenerster, steht seinem größten Konkurrenten Rafael Nadal gegenüber. Der Schweizer Federer hat den Titel die vergangenen fünf Male gewonnen – der sechste in Folge würde ihn zum alleinigen Rekordhalter machen. Nach vier Stunden und 48 Minuten liegt einer von beiden auf dem Boden, alle Viere von sich gestreckt, das Blitzlichtgewitter der Fotografen erhellt den Court. Der Spieler verharrt kurz, dann bricht er in Jubel aus. Hinter ihm liegt ein unglaubliches Tennis-Match, das für viele - bis heute - als das beste aller Zeiten gilt. Doch es ist nicht Federer, der sich mit dem

Titel krönt; er verliert nach fünf Sätzen gegen seinen ewigen Widersacher Nadal und verpasst damit die Rekordchance! An diesem Abend erlebt der damals 26-Jährige die wohl prägendste Niederlage seiner Karriere. „Ich brauchte ein paar Wochen, um zu realisieren, dass es ein großartiges Spiel war. Und die Niederlage machte mich vielleicht irgendwie menschlicher. Ich glaube, wir werden in vielen Jahren noch im Schaukelstuhl davon erzählen“[325], sagt Federer später über dieses epische Match. Knapp drei Jahrzehnte zuvor hatte schon der schwedische Tennisspieler Björn Borg den sechsten Wimbledon-Sieg in Folge auf dem Schläger, verlor aber ebenfalls. Er beendete nach dieser Niederlage seine Karriere; Roger Federer hingegen spielte weiter. Erst 2022, 14 Jahre nach dem geschichtsträchtigen Wimbledonfinale gegen Nadal, verabschiedete er sich von der großen Tennisbühne. Neben diversen Niederlagen musste er sich im Laufe seiner Karriere auch drei Mal einer Knie-Operation unterziehen. Wie hat er es geschafft, trotzdem immer wieder (im wahrsten Sinne) aufzustehen – und noch besser zu werden? Tennis-Insider Marco Kühn schreibt über den Maestro: „Roger Federer hat die Schule des Verlierens mit einem Meisterdiplom abgeschlossen.“[326] Denn er habe Niederlagen nicht nur abgehakt, sondern akribisch analysiert. Auch wenn die Auseinandersetzung mit dem eigenen Fehlverhalten schmerzhaft ist und es zudem viel Kraft kostet, in so einer Situation optimistisch zu bleiben: Nur so nimmt man letztlich etwas Positives aus einem Rückschlag mit.

„Wir dürfen jetzt nur nicht den Sand in den Kopf stecken!“

Lothar Matthäus, ehemaliger Fußball-Weltmeister

Mir ist es daher auch im Job wichtig, ähnliche Analyse-Methoden wie im Spitzensport anzuwenden. Bei meinem ersten Projekt, das ich leitete, wollte ich direkt zu Beginn eine gute Fehlerkultur etablieren: Unser Team sollte offen und ehrlich mit Fehlern und (negativem) Feedback umgehen. Eine Videoanalyse unserer täglichen Arbeit machte natürlich keinen Sinn; aber wir führten regelmäßig sogenannte Retrospektiven durch: Alle Mitarbeitenden gaben Feedback und sammelten konkrete Beispiele, bestenfalls sogar Zahlen, Daten und Fakten zu den Fragen: Was lief in der vergangenen Phase gut und was sollten wir beibehalten? Was sollten wir anpassen? Was sollten wir hinzufügen? So kamen wir zum Beispiel zu der Erkenntnis, dass die bis dahin geführten Einzelgespräche mit diversen Führungskräften und Experten viel zu aufwändig waren. Wir passten unsere Vorgehensweise an und machten es bei der nächsten Strategie-Iteration anders: Weg von vielen Einzel-Interviews hin zu wenigen Umfragesessions, an denen alle zeitgleich teilnahmen. Die daraus gewonnenen Erkenntnisse haben wir dann nochmal in ein paar wenigen Einzelterminen vertieft. Das Endergebnis war das Gleiche – nur waren jetzt alle beteiligten Personen viel zufriedener.

Feedback is the key

Auch wenn die vorherige Arbeitsweise kein Fehler im engeren Sinne war: Die Situation hat viele Kollegen (und auch die befragten Führungskräfte!) genervt. Hätten sie sich nicht getraut, ihren Unmut zu äußern und das negative Feedback zu teilen, hätten wir vermutlich einfach weiter gemacht wie zuvor. Es ist enorm wichtig, sich selbst und die eigene Arbeitsweise immer wieder zu hinterfragen. Es gibt Berufsgruppen, die von Natur aus häufig Rückmeldung zu ihrer Arbeit bekommen: Vertriebler zum Beispiel, die nicht jeden potenziellen Kunden oder Geschäftspartner überzeugen können. Sie kassieren im Laufe ihrer Karriere immer wieder Absagen, und im Idealfall lernen sie daraus. Gleiches gilt für Selbstständige; wenn sie nicht stetig an sich, ihren Produkten oder Dienstleistungen arbeiteten, hätten sie bald keine Aufträge mehr. Wer solche „natürlichen“ Feedbackschleifen im Berufsalltag nicht hat, sollte sich aktiv darum bemühen. Auch wenn es Überwindung kostet, den Chef oder die Kollegen darum zu bitten, sich regelmäßig zusammenzusetzen und gemeinsam auf ein bestimmtes Projekt oder einen definierten Zeitabschnitt zu schauen (mehr dazu im Kapitel Selbstorganisation). Hockey-Olympiasieger Moritz Fürste hat genau das in seiner ehemaligen Firma getan und ging offensiv auf seine Vorgesetzten zu: „Ich hatte mir eine Liste gemacht mit Dingen, die ich ansprechen wollte, und der wichtigste Punkt darauf war die Feedbackkultur im Unternehmen. Nach meiner Wahrnehmung wurde damals viel zu wenig miteinander gesprochen.“[327] Aus dem Leistungssport kannte er es anders: Feedback gehört dort zum Alltag – und zwar nicht nur dann, wenn ein wichtiges Spiel verloren ging. Sondern regelmäßig, in jedem Training.

> *„Ich messe den Erfolg nicht an den Siegen, sondern daran, ob ich jedes Jahr besser werde.“*
>
> Tiger Woods, Golfprofi

Denn natürlich geht nicht jeder Schuss ins Tor, kommt nicht jeder Pass an und kann die Verteidigung nicht jeden Angriff erfolgreich abwehren. Deshalb gilt: Immer wieder ausprobieren, immer wieder nachjustieren. Ähnlich können wir auch im Berufsleben agieren. Vielleicht nicht unbedingt bei der entscheidenden Vorstandspräsentation, auf die sich das gesamte Team monatelang vorbereitet hat. Sondern davor, im kleinen Rahmen. Richtig zu scheitern bedeutet: niedrigschwellig zu scheitern. Wie im Sport – idealerweise im Training (mehr dazu im Kapitel Veränderungen). Ein Chirurg, der am offenen Herzen operiert, sollte natürlich keine Fehler machen. Er würde so einen Eingriff aber auch niemals vornehmen, ohne ihn zuvor unzählige Male geübt und sich verbessert zu haben! Gleiches gilt für einen Piloten, der eine langjährige Ausbildung durchlaufen und diverse Stunden im Flugsimulator und als Co-Pilot verbracht hat. Diese Trial-and-Error-Mentalität wird auch in anderen Branchen angewandt. Wer beispielsweise ein neues Produkt entwickelt, wird dieses so früh wie möglich mit einer kleinen, aber relevanten Gruppe testen: Gibt es überhaupt einen Markt dafür? Was genau wollen die potenziellen Kunden? Softwareentwickler arbeiten mit „Lean Testing“[328], heißt: Bei der Etablierung einer neuen Website oder eines neuen Features werden permanent kleine, nicht zu aufwändige Tests durchgeführt, die potenzielle Programmfehler frühzeitig entlarven sollen. Auch wenn es immer noch Berufsfelder gibt, in denen „Trainieren“ und damit die Option auf niedrigschwelliges Scheitern nicht zum Alltag gehören: Fehler zu machen und diese zu analysieren macht nachweislich besser. Aber wie genau geht man dabei vor? Dabei sollte zuerst das Positive im Vordergrund stehen: Was läuft schon richtig gut? (Eigen-)Lob ist auch Feedback! Es baut Selbstvertrauen auf und schafft die Basis für nachfolgende Fragen, die eben auch mal weh tun können: Was kann ich, was können wir anders machen? Was müssen wir sogar ganz dringend anders machen? Es hilft, ein klares Ziel zu definieren; in meinem konkreten Projekt-Beispiel war das: Weniger Zeitaufwand. Trotzdem brauchten wir den Input der befragten Führungskräfte. Wir haben also gemeinsam überlegt, welche Möglichkeiten es gibt – und sind dann letztlich auf die Idee mit den Umfragesessions gekommen. Die kritische Auseinandersetzung mit der eigenen Arbeit ist nicht immer einfach. Im Gegenteil: Es tut weh, insbesondere dann genau hinzuschauen, wenn etwas nicht so gut gelaufen ist. Und noch schwieriger wird es, wenn auch viele andere genau hinschauen – und lautstark Kritik üben.

Die Macht der Kritik

„Was hat das deutsche Spiel so schwerfällig und so anfällig gemacht?" Es ist diese eine Frage des ZDF-Reporters Boris Büchler, die Nationalspieler Per Mertesacker so richtig auf die Palme bringt. Die deutsche Nationalmannschaft hat gerade das Achtelfinale gegen Algerien bei der Fußball-WM 2014 in Brasilien gewonnen, allerdings nur ziemlich knapp. Der 2:1-Sieg nach Verlängerung reicht fürs Weiterkommen, die kritische Nachfrage des Reporters stößt Mertesacker daher ziemlich sauer auf. „Glauben Sie, unter den letzten 16 ist irgendwie eine Karnevalstruppe, oder was? (...) Ich lege mich erstmal drei Tage in die Eistonne, dann analysieren wir das Spiel und dann sehen wir weiter."[329] Das Interview hat Kultstatus – und erscheint angesichts der Tatsache, dass Deutschland nur wenige Tage später Weltmeister wird, noch ein bisschen absurder. Doch es macht deutlich, wie tief der Algerien-Stachel sitzt: Denn natürlich weiß auch Verteidiger Mertesacker, dass die Nationalelf insbesondere in der ersten Halbzeit ziemlich unsicher wirkte. Dass dabei auch noch die ganze Welt zuschaut und sich anschließend darüber aufregt, macht den Umgang mit einer solch schlechten Leistung noch schwieriger. „Deutschland zittert sich ins Viertelfinale" – „Deutschland am Rande der Katastrophe" – „Mehr als nur ein blaues Auge". Solche Schlagzeilen beherrschen am nächsten Tag die internationale Presse. Trotzdem wird Deutschland noch Frankreich schlagen, Brasilien mit einem historischen 7:1-Sieg aus der Heim-WM kicken und sich am Ende gegen Argentinien mit dem Titel krönen. Denn „die Mannschaft" hat das Algerien-Spiel und die darauffolgenden Reaktionen als eine Art Weckruf genutzt. Die Spieler seien, so sagt Mertesacker später, enger zusammengerückt; auch sein Interview habe dazu beigetragen, man habe ihm den Rücken gestärkt.[330] Aber wie genau können wir mit Kritik umgehen – sie uns im Idealfall nicht zu sehr zu Herzen nehmen und dennoch etwas daraus lernen? Zunächst hilft die einfache Erkenntnis: Es wird immer jemanden geben, der nicht zufrieden ist, spottet, meckert, kritisiert. Selbst wenn ein Ergebnis positiv ausfallen sollte, wie im Falle der DFB-Elf gegen Algerien – dann ist es eben der Weg zum Sieg, der nicht gefallen hat. Auch im Berufsleben werden wir immer auf Kollegen, Kunden oder Mitarbeitende konkurrierender (oder innerhalb der eigenen!) Unternehmen treffen, die sich negativ über uns oder unsere Arbeit äußern. Ob im ganz kleinen Kreis, weil der Kollegin deine Präsentation nicht gefallen hat – oder im großen Stil, etwa bei der Einführung eines neuen Produkts. Handys beispielsweise wurden zu Beginn extrem kritisch gesehen: Abgesehen davon, dass das erste Mobiltelefon ein Kilo gewogen hat, 25 Zentimeter lang und mit rund 4000 Dollar extrem teuer war, befürchtete man Beeinträchtigungen im Straßenverkehr sowie negative Auswirkungen auf die zwischenmenschliche Kommunikation und die Privatsphäre.[331] Heute haben laut Statista 98,1 Prozent der deutschen Haushalte ein Mobiltelefon (Stand 2021).[332] Die anfängliche Kritik ist jetzt, mehr als 50 Jahre später, verpufft; Smartphones sind aus unserem Alltag nicht mehr wegzudenken, ihr Nutzen ist einfach zu groß.

„Begründete Kritik von außen muss ernst genommen werden und enthält meist wertvolle Anregungen."

Heiner Brand. ehem. deutscher Handballtrainer

Aber: Welche Kritik ist berechtigt? Das herauszufinden, ist keine einfache Aufgabe. Denn wir reagieren in puncto Kritik häufig extrem: Entweder weisen wir sie komplett von uns – oder wir nehmen sie persönlich. Kritik sollte nicht entmutigen, sondern im Idealfall anspornen. Neben all den Stimmen, die sich (oft laut) äußern und vielleicht wenig Ahnung von der Materie haben, wird es auch Anmerkungen geben, die Hand und Fuß haben. Es liegt an uns, zu entscheiden, welche Kritik wir annehmen und welche uns nicht weiter kümmern sollte. Ist es „nur" die (Einzel-)Meinung eines Journalisten, der zwar ein breites Publikum erreicht, aber nicht so tief in meinen Themen drinsteckt? Kommt die Kritik von der kaufrelevanten Zielgruppe, der mein Produkt nicht gefällt? Außerdem sollte man sich immer fragen, aus welcher Motivation heraus jemand Kritik äußert. Was hat der- oder diejenige für ein Interesse, mich, mein Produkt, meine Arbeit, meine Firma zu kritisieren? Geht es um Neid, um Aufmerksamkeit oder wirklich darum, ein Problem zu benennen und Denkanstöße zur Verbesserung zu liefern?

Welche Motivation Kritiker auch immer haben mögen: In der Regel richtet sich ihre Kritik gegen einen bestimmten Sachverhalt – nicht gegen die gesamte Person. Im ersten Moment ist das oft schwer einzuordnen, Emotionen kochen über - Stichwort Eistonne – und man fühlt sich angegriffen. ZDF-Reporter Büchler wollte mit Sicherheit nicht Mertesackers gesamte Laufbahn oder die Daseinsberechtigung der deutschen Nationalmannschaft in Frage stellen; die heftige Reaktion des Fußballers lässt aber zumindest vermuten, dass er die kritischen Nachfragen persönlich nahm. Ganz abwegig scheint die Bewertung des Journalisten auch nicht gewesen zu sein: Denn Bundestrainer Joachim Löw zog nach dem Zitter-Sieg Konsequenzen und baute für die Partie gegen Frankreich die Startelf auf einigen zentralen Positionen um. Philipp Lahm lief wieder als rechter Außenverteidiger auf, Jerome Boateng und Mats Hummels bildeten die Innenverteidigung. Und Per Mertesacker? Der saß beim Viertelfinale gegen „Les Bleus" auf der Bank.[333]

Haken dran: Nach dem Rückschlag kommt das nächste Hoch

Wer Niederlagen, Rückschläge und schwierige Phasen akzeptiert und analysiert, berechtigte Kritik annimmt und daraus Handlungsoptionen ableitet – der kann aber nicht nur besser werden, sondern vielleicht sogar echte Innovationen anstoßen. Michael Jordan hat sieben Jahre gebraucht, um mit den Chicago Bulls zum ersten Mal den Meistertitel zu gewinnen. In den Folgejahren siegten sie nicht nur fünf weitere Male, sondern verhalfen der NBA weltweit zu ungeahntem Ruhm. Auch Apple-Gründer Steve Jobs konnte vom Scheitern und Durchhalten ein Lied singen; 1985 wurde er aus seinem eigenen Unternehmen geworfen und musste die Tech-Firma aufgrund interner Machtkämpfe verlassen.[334] „Ich fühle mich, als hätte mir jemand in den Magen geboxt und mir die Luft zum Atmen genommen. Ich bin erst 30 Jahre alt und möchte weiterhin Dinge erschaffen“[335], sagte er nach seiner Entlassung. Doch Jobs haderte nicht lange: Er gründete ein neues Computerunternehmen, investierte in Pixar und kehrte Jahre später zu Apple zurück. Rückblickend bezeichnete er diese Phase als die „kreativste seines Lebens.“ Unter seiner Leitung entwickelte Apple dann den iPod und das iPhone – der Beginn einer einzigartigen Erfolgsgeschichte. Heute gilt Apple als das erste Billion-Dollar-Unternehmen der Welt.

Und auch Kristina Vogel hat sich nicht nur mit ihrer neuen Situation nach dem schweren Unfall abgefunden – im Gegenteil: „Zum ersten Mal in meinem Leben muss ich nichts, ich kann. Diese Situation möchte ich genießen. Im Grunde genommen bin ich zum ersten Mal frei“[336], sagt sie. Und diese Freiheit nutzt sie, um andere Menschen mit ihrer Geschichte zu inspirieren. Sie hält Vorträge, hat ein Buch geschrieben und setzt sich öffentlich für mehr Barrierefreiheit ein. Auch unternehmerisch ist die Ausnahmesportlerin sehr aktiv, zum Beispiel als Markenbotschafterin des Rollstuhlradherstellers Trivida[337]. „Egal, was das Schicksal für einen bereithält, das Leben geht weiter, in meinem Fall nun auf vier Rollen statt auf zwei Rädern.“[338]

F.I.N.E.-Praxistipps: Wie du nach Rückschlägen und Niederlagen neue Energie gewinnst

✓ **Akzeptiere deine Gefühle.**
Es ist normal, dass man nach einer Niederlage enttäuscht, frustriert oder wütend ist. Teile bei Bedarf deine Gefühle und Erfahrungen mit Freunden, Familienmitgliedern oder Kollegen. Sie können dir helfen, die Niederlage zu verarbeiten und neue Perspektiven zu gewinnen.

✓ **Betrachte die Situation aus der Vogelperspektive.**
Wie wichtig ist diese Niederlage für dich? Wirst du noch in einem Jahr daran denken? Für welche Dinge bist du aktuell in deinem Leben dankbar? Sehr wahrscheinlich gibt es deutlich wichtigere Dinge in deinem Leben als diese Niederlage.

✓ **Analysiere deine Niederlage.**
Betrachte objektiv, was schiefgelaufen ist und was du daraus lernen kannst. Folgende Fragen können dabei helfen: Was sind die wichtigsten Ursachen für das negative Ergebnis? Was hättest du beeinflussen können und was nicht? Was kannst du Positives aus dieser Niederlage ziehen? Was lernst du daraus?

✓ **Gehe richtig mit Kritik um.**
Das erfordert Selektion und Akzeptanz. Je erfolgreicher du wirst, desto mehr Kritik wirst du bekommen. Aber nicht jede Kritik ist gerechtfertigt! Du solltest bewerten, was die Motivation des Kritikers ist und ob die Kritik fundiert ist. Konstruktive Kritik von Experten sollte vor allem als Ansporn dienen.

✓ **Definiere Maßnahmen und Lösungsansätze.**
Welche Dinge kannst du konkret verändern? Auf welche Dinge hast du keinen oder nur einen sehr geringen Einfluss? Woran willst du in den nächsten Wochen/Monaten gezielt arbeiten? Welche Maßnahmen sind mit wenig Aufwand aber mit einem hohen Nutzen verbunden?

✓ **Verändere deine Einstellung gegenüber Rückschlägen.**
Betrachte Niederlagen und Kritik als Gelegenheiten zum Wachstum und zur persönlichen Weiterentwicklung. Sie gehören zum Leben dazu und sind Teil deines Lernprozesses.

Interview Frank Thelen

„Wenn du glaubst, du bist am Ende und du kannst nicht mehr, dann kannst du doch noch. Dann kannst du noch viel mehr leisten."

Frank Thelen dürfte vielen bekannt sein als "Löwe" aus der Vox-Sendung "Die Höhle der Löwen", bei der er sechs Staffeln lang mitwirkte. Er gründete sein erstes Startup mit 16 Jahren und ist heute einer der erfolgreichsten Tech-Investoren Europas, mehrfacher Bestseller-Autor und eine der einflussreichsten Stimmen auf LinkedIN. Außerdem hat er einen eigenen Podcast und ist gerngesehener Gast in Talksendungen, um seine Expertise zu Digitalthemen zu teilen. Doch so erfolgreich war Thelen nicht immer: Mit Mitte 20 stand er kurz vor der Privatinsolvenz, hatte Schulden in Millionenhöhe. Geholfen hat ihm damals ein ganz bestimmtes Mindset: Hinfallen gehört dazu. Wieder aufzustehen macht den Unterschied. Eine Philosophie, die er schon als Kind verinnerlicht hat: Auf dem Skateboard.

Wie war das damals, als du am Tiefpunkt warst – hast du dich dann bewusst an deine Skateboarding-Skills erinnert oder hast du diese Einstellung eher unterbewusst abgerufen?

Damals war ich so fertig und lag am Boden, da habe ich das nicht reflektiert: Hey, du bist doch schon oft hingefallen und kannst wieder aufstehen! Aber ich glaube, in meinem Unterbewusstsein war das fest verankert; das war wichtig und entscheidend. Mir ging es psychisch, aber auch körperlich total schlecht. Stell dir vor, du hättest als junger Mensch solche Gedanken: Du kannst keine Wohnung mehr bezahlen, dir kein Auto und kein Handy mehr leisten, du bist gesellschaftlich nicht mehr angesehen. Und wie sollst du so noch Frauen für dich begeistern können? (lacht) Das war schon eine Extremsituation. Mein Vater hat dann zu mir gesagt: Du bist nicht mehr mein Sohn.

Wie hat er das gemeint? Das ist ja ein heftiger Satz.

Er meinte, dass er mich nicht mehr wiedererkenne. Ich war immer ein positiver Mensch, voller Energie und Leidenschaft. Er wollte seinen alten Sohn zurück. Doch zu dem Zeitpunkt lag ich nur noch in meinem dunklen Zimmer und bin nicht mehr aufgestanden. Dann habe ich gedacht: Okay, wie komme ich da wieder raus? Ich habe langsam wieder angefangen, überhaupt mal zwei, drei Stunden am

Tag zu arbeiten. Und dann habe ich irgendwann die Faszination für eine neue Technologie entdeckt und bin wieder durchgestartet.

Würdest du sagen, diese Fast-Privatinsolvenz war das größte Versagen deines Lebens? Und was genau hat dazu geführt?

Ja, schon. Was hat dazu geführt? Unerfahrenheit, blinde Euphorie – im Guten wie im Schlechten. Diese Euphorie braucht man manchmal, nach dem Motto: Ich sehe diese ganzen Probleme gar nicht. Aber bei mir war es auch falsches Timing. Ich bin 2000 insolvent gegangen, als der Markt runtergekracht ist. Da war es einfach over.

Würdest du rückblickend, mit ein paar Jahren Abstand, etwas anders machen? Oder war das auch wichtig, dieses Tal einmal zu durchlaufen – um dahin zu kommen, wo du heute bist?

Man lernt durch Schmerz, man entwickelt sich weiter im Schmerz. Für mich wird das immer ein wichtiger Baustein für meinen Erfolg bleiben. Auch heute noch fühle ich mich immer ein bisschen als Underdog, der immer noch allen zeigen muss, dass er es kann. Das ist dieser Drive. Trotzdem würde ich es heute anders machen! Der Kredit, für den ich damals gehaftet habe, der war überhaupt nicht sinnvoll. Das war wirtschaftlich einfach komplett bescheuert und sinnfrei. Mir hat das nötige Wissen gefehlt.

Du bist medial auch Kritik ausgesetzt, hast schon Shitstorms erlebt - zum Beispiel, nachdem auch dein Aktienfonds im Tech-Sell-Off extrem gefallen ist. Wie gehst du mit sowas um?

In den letzten Monaten war das nicht immer einfach, die Kritik war teilweise wild konstruiert. Man steht da und denkt: Aber das stimmt ja gar nicht! Und trotzdem willst du auch reflektieren und willst nicht sagen: Ihr seid alles Idioten. Du musst die Waage halten zwischen – was ist sinnvolle Kritik an meinem Handeln und was nicht? Das war ein längerer Prozess, für mich selbst herauszufinden, wo ich zuhören sollte und wo nicht. Ich glaube, jetzt kann ich damit sehr gut umgehen. Was mir dabei geholfen hat, ist das Gespräch mit anderen erfolgreichen Menschen. Ich habe reflektiert: Was wurde über sie geschrieben? Wie gehen sie damit um?

Du sagst, dass es wichtig ist zu unterscheiden zwischen Kritik, die du annimmst und über die du reflektieren möchtest, und Kritik, die du beiseite schiebst. Wie machst du das?

„The man in the arena". Das heißt: ist jemand ein Macher oder nicht? Wenn ein Macher Kritik an mir äußert, dann höre ich mir das an. Ist das ein Redakteur, der sein Geld mit Clickbait-Headlines verdient, ist mir das egal. Der soll erstmal etwas aufbauen. Ein Krebsmedikament entwickeln, eine Rakete bauen oder wenigstens eine Eisdiele zum Erfolg führen. Ansonsten ist das heiße Luft. Leute, die wirklich gute Dinge umgesetzt haben, der Menschheit geholfen haben – von denen höre ich mir das gerne an. Witzigerweise kritisieren die sehr selten. Aber ansonsten ist es für mich komplett irrelevant.

Zurück zum Skateboard: Gibt es eine Situation, die du dir vorstellen kannst, in der du dich nicht mehr aufs Board stellst?

Definitiv. Und die wird auch kommen. Darum überlege ich mir sehr genau, ob ich es noch mache oder nicht. Denn ich bin eine tickende Zeitbombe. Entweder sterbe ich einfach so oder wenn ich ein bisschen älter werde, werde ich irgendwann nicht mehr aufs Skateboard können (Anm.: Frank schlägt unbewusst direkt den Bogen vom Board zum Business). Deswegen überlege ich mir sehr genau, wie ich meine Zeit verbringe, wie will ich arbeiten, mit wem will ich arbeiten. Die Zeit auf den Brettern ist begrenzt.

Irgendwann wird er sich aus dem Geschäft zurückziehen – und Frank verrät am Ende unseres Gesprächs auch: Das wird nicht mehr allzu lange dauern. „Ich habe die Wirtschaft durchgespielt." Wenn es so weit ist, will er einen Großteil seines Vermögens spenden: Die Themen Umweltschutz und Bildung liegen ihm besonders am Herzen. „Wie kann man den nächsten Generationen Wissen vermitteln, damit sie bessere Entscheidungen treffen?" Frank Thelen hat in seinem Leben nicht immer die besten Entscheidungen getroffen. Aber er hat nie aufgegeben. „Du wirst hinfallen, du wirst dir mal ein Bein brechen. Aber am Ende des Tages hast du die faire Chance auf Erfolg, wenn du weitermachst."

Dein Körper ist dein Kapital – Wie du deine Gesundheit förderst

Die blonde Frau mit den blauen Augen ist gerade auf dem Weg zum Flughafen, als sie plötzlich eine Panikattacke bekommt. „Mein Herz raste, Schweiß lief mir von der Stirn. Ich fuhr rechts ran, versuchte mich zu beruhigen, atmete so langsam wie möglich ein und aus.“[339] Erst nach einer halben Stunde ist sie in der Lage, weiterzufahren. Sie fliegt wie geplant zu ihrem Termin, doch danach lässt sie sich endlich durchchecken. „Pfeiffersches Drüsenfieber, Schilddrüsenüberfunktion, Vitamin- und Mineralmangel, mein Körper war ausgezehrt.“[340] Damals liegt ihre aktive Sportkarriere schon einige Zeit hinter ihr, doch die ehemalige Biathletin ist weiterhin extrem gefragt. Sie hat Verträge mit diversen Werbepartnern, absolviert Fotoshootings, TV-Drehs, Charity-Veranstaltungen und Podiumsdiskussionen. Dann wird sie zum zweiten Mal Mutter – und ihr Körper zeigt ihr ganz deutlich: Es reicht. Die Belastung ist zu hoch. „Mein Arzt schaute mich an und sagte: Es grenzt an ein Wunder, dass du noch aufrecht gehen kannst, es ist kurz vor knapp.“[341] Magdalena Neuner erleidet mit 29 Jahren einen Burnout. Und das schon zum zweiten Mal. Denn bereits einige Jahre zuvor erlebt die Ausnahmesportlerin einen Tiefpunkt – und zwar unmittelbar nach ihrem bis dahin größten Erfolg. Als sie mit 22 Jahren bei den Olympischen Spielen in Vancouver zwei Goldmedaillen und eine Silbermedaille gewinnt, ist sie danach nur noch: leer. „Als Mensch war ich in dieser Biathlonwelt nicht existent. Es ging nur um mich als Sportlerin, die bestmöglich zu performen hat. Die Realität hat mich getroffen wie ein Hammerschlag.“[342] Zwar gelingt es ihr, sich aus diesem Tal wieder heraus zu kämpfen und in den Folgejahren zig Weltcupsiege und weitere internationale Titel einzufahren; doch erst viel später lernt sie, was sie wirklich braucht: Klare Grenzen. Die eigenen Bedürfnisse wahrnehmen. Stopp sagen, wenn es nicht mehr geht. Und Magdalena Neuner ist kein Einzelfall: Turnstar Simone Biles, Fußballer Nils Petersen, Skirennfahrerin Lindsey Vonn – die Liste der Spitzensportler, die in den vergangenen Jahren ihre mentalen Probleme öffentlich gemacht haben, wird immer länger. Zum Glück: Dass permanenter Leistungsdruck zu psychischen Problemen führen kann, ist keine neue Entwicklung; dass immer mehr Top-Athleten zu ihren Burnouts und Depressionen stehen, schon. Das Bild des immer starken, unverwundbaren Athleten bröckelt.[343]

Die ultimative Niederlage: Wenn Gewinnen nicht genug ist

Auch wenn das für viele erstmal eine schwere Erkenntnis ist. Vor allem deshalb, weil die Probleme häufig dann auftreten, wenn man gerade einen großen Triumph gefeiert hat: Nicht nur Magdalena Neuner war nach ihren Olympiasiegen ausgebrannt, auch Tennisspielerin Naomi Osaka erzählte, nach ihrem Sieg bei den US-Open 2018 an Depressionen erkrankt zu sein. Als sie dann ein paar Jahre später während eines anderen Turniers nicht an den Pressekonferenzen teilnehmen wollte, weil diese sie zu sehr psychisch belasteten, bekam sie eine Geldstrafe aufgebrummt und brach den Wettkampf ab. Schwimmstar Michael Phelps litt nach den Olympischen Spielen 2012 an Depressionen, hatte sogar Suizidgedanken[344]. Und für Sven Hannawald begann der Teufelskreis nach seinem historischen Sieg bei der Vierschanzentournee 2002: Der damals 27-Jährige gewann als erster Skispringer überhaupt alle vier Wettbewerbe – und fiel daraufhin in ein tiefes Loch. „Ich habe gemerkt, dass ich mich immer mehr rumschleppen muss. Dass die Regenerationszeiten, die ich mir nehmen kann, bei Weitem nicht mehr ausreichen."[345] Sein Körper wurde mehrfach durchgecheckt, doch die Suche nach einer Diagnose dauerte fast anderthalb Jahre. Denn seine Erschöpfung hatte keinen physischen, sondern einen psychischen Grund. Viele Spitzensportler wie Osaka, Phelps und Hannawald konzentrieren sich voll und ganz auf ihre Ziele und die zu erreichenden Erfolge. Sie gehen dabei über ihre Grenzen hinaus, stellen extrem hohe Erwartungen an sich selbst, hinzu kommt enormer Druck von außen. Diese Beispiele zeigen uns: Erfolg allein macht nicht glücklich. Und der Weg dahin ist oft hart. Es ist wichtig, auch im Berufsleben eines Nicht-Athleten, sich nicht nur über erreichte Ziele zu definieren, sondern auch immer auf das eigene Wohlbefinden zu achten. Aber wie kann das gelingen?

Weniger Tabu und mehr Akzeptanz – in Sport- und Arbeitswelt

Auch wenn Sven Hannawald wohl lieber nur als erfolgreicher Skispringer in Erinnerung geblieben wäre: Er hat gesamtgesellschaftlich einen noch viel wichtigeren Beitrag geleistet. Denn er ist und bleibt ein wichtiger Botschafter, wenn es um das Thema mentale Gesundheit geht. Es klingt so simpel – aber Menschen, die in der Öffentlichkeit zu ihren vermeintlichen Schwächen (die keine sind!) stehen, bereiten den Weg für viele andere, die sich mit ähnlichen Gedanken quälen. So hat nicht nur Hannawald eine eigene Stiftung gegründet, auch Teresa Enke, die Witwe des ehemaligen Nationaltorwarts Robert Enke, der 2009 durch Suizid ums Leben kann, macht sich für das Thema stark – um es zu enttabuisieren und mehr Unterstützungsangebote für Betroffene zu schaffen. „Wir haben erreicht, dass Psychologen in Nachwuchsleistungszentren Pflicht sind, dass in der Trainerausbildung das Thema Psychologie, psychische Gesundheit stattfindet.“[346] Auch die Deutsche Sporthochschule Köln hat eigene Initiativen wie „mentaltalent“ und „MentalEmpowerment“ entwickelt, um Sportpsychologie-Dienstleistungen zu strukturieren.[347] Die Tatsache, dass mentale Gesundheit keine Selbstverständlichkeit ist, sondern bewusst und aktiv gefördert werden kann, ist im Spitzensport angekommen. Auch wenn es noch immer eine große Dunkelziffer an Betroffenen geben wird, die sich nicht traut, professionelle Unterstützung einzuholen: Die öffentliche Aufmerksamkeit wird hoffentlich weiterhin dazu beitragen, dass aus dem Tabu eine Selbstverständlichkeit wird – und zwar nicht nur unter Top-Athleten.

„Mein Kopf stand nicht mehr still.“

Nils Petersen, ehemaliger Fußball-Profi

Eine von der Deutschen Depressionshilfe 2021 veröffentlichte Studie besagt, dass jeder fünfte Beschäftigte in Deutschland schon einmal die Diagnose Depression erhalten habe.[348] Und weitere 19% vermuteten, erkrankt zu sein, hatten aber (noch) keine klinische Bestätigung. Die Mehrheit der Befragten gab jedoch auch an, dass sie am Arbeitsplatz nicht offen mit ihrer Erkrankung umgehen würde. Dabei können auch Arbeitgeber Unterstützung anbieten: „Depression ist eine häufige und schwere Erkrankung. Statistisch gesehen gibt es in nahezu jedem Unternehmen depressiv erkrankte Mitarbeiter. (...) Unternehmen sollten deshalb dringend Basiswissen und auch Handlungskompetenz zu Depression und Suizidprävention aufbauen[349], fordert Prof. Ulrich Hegerl, Vorstandsvorsitzender der Stiftung Deutsche Depressionshilfe. Denn schon seit Jahren gehören psychische Erkrankungen zu den Top 3 Gründen für Krankmeldungen, noch vor Rückenschmerzen oder Grippe und Erkältung. „Psychische Erkrankungen am Arbeitsplatz haben die körperlichen in ihrer Dringlichkeit in vielen Branchen überholt“[350], sagt Karen Walkenhorst, Personalvorständin der Techniker Krankenkasse. Dazu zählen auch Burnout-Betroffene, deren Zahl ebenfalls seit Jahren stetig zunimmt. Laut Hochrechnungen von Statista auf Basis der AOK-Versicherten erlitten 2022 rund 216.000 Menschen einen Burnout.[351] Dieses Gefühl des Ausgebrannt-Seins wurde erstmals in den 1970er Jahren vom US-amerikanischen Psychotherapeuten Herbert Freudenberger[352] geprägt und galt lange Zeit als „Modeerscheinung“. Mittlerweile gilt das Burnout-Syndrom als eigenständiges Krankheitsbild, das vor allem dann auftritt, wenn man nicht mehr in der Lage ist, mit Stress umzugehen. Symptome sind etwa Erschöpdung, Lustlosigkeit, weniger Leistungsfähigkeit[353] sowie psychosomatische Beschwerden wie Schlaflosigkeit, Migräne, Rückenschmerzen oder eine erhöhte Anfälligkeit für Infekte können mit einem Burnout einhergehen.

> *„Nur wenn ich entspannt und ruhig bin, bin ich empfindsam genug, das Wasser zu fühlen.“*
>
> Franziska van Almsick. Schwimmerin

Auch Magdalena Neuner musste akzeptieren, dass ihr Körper nicht mehr so funktionierte, wie sie es von ihm gewohnt war: „Neun Monate hat es gedauert, bis ich wieder einigermaßen bei Kräften war.“ Und: Sie lernte, Hilfe anzunehmen. Wenn sie heute merke, dass es ihr nicht gut geht, bittet sie zum Beispiel ihre Mutter darum, sich um die Kinder zu kümmern.[354] „Ich finde nicht, dass Burnout ein Zeichen von Schwäche ist. Es ist ein Zeichen des Körpers: Du musst weniger tun".[355] Weniger – ein Wort, das im Wortschatz vieler leistungswilliger Menschen fehl am Platz zu sein scheint. Unabhängig von Alter, Geschlecht und Berufstätigkeit: Stress betrifft nicht nur (ehemalige) Spitzensportler, berufstätige Mütter oder hochrangige Manager, auch Studierende fühlen sich laut einer Erhebung der Techniker Krankenkasse heute deutlich gestresster als noch vor einigen Jahren.[356] Im Idealfall erkennt man Warnzeichen früh – oder beugt vor.

Was ist eigentlich Stress?

„Ich mach mein Zeug"[357], wiederholt der schmächtige Skispringer immer wieder, wenn er von Reportern angesprochen wird. Es ist der 6. Januar 2002, das letzte Springen der Vierschanzen-Tournee in Bischofshofen steht an. Sven Hannawald ist kurz davor, einen Rekord aufzustellen: Noch kein Skispringer vor ihm hat es in 49 Jahren Vierschanzen-Tournee geschafft, alle vier Wettkämpfe zu gewinnen. Der Druck, der auf den Schultern des 63-Kilo-Leichtgewichts lastet, ist enorm. „Unmenschlich", wird eine Zeitschrift die Situation später nennen. Als Hannawald um 15:56 Uhr nochmal seine Bindung kontrolliert, scheint ganz Deutschland nur auf ihn zu schauen. „Flieg, Hanni, wie du noch nie geflogen bist!"[358] Nicht nur der kommentierende Sportreporter ist völlig aus dem Häuschen. Denn als Sven Hannawald in seinem silbernen Anzug rund 30 Sekunden später bei einer Weite von 131,5 Metern landet, ist klar: Er ist jetzt eine lebende Legende. Hat den Mythos gebrochen – und ist selbst nicht eingebrochen. Der Hanni-Hype hat ihn in diesen Momenten nicht kleingekriegt. Stress muss nicht zwingend etwas Negatives sein; er kann – wie in diesem Fall – sogar beflügeln. Und das wortwörtlich.

> *„Man kann als Mensch nur dauerhaft funktionieren, wenn der Kopf frei ist.“*
>
> Robin Gosens, Fußballprofi mit Psychologiestudium

Ganz allgemein ist Stress erstmal „eine unspezifische Reaktion des Organismus auf jegliche Form von Belastung“[359], wie es der Mediziner, Biochemiker und Hormonforscher Hans Selye definierte. Selye hatte schon in den 1930er Jahren seine Stresstheorie entwickelt, nach der er grundlegend zwei Arten von Stress unterschied: Eustress und Disstress. Während der erste positiv gewertet wird, weil er uns antreibt und motiviert (s. Kapitel Druck), empfinden wir Disstress als Belastung.[360] Dabei gibt es keine einheitliche Skalierung, wann Stress noch positive Auswirkungen auf die Leistungsfähigkeit hat und wann dieser ins Negative umschlägt. Letztlich hängt das Stressempfinden einer Person auch immer mit individuellen Gegebenheiten zusammen: Empfinde ich eine Situation als bedrohlich? Habe ich Verlustängste? Stehe ich vor Herausforderungen, von denen ich nicht glaube, sie bewältigen zu können? Sven Hannawald konnte den Stress auf der Absprungschanze für sich nutzen: „20 Prozent sind vielleicht Genuss. Der Rest konzentriert sich darauf, mit beiden Beinen zu landen und sicher rausfahren zu können. Träumen wäre fatal. Man muss beim Wesentlichen bleiben und sich konzentrieren.“[361] Den Fokus behalten, volle Konzentration auf den Moment, alle Abläufe vom Kopf auf den Körper übertragen, die Witterungsbedingungen einschätzen und verarbeiten: All das passiert im Skispringen innerhalb weniger Sekunden. Und entscheidet nicht nur über Sieg oder Niederlage, sondern im schlimmsten Fall auch über Leben und Tod. Doch wie schafft man es, in so einer Situation alle Sinne beisammenzuhaben? In unserem Körper passiert beim Stressempfinden erstmal Folgendes: Wir setzen Noradrenalin, Adrenalin und Cortisol frei. Während Noradrenalin und Adrenalin innerhalb weniger Minuten aus dem Nebennierenmark in den Blutkreislauf gelangen und sich im gesamten Körper verteilen, erfolgt die Ausschüttung von Cortisol etwas langsamer.[362] Diese Hormone führen dann laut Stressforscherin Dr. Susanne Fischer dazu, dass sich die Pupillen vergrößern, der Herzschlag beschleunigt oder sich die Bronchien erweitern. „Außerdem kann unter Stress Blut schneller in die Muskeln fließen und die Leber Zucker freisetzen – das alles sorgt dafür, dass die gestresste Person aufmerksamer und energiegeladener ist“[363], erklärt sie. Nur: Wenn solche Stresssituationen chronisch werden, treten sogenannte Abnutzungserscheinungen des Stresssystems auf; diese können zu gesundheitlichen Problemen wie Herz-Kreislauf-Störungen oder eben Burnout und Depressionen führen – so wie bei Sven Hannawald. „Ich weiß noch, dass ich beim vorletzten Sprung oben saß und mir völlig Wurst war, ob ich das schaffe. Ich dachte: Hauptsache, das ganze Theater ist vorbei.“[364] So konnte er die Vierschanzentournee zwar gewinnen, weil er den Stress im entscheidenden Moment zur Fokussierung nutzte – danach verlor er aber den Boden unter den Füßen und erlitt einen Burnout. Weil die Stresssituationen und der Druck in Summe einfach zu groß waren.

Wie man sich entspannen und mit Stress effektiv umgehen kann

Was können wir also tun, um chronischen Stress zu vermeiden – und positiven Stress in die richtigen Bahnen zu lenken? James E. Loehr hat nicht nur diverse Spitzensportler, sondern auch erfolgreiche Business-Performer gecoached und weiß daher: Den Umgang mit Stress kann man lernen. Sein Ansatz basiert auf der Idee, dass Stress immer in rhythmischen Wellen verlaufen müsse. Heutzutage erleben viele Menschen aber dauerhaften, linearen Stress.

Es fehlt an echten Pausen (mehr dazu im Interview mit Prof. Dr. Ingo Froböse), wir stecken in einem fortwährenden Strudel aus Arbeitsalltag, Familie, Haushalt, Paarbeziehung und Freizeit. Dazu die permanente Erreichbarkeit sowie dauerpräsente Vergleichbarkeit durch Social Media: Andere wuppen ihr Pensum doch mit links, treiben regelmäßig Sport, ernähren sich gesund und finden auch noch Zeitslots für ausreichend Me-Time. So zumindest der Anschein der oft perfekt inszenierten Parallelwelt im Netz. Was laut Loehr dabei aber verloren geht, ist die Fähigkeit, Phasen der totalen Entspannung einzubauen und Stress punktuell proaktiv zu nutzen. Er plädiert daher dafür, auf Energieverwaltung statt auf Zeitmanagement zu setzen[365]: Demnach sei es wichtiger, die eigene Energie effizient zu nutzen, anstatt sich ausschließlich auf die Verwaltung von Zeit zu konzentrieren. Wir sollten uns also im (Arbeits-)Alltag nicht nur fragen: Welche Aufgaben beanspruchen am meisten Zeit? Was muss ich zuerst abarbeiten? Sondern eher: Wie viel Energie muss ich für die jeweiligen Aufgaben aufwenden – und habe ich diese Ressourcen aktuell? Wenn die Antwortet darauf lautet: Nein. Dann brauche ich dringend eine Pause.

Ich habe früher immer gedacht, ich müsse – gemäß des geflügelten Begriffs Work-Life-Balance – ein ausgeglichenes Verhältnis zwischen Beruf und Privatleben schaffen. Heute weiß ich: Es ist noch viel komplizierter. Neben meinem Job als Unternehmensberater kümmere ich mich gemeinsam mit meiner Frau um unser Buchprojekt; außerdem möchte ich viel Zeit mit meiner Tochter verbringen, Sport treiben, mich weiterbilden und Erinnerungen mit Familie und Freunden schaffen. Und die Paarzeit mit meiner Frau sollte auch nicht zu kurz kommen. Um all das irgendwie unter einen Hut zu bekommen, plane ich frühzeitig feste Zeiten in meinem Kalender ein: Neben dem wöchentlichen Sportdate mit einem Freund gibt es fixe Slots für Familienausflüge am Wochenende. Und wir organisieren regelmäßig einen Babysitter, um auch mal zu zweit ausgehen zu können. Diese Planung ermöglicht es mir, mich in den jeweiligen Momenten nur auf diese eine Sache zu konzentrieren: Voller Fokus auf den Job, auf die Familie usw. Das gelingt mir nicht immer (und meine Frau wird nicht müde, mich darauf hinzuweisen) – aber immer besser. Auch Hockeytrainer Jamilon Mülders, der u.a. die niederländischen Damen 2021 zum WM-Titel coachte, setzt auf feste Auszeiten bei seinen Schützlingen, die er in ihre Kalender einträgt: „Ich erwarte, dass dort Urlaub genommen wird und ich erwarte, dass dann nicht studiert oder Prüfungen abgelegt werden. Wenn sie sich diese Pausen nicht nehmen, nicht herunterfahren und nicht zur Ruhe kommen, werden sie das ganze Programm nicht durchstehen können. Sie werden irgendwann ermüden, und zwar eher geistig als körperlich.“[366]

Neben großen Auszeiten braucht es aber auch kleine Pausen, im ganz klassischen Sinne; während in der Schule nach jeder Unterrichtstunde mindestens fünf Minuten Pause eingeplant waren, fehlen solche Breaks im Arbeitsalltag ganz oft. Durch viel Home Office während der Pandemie hat sich dieser Trend noch verstärkt: Online lässt sich in Sekundenschnelle von Meeting zu Meeting hüpfen, während man früher wenigstens noch den Gang zum Konferenzraum bewältigen musste und dadurch kurz vorm Schreibtisch aufstehen konnte. Ich habe mir deshalb angewöhnt, viele Termine nicht zur vollen oder halben Stunde zu beginnen oder zu beenden, sondern fünf Minuten später.

Für mich haben sich auch Yoga und Meditation als extrem hilfreich erwiesen – auch wenn ich dafür in den ersten Jahren von meinen Mannschaftskollegen eher belächelt wurde. Immerhin bin ich mit meiner Yoga-Liebe nicht allein: Auch die deutsche Fußballnationalmannschaft hat die positiven Effekte, insbesondere mit Blick auf Regeneration und Entspannung, schon früh erkannt. So begleitete Yogalehrer Patrick Broome die DFB-Elf bereits vor der EM 2008 und erklärte damals: „Die spirituellen Aspekte stehen hier nicht im Vordergrund. Wir machen keine Philosophie, aber zum Beispiel Atemübungen. Die Konzentration auf den Atem hilft den Spielern, Abstand zu dem Rummel um sie herum zu bekommen, sich selbst wieder zu spüren.“[367] Während die Termine am Anfang noch Pflichtveranstaltungen gewesen seien, kamen die meisten Spieler und Trainer irgendwann freiwillig. Und ich kann das total verstehen! Sich auf den eigenen Atem zu konzentrieren, gedanklich komplett loszulassen – das ist enorm hilfreich, um mit Stress umgehen zu können. Denn wenn wir ehrlich sind, ist das unsere einzige Option: Wir werden es nicht schaffen, Stress bzw. stressige Phasen komplett aus unserem (Berufs-)Leben zu verbannen. Die Autorinnen Dr. Eva Brandt und Miriam Fritsch-Kümpel sind aber der festen Überzeugung, dass wir den Umgang mit Stress systematisch trainieren können. Sie setzen dabei auf die sogenannte „Lotus-Strategie“[368]. Es geht um Akzeptanz statt Vermeidung – und im nächsten Schritt darum, eine eigene Methode zur Bewältigung zu finden. Eine Idee: Nach der Arbeit einen gedanklichen Anker „abzuwerfen“, dessen Wirkung man mit Sport, Musik oder Entspannungsübungen unterstützen kann. Dabei hilft es natürlich auch, klare Grenzen der Erreichbarkeit zu setzen. Ich schalte mein Diensthandy beispielsweise ganz bewusst abends, am Wochenende und im Urlaub auf Flugmodus und checke in dieser Zeit auch keine Mails. Denn in den allermeisten Fällen kann ich an einem potenziellen Problem im Büro an einem Samstagabend zuhause eh nichts ändern.

> *„New Work bringt eine neue Generation Workaholics hervor, die ihre Arbeit so sehr liebt, dass sie ihren Sinn über die eigenen Grenzen stellt.“*
>
> Karin Lausch, Leadership Expertin und Executive Coach

Das gilt übrigens auch, wenn ich meinem Job sehr gerne nachgehe, darin sogar meine echte Leidenschaft gefunden habe und mich persönlich ausleben kann. Die Tatsache, dass es Auszeiten und Pausen braucht, bedeutet nicht, dass ich einer Tätigkeit weniger Bedeutung beimesse; im Gegenteil: Gerade dann sollte ich mir bewusst machen, dass ich regenerieren muss, um voller Tatendrang und mit Energie weiterarbeiten zu können. Genauso machen es Spitzensportler und ihre Trainer! Oder würde irgendjemand Thomas Tuchel oder Pep Guardiola unterstellen, sie würden nicht für den Fußball brennen, nur weil sie sich bereits bewusst Sabbatjahre „gegönnt“ haben? Neben all den guten Einstellungen und konkreten Methoden, die wir uns von Topathleten, Spitzenteams und ihren Coaches in puncto mentaler Gesundheit abschauen können, ist eines noch enorm wichtig: Dass man sich Hilfe holt, wenn man allein nicht weiterkommt. Das haben bereits viele Athleten erkannt; Ex-Fußballprofi Nils Petersen war 18 Monate lang in Therapie und sagte im Anschluss: „Das hätte ich schon viel früher machen müssen.“[369] Ähnlich erging es Ex-Profi-Kicker Martin Amedick, der mittlerweile Vorträge zum Thema psychische Gesundheit im Leitungssport hält.[370] Auch die ehemalige Leichtathletin und Olympiaanwärterin Louisa Grauvogel holte sich Rat bei einem Psychotherapeuten.[371] Auch hier gilt: Die Liste der Betroffenen, die professionelle Hilfe in Anspruch nehmen, ist vermutlich noch lang nicht vollständig, aber sie wird immer länger.

Du brauchst Hilfe?
Bei der Telefonseelsorge gibt es eine anonyme, kostenlose Beratung rund um die Uhr.

Tel.: (0800) 111 0 111 / (0800) 111 0 222.

Das Kinder- und Jugendtelefon „Nummer gegen Kummer" bietet ebenfalls eine kostenlose Beratung an und ist erreichbar unter:

Tel.: 116 111.

Wenn Eltern Rat suchen, können sie sich an das Elterntelefon wenden:

Tel.: (0800) 111 05 50.

Auch das Info-Telefon der Deutschen Depressionshilfe kann eine erste Anlaufstelle sein:

Tel.: (0800) 33 44 533.

Sie bietet einen Selbsttest sowie eine Übersicht zu regionalen Angeboten.

Neben vielen Stellschrauben, an denen wir selbst ein bisschen drehen können, gibt es auch Faktoren, auf die insbesondere Angestellte wenig Einfluss haben – die aber ebenfalls große Auswirkungen auf die mentale Gesundheit haben können: Und das sind die Unternehmen selbst. Klar, dazu gehören Angebote wie Yogakurse oder Workshops zum Thema Stressreduktion, die laut der Zukunftsstudie „whatsnext" der Techniker Krankenkasse schon von rund 40 Prozent der Arbeitgeber angeboten werden.[372] In den Augen der TK-Personalvorständin Karen Walkenhorst ist das aber nur Symptombekämpfung: „Sowohl gesunde Arbeitsprozesse als auch eine wertschätzende und respektvolle Unternehmenskultur sind wichtige Faktoren dafür, dass die Mitarbeitenden auch langfristig körperlich und psychisch gesund bleiben",[373] sagt sie. Eine entscheidende Rolle müssten in dieser Hinsicht die Führungskräfte einnehmen, findet Studienleiter Dr. Mark Hübers vom Institut für Betriebliche Gesundheitsberatung: „Führungskräfte tragen nicht nur Verantwortung für ein Team, sie sind auch gleichzeitig Vorbild. Eine Führungskraft, die ständig erreichbar ist und auch noch spätabends Chatanfragen und Mails bearbeitet, fördert damit nicht die Gesundheit ihrer Mitarbeiterinnen und Mitarbeiter."[374]

Auch Biathletin Magdalena Neuner hat erkannt, welchen Einfluss ihr Umfeld auf ihre mentale Gesundheit hat – und würde ihrem jüngeren Ich daher gerne einen wichtigen Rat mitgeben: „Höre immer gut auf dich, mache im Zweifel weniger, finde einen Mittelweg. Mentale und körperliche Gesundheit sind ein hohes Gut und wichtiger als jede Medaille."[375] Denn sie sagt ganz klar: Nicht ihr geliebter Sport habe dazu geführt, dass sie an einem Burnout erkrankte – „sondern vor allem das Drumherum, das Geziehe und Gezerre und Besserwissen." Heute nimmt sie sich bewusste Auszeiten vom Alltag, schaltet ihr Handy ab, geht in die Natur. Denn jetzt muss sie nicht mehr im Scheinwerferlicht des prestigeträchtigen Wintersports funktionieren – sondern Zuhause, als Mama von zwei Kindern. Eine Aufgabe, die zwar anders ist, aber nicht weniger herausfordernd. Und von der sie weiß: Ich schaffe das langfristig nur, wenn ich auf mich achte. Damit sie nicht irgendwann wieder auf dem Weg zu einem Termin rechts ranfahren muss, sondern jede noch so stressige Situation erfolgreich – weil gesund! – meistern kann.

F.I.N.E.-Praxistipps: Wie du deine Gesundheit förderst

✓ **Analysiere deinen Stress.**
Unterscheide zwischen akutem und chronischem Stress. Akuter Stress ist normal und kann nützlich sein, während chronischer Stress gesundheitsschädlich wird. Notiere, welche beruflichen Situationen dich stressen und wie du damit umgehen kannst, z.B. durch Minimierung, Delegation oder Akzeptanz.

✓ **Plane Erholungsphasen ein.**
Gestalte bewusste Wechsel zwischen stressigen und erholsamen Phasen. Integriere regelmäßig positive Aktivitäten in deinen Alltag, sei es mit kurzen Pausen oder längeren Erholungszeiten wie Wanderungen, Wellness-Wochenenden oder Urlauben. Plane diese Zeiten frühzeitig in deinem Arbeitskalender um nach intensiven Phasen die nötige Regeneration zu ermöglichen.

✓ **Nutze Entspannungsübungen.**
Wir können Stress im Alltag nicht dauerhaft vermeiden; lerne daher, ihn zu managen und in produktive Bahnen zu lenken. Verwende bewährte Techniken wie Meditation, Yoga und gezielte Atemübungen, um zu entspannen. Schon kurze Übungen in deiner Mittagspause können eine große Wirkung haben.

✓ **Setze Grenzen für deine Erreichbarkeit.**
Definiere klare Zeiten, in denen du nicht erreichbar bist. Schalte dein Arbeits- und Privathandy nach Feierabend auf Flugmodus und checke keine Mails mehr. Dadurch schaffst du mentale Freiräume und kannst dich besser auf andere Dinge fokussieren.

✓ **Achte auf einen gesunden Lebensstil.**
Auch Schlaf, Ernährung und Bewegung haben einen Einfluss auf dein Stresslevel. Pflege einen gesunden Lebensstil, um deine geistige und körperliche Gesundheit zu fördern.

Interview Prof. Ingo Froböse

„Wir haben kein Belastungsproblem in unserer Gesellschaft, wir haben ein Regenerationsproblem!“

Es hat ein paar Wochen gedauert, bis wir einen Interviewtermin ausmachen konnten, denn der Terminkalender von Prof. Dr. Ingo Froböse ist voll. Sehr voll! Trotzdem – oder gerade deswegen – spreche ich mit dem bekannten Sportwissenschaftler der Deutschen Sporthochschule Köln über das Thema Pausen. Denn als ehemaliger Leistungssportler (u.a. Deutscher Vizemeister über 100 und 200 Meter Sprint) weiß er, wie wichtig Regeneration ist. Und dass genau die im Arbeitsleben heute oft zu kurz kommt. Denn Prof. Dr. Ingo Froböse hat nicht nur zahlreiche Ratgeber und Sachbücher veröffentlicht, sondern hält auch regelmäßig Vorträge für Endverbraucher, Mitarbeitende in Unternehmen und schult Führungskräfte in Sachen Gesunderhaltung.

Wie geht es Ihnen heute?

Mir geht es sehr gut! Ich bin gerade in den Ferien, habe meinen Morgensport schon getrieben und die frische Luft hier an der Nordsee, dieses Salzhaltige, das ist wie ein kleiner Jungbrunnen.

Sie sind gerade im Urlaub; wie wichtig ist es, dass wir uns regelmäßig Pausen und Auszeiten gönnen?

Also letztendlich sind wir Spitzensportler auch im Berufsleben immer Spitzensportler geblieben. Und genauso plane ich auch mein Leben, seit Jahrzehnten: Indem ich Auszeiten immer als erstes im neuen Jahr in meinen Kalender eintrage. Ganz zyklisch, ganz rhythmisch, weil ich ein großer Fan davon bin, dass nach einer intensiven Belastungsphase auch eine intensive Entlastungsphase stattfinden muss. Wir wissen ja: Sportler werden nur durch die Pausen richtig gut! Und das gilt im Arbeitsleben genauso.

Können und müssen wir in dieser Hinsicht im Arbeitsalltag noch ganz viel lernen?

Wir wissen aus dem Sport, dass wir täglich an die Grenzen herangehen müssen, um besser zu werden; wir gehen auch häufig über diese Grenzen hinaus. Das können wir, weil wir qualitative Regeneration einplanen. Jetzt sage ich mal etwas ganz Provokantes: Wir haben kein Belastungsproblem in unserer Gesellschaft, wir haben ein Regenerationsproblem! Weil wir es eben nicht verstehen, unsere Alltagsaktivitäten zu kompensieren – und das ist letztlich die wichtigste Aufgabe des Lebens: Regeneration so einzuplanen und so zu strukturieren, dass sie zum Erfolg führt. Wenn man beispielsweise davon ausgeht, dass selbst montags 15% der Arbeitnehmerinnen und Arbeitnehmer nicht mit einem vollen Akku in den Alltag starten, wissen wir: Es gibt ein großes Problem! Weil wir es nicht schaffen, unseren Akku wieder auf 100% aufzuladen.

Wie schaffen Sie das im Alltag? Und was raten Sie Menschen, die genau solche Probleme haben?

Ich brauche große Auszeiten, Urlaube; und ich brauche die tägliche Regeneration. Wenn wir morgens um 7 Uhr in den Tag starten, dann werden wir im Laufe der nächsten Stunden Ressourcen verlieren: Wir verlieren kognitive, emotionale, soziale, körperliche Fähigkeiten und sind abends einfach müde. Wir müssen es schaffen, dass wir am nächsten Morgen wieder bei 100% sind. Nur: Wenn wir einen Computerarbeitsplatz haben, den ganzen Tag vorm Rechner sitzen, und uns dann abends als Regenerationsmaßnahme vor den Fernseher setzen und Serien und Filme als Erholung verstehen – dann ist das genau die falsche Strategie. Denn dann sind die Belastungen am Arbeitsplatz und in der Freizeit identisch. Ich beantworte eine Belastung mit einer neuen Belastung. Dabei müssen wir Regeneration als einen aktiven Prozess verstehen, und niemals als eine konsumorientierte Tätigkeit. Deswegen ist für mich die einzige vernünftige Möglichkeit runterzukommen: Ein Cooldown. Sportlern ist das Prinzip ein Begriff! Dabei handelt es sich um eine Aktivierung unseres Stoffwechsels zur gezielten Abkühlung des durch Belastung überhitzten Körpers: die

Temperatur muss runter. Und das schaffen wir durch Gegensätze, also weder beim „Tatort“, noch bei einer politischen Diskussionsrunde. Wirksam ist dagegen ein schöner, ruhiger Abendspaziergang.

Das wollen wahrscheinlich die allermeisten nicht hören, weil der innere Schweinehund nach einem konzentrierten Arbeitstag einfach zu groß ist und die Couch zu laut ruft. Wie schaffe ich es trotzdem, in so ein Cooldown zu kommen?

Wir haben in den meisten Fällen im Alltag eine sehr hohe mentale Belastung. Der Körper ist währenddessen allerdings permanent unterfordert. Und das ist ein Stressor: Genau wie Überforderung bedeutet auch Unterforderung eine große Belastung für unser System, sei es körperlich oder kognitiv. Ich muss also eine psychophysische Balance herstellen: das heißt, dass ich über Körperlichkeit meine Psyche, also meinen Geist reguliere. Das kann durch den erwähnten Spaziergang erzielt werden, den Heimweg mit dem Fahrrad oder die Gassirunde mit dem Dackel. Ich kann es aber auch physikalisch angehen und mir etwa Temperaturregulation zu Nutze machen. Indem ich saunieren gehe oder ein Kneipp-Bad mache. Ich muss nicht, wie Sportler, in die Eistonne steigen, aber Temperaturreize, die auf unseren Organismus wirken, bieten wunderbare entspannende und regenerative Möglichkeiten, nach dem Feierabend ein aktives Cooldown zu gestalten.

Wie wirkt sich Stress auf den Körper aus, wenn solche Regenerationsphasen fehlen?

Im Sport macht sich ein Burnout etwa durch einen Ermüdungsbruch bemerkbar. Daran wird deutlich, wie elementar das Thema Regeneration für unsere Gesundheit ist. Passen Belastung und Regeneration nicht zusammen, können daran sogar Knochenstrukturen zerbrechen. Natürlich ist ein Burnout die Endstufe einer belastenden Entwicklung, die sich oft schon über viele Wochen, Monate, manchmal sogar Jahre abgezeichnet hat: Man kann die Arbeitsleistung, sei es im Job oder im Privaten, nicht mehr erbringen, empfindet eine überproportional große Anstrengung, Unruhe, Nervosität, Gereiztheit, Angespanntheit, Trägheit, Müdigkeit und Erschöpfung. Und wenn ich das erkenne, dann wäre es gut, nicht dagegen zu arbeiten, sondern auf diese deutlichen

Signale meines Körpers zu hören, sie anzunehmen und zeitnah auf die Bremse zu treten. Dann gilt es „Okay, ich brauche ein Korrektiv. Und das Korrektiv ist die Pause". Wenn es darum geht, die Regeneration mit dem eigenen Alltag zu vereinen hilft es, den gesamten Tag, die gesamte Woche in den Blick zu nehmen und strategisch und planerisch vorzugehen, um die Frage „Wo habe ich die Möglichkeit, zu reparieren, zu korrigieren oder auch Ressourcen zu schöpfen?" für sich persönlich zu beantworten. Es hilft nicht, alleinig den Arbeitsplatz oder den privaten Familienalltag in den Blick zu nehmen, sondern den gesamten Alltag. Im Sport ist es nicht anders, ist der private Alltag von Belastungen geprägt, läuft es auch im Training oder im Wettkampf schlecht.

Gibt es eine Möglichkeit, Stress in eine positive Kraft umzuwandeln und als Antrieb zu nutzen?

Um Leistung zu erbringen, brauche ich Hitze im Körper! Unaufgewärmt funktioniert es nicht. Und genau das bewirkt Stress: Stress fährt die Funktionen des Körpers hoch. Blutdruck, Atemfrequenz, Herzfrequenz und Durchblutung steigen an, unser Hautwiderstand nimmt zu: der gesamte Körper ist aktiviert und in Alarmbereitschaft. Genau das ist die unmittelbare Reaktion des Körpers und die brauche ich, um Leistung zu erbringen: Sei es als Opernsänger, Geiger oder Sportler, eine gewisse Form der Aufwärmung und des Lampenfiebers. Da dies jedoch eine gewisse Form von Stress ist und das gilt für unseren beruflichen und privaten Alltag genau so, braucht es gezielte Strategien, um diesen abzubauen und alle Systeme wieder runterzufahren.

Sie haben eben schon erwähnt, dass wir unsere Akkus im Idealfall immer wieder auf 100% aufladen sollten. Wie wichtig ist denn in diesem Zusammenhang das Thema Schlaf?

Der gute Schlaf wird nicht in der Nacht gemacht, sondern immer am Tag. Das ärgert mich auch jenen Schlafmedizinern, die nur die Nacht und damit die Matratze, das Licht und den Lärm im Blick haben. Dabei entstehen die Probleme, die sich durch schlechten Schlaf bemerkbar machen am Tag! Etwa indem ich nach einem Streit mit einem Hitzkopf oder mit ungelösten, belastenden Problemen ins Bett gehe, nehme ich die Unruhe mit und kann nicht abschalten, um in einen ruhigen, erholsamen Schlaf zu finden. Die Folge: Der Schlaf ist unerholsam und wir fühlen uns wie gerädert. Dabei spielen sich in der Nacht wichtige Prozesse in unserem Organismus ab, Zellen werden repariert, restauriert, renoviert und erneuert. Dafür sind die Länge und die Qualität des Schlafs sehr entscheidend. Im Schnitt schlafen die Menschen 7:35 Stunden. Sportler schlafen länger! Je höher die ausgewogene Leistungsanforderung an Körper und Geist ist, umso höher die Schlafqualität. Wer also am Abend den Schlaf für Streaming, Surfen oder Onlineshopping nutzt, raubt sich wichtige Regenerationszeit! Das lohnt sich nicht. Und das gilt nicht nur für Menschen, die körperlich arbeiten, sondern auch für Denkarbeiter. Belastung ist Belastung und die muss beantwortet werden.

Was können denn auch Arbeitgeber und Unternehmen tun, um die Gesundheit ihrer Mitarbeitenden schon im Büro zu fördern?

Also erstmal muss die Spitze dieses Prinzip vorleben – und das vermisse ich häufig. Wenn ich Vorträge vor Führungskräften halte und sage: Wir machen jetzt mal 15 Minuten Pause, wird sofort das Handy rausgeholt, Mails beantwortet usw. Aber eine effektive Pause sieht anders aus. Meine Bitte zum Wohle der Gesundheit und Eurer vollen Akkus: Unterbrecht regelmäßig, also alle 70-90 Minuten, euren Arbeitsalltag und begebt euch in eine 5-minütige Ruheposition. Schließt die Augen, schaltet ab, hört ein wenig Musik oder lest etwas ganz anderes, inspirierendes. Oder noch besser: Bewegt euch eine Runde im Treppenhaus, stimuliert Eure Muskulatur, damit die Stoffwechselproduktion wieder hochgefahren wird. Das erfrischt die Gedanken gleich mit. Der Arbeitgeber kann solch regenerative Prozesse auch unterstützen und aktiv fördern, indem er dafür Sensibilität und Freiräume schafft. Mein Ideal wäre eine Gesundheitskultur im Unternehmen zu kultivieren, für die es mit einem Verantwortlichen, einem Kümmerer, einem Gesundheitsmanager, einem Ansprechpartner für alle diesen wichtigen Aspekt der Unternehmenskultur verantwortet. Am besten erstellt er unter Beteiligung der Mitarbeiter ein vielfältiges und individuelles Angebot. Und letztlich muss es im Unternehmen eine passende Gesamtphilosophie geben. Natürlich brauche ich eine Kantine, die das widerspiegelt; natürlich brauche ich Kooperationen außerhalb, um Angebote der Gesundheitsförderung anzubieten. Vielleicht beziehe ich sogar die Familien mit ein, um eine Bindung zu diesen Themen herzustellen und den Wirkungskreis zu vergrößern. Die großen Dax-Konzerne machen das alle, aber bei kleinen und mittelständischen Unternehmen ist noch viel Luft nach oben.

Warum zahlt sich für alle, auch für kleine und mittelständische Unternehmen, die Investition in die Gesundheit der Mitarbeitenden aus?

Je wertvoller die Menschen für das Unternehmen sind, desto mehr müssen Sie in die Ressource Mensch und die eigene Arbeitgeberattraktivität investieren, auch in dem sie Arbeitsfähigkeit und Regenerationsfähigkeit priorisieren. Den Mannschaftsführer belaste ich auch nicht übermäßig, indem er die Freundschaftsspiele alle mitmacht. Meine wichtigsten Player schone ich genau in jenen Momenten, in denen ich erkenne, dass ich sie in schwierigen Phasen dringend benötige. Je wichtiger mir meine Mitarbeiter sind, desto mehr muss ich darauf achten, dass ihre Lebensqualität nicht auf der Strecke bleibt. Außerdem ist im Fachkräftemangel die Gesundheitsförderung auch ein wichtiges Argument des Recruitings, über das ich neue Mitarbeiter generiere und mich so von der Konkurrenz unterscheide. Und in der Konsequenz habe ich auch geringere Ausfallzeiten, eine höhere Produktivität, eine größere Leistungsfähigkeit und eine stärkere Loyalität und Bindung zum Unternehmen – das zahlt alles auf das Gesamtergebnis des Unternehmens ein.

7
Rote Karte: Die Grenzen des Spitzensports. Was du nicht auf den Job übertragen kannst und auch nicht solltest

52 Mal stand er für die deutsche Fußballnationalmannschaft auf dem Platz, spielte während seiner Karriere in der Bundesliga, in Italien und in der Premier League. Doch in aller Munde ist Thomas Hitzlsberger erst vier Monate nach seinem offiziellen Karriereende: Denn im Januar 2014 outet sich der ehemalige (männliche) Fußballprofi als homosexuell – als erster überhaupt. Die Erkenntnis sei ein langer und schwieriger Prozess gewesen; trotzdem entscheidet er sich für den Schritt in die Öffentlichkeit: „Weil ich die Diskussion über Homosexualität unter Profisportlern voranbringen möchte“[376], sagt er in einem Interview. Heute, zehn Jahre später, ist der ehemalige Vorstandsvorsitzende des VfB Stuttgart immer noch eine echte Rarität im deutschen Spitzensport. Kaum ein Athlet ist offiziell geoutet, Handballer Lucas Krzikallbei vom SC DHfK Leipzig ist mit seinem Comingout 2022 der erste aktive Mannschaftssportler einer deutschen Profiliga[377]. Rein statistisch gesehen kann das gar nicht sein: Fünf bis zehn Prozent der deutschen Bevölkerung bezeichnen sich als homo- oder bisexuell[378]. Immer wieder kommt es im Profifußball zu homophoben Anfeindungen und Hasskommentare; auch innerhalb einer Mannschaft gebe es unangebrachte Sprüche, so Hitzlsbergers Erfahrungen. Auch Rassismus spielt im Spitzensport immer wieder eine Rolle: Da sind Sportkommentatoren, die bei schwarzen Fußballern

nur auf Kraft und Stärke, weniger auf Taktik und Spielintelligenz schauen; es gibt offen feindliche Parolen in den Stadien und extreme Diskrepanzen zwischen multikulturellen Mannschaften und der oft weißen und männlichen Vereinsführung. Wie vielfältig, wie offen, wie tolerant wollen wir sein? Das sind Fragen, die nicht nur gesamtgesellschaftlich, sondern auch im Spitzensport wichtig sind. Mal ganz abgesehen von Diskussionen rund um Menschen- und Frauenrechte in Staaten wie Saudi-Arabien, die sich mit schwindelerregenden Millionengagen eine Fußballliga der Extraklasse zusammenkaufen: Das System Spitzensport ist alles andere als fehlerfrei. Und genauso wenig sind es die Athleten, Trainer, Mannschaften und Funktionäre, die in diesem System agieren. Deshalb gibt es auch klare Grenzen, welche Verhaltensweisen wir uns zum Vorbild nehmen können und sollten – und welche besser nicht.

Da ist zum einen das große Thema Gesundheit, das wir im vorherigen Kapitel angerissen haben. Denn natürlich gibt es auch im Spitzensport Menschen, die nicht ausreichend auf sich und ihre körperlichen und/oder mentalen Bedürfnisse achten; mehr noch: Die regelmäßig darüber hinausgehen und sich (und andere) zum Teil großen Gefahren aussetzen. So weisen Mediziner beispielsweise seit Jahren auf die Gefahren von lebensgefährlichen Kopfverletzungen beim Football hin – und werden in Amerika für ihre Forschungen teilweise extrem angefeindet.[379] Dazu kommen Leistungssteigerungen durch Doping, Betäubung von Verletzungsschmerzen durch übermäßigen Medikamentenkonsum oder die Ignoranz von Erschöpfungszuständen. Der Druck, so schnell es geht die beste Leistung abzurufen, ist enorm – denn Spitzensportler haben oft nur ein kleines Zeitfenster von wenigen Jahren, um zu Top-Performern in ihrem Bereich zu werden. Das Ziel, und damit auch das Ende der sportlichen Karriere, ist absehbar. Und die Bereitschaft, sich für diesen abgesteckten und verhältnismäßig kurzen Zeitraum aufzuopfern, groß. Es fällt ihnen dadurch vermeintlich leichter, sich zu motivieren und zu disziplinieren. Doch während sich die meisten Athleten mit spätestens Ende 30 neuen Aufgaben widmen müssen, dauert ein Berufsleben heute locker 40 Jahre oder mehr. Sich so lange nur über die Leistung im

Job zu definieren, alles diesem einen Ziel unterzuordnen, Familie und Freunde zu vernachlässigen, ist nicht gesund - und kann langfristig nicht funktionieren. Im Laufe eines Berufslebens brauchen wir daher immer wieder neue Impulse, neue Herausforderungen, manchmal auch große Veränderungen und vor allem eine Balance zwischen Fokussierung und Loslassen. Ähnlich ist es beim Thema Wettbewerbsdruck: Den erleben Sportler dauerhaft, für viele ist er sogar eine Art Antrieb. Athleten werden darauf trainiert, sich ständig zu verbessern und nach Bestleistungen zu streben. Im Job können ein solch dauerhafter Leistungsdruck und zusätzliches Konkurrenzdenken zu Stress und Burnout führen. Es ist daher enorm wichtig, einen gesunden Wettbewerbsgeist zu entwickeln, ohne die Zusammenarbeit und das Wohlbefinden am Arbeitsplatz zu gefährden. Hockeyolympiasieger Oskar Deecke zieht noch bei einem ganz anderen Thema die Grenze hinsichtlich der Übertragbarkeit vom Spitzensport auf den Job: „Womit man vorsichtig sein muss, sind Emotionen“, sagt er. „Im Sport sind sie gut. Dass es im Beruf ebenso ist, bezweifle ich. Gerade wenn du Mitarbeitende führst oder als Verantwortlicher mit anderen Abteilungen sprichst, musst du extrem vorsichtig sein mit deinen Emotionen; da musst du im Umgang rational und professionell bleiben. Das fällt mir zwar heute leichter, ist aber immer noch schwer!“ Wenn er merke, dass ihn die Emotionen übermannen, nimmt er sich eine kleine Auszeit: „Ich empfehle jedem, für sich ein Ritual zu entwickeln, um aus emotionalen Situationen herauszukommen bzw. die entstandenen Emotionen im positiven Sinne zu kontrollieren. Bei mir ist es leider eine Zigarette, das kommt aber zum Glück nicht so oft vor.“

Neben Elementen, die wir nicht übertragen sollten, gibt es faktisch auch einfach Dinge, die wir gar nicht übertragen können. In der Regel hat eine Führungskraft bei der Zusammenstellung ihres Teams nämlich kein weißes Blatt Papier vor sich liegen und kann eine Gruppe aus den besten Mitarbeitenden beliebig zusammenstellen – so wie es beispielsweise ein Nationaltrainer bei der Kadernominierung machen kann. Die Herausforderung, ein selbstorganisiertes Team aufzustellen, ist eine ganz andere, wenn man nicht jeden Posten neu besetzen kann.

Gleichzeitig kann man auch nicht von jedem Einzelnen erwarten, die gleiche Hingabe für den Job aufzubringen wie es beispielsweise Spitzensportler tun: Selbst wenn noch so viele motivierende Anreize geschaffen werden – es wird in jedem Unternehmen immer Menschen geben, für die der berufliche Erfolg keine so große Rolle spielt. Die nicht jeden Tag mit Leidenschaft das eine, große Ziel verfolgen. Und das ist auch vollkommen in Ordnung! Denn zur Wahrheit gehört auch, dass ein Job in der Regel weniger Emotionen auslöst als der Sport: Die wenigsten Angestellten, Selbstständigen oder Unternehmer werden im Arbeitsalltag eine solche Aktivierung spüren, wie sie Sportler bei Wettkämpfen erleben. Sowohl mental – wann steht man schon mal vor tausenden Menschen im Rampenlicht? Als auch körperlich. Denn natürlich spielt auch die physische Präsenz bei Sportlern eine ganze andere Rolle als im Berufsalltag. Hinzu kommen emotionale Ausbrüche wie extreme Torjubel oder lautstarkes Schimpfen über das vermeintliche Fehlverhalten eines Mannschaftskollegen: Solche Reaktionen werden im Sport oft sogar erwartet, während es im Büro eher keine gute Idee ist, den Kollegen wegen eines Tippfehlers in der Präsentation vor der versammelten Runde anzubrüllen. Und zu guter Letzt muss man auch klar sagen: Das Bedürfnis und die Bereitschaft, im eigenen Job nach mehr Spaß, mehr Team und mehr Erfolg zu streben, ist ehrenwert – aber leider nicht jedem vergönnt. Denn auch wenn wir davon überzeugt sind, dass die Erkenntnisse aus diesem Buch für alle einen enormen Impact liefern können: Für manche geht es in erster Linie darum, Geld zu verdienen, die Familie zu ernähren und die Miete bezahlen zu können. Um das schlichte Überleben. Gedanken an mehr Zielfokussierung, mehr Innovationen und mehr Teamarbeit wirken vor diesem Hintergrund vielleicht fehl am Platz. Deshalb gilt: Das F.I.N.E.-Prinzip ist keine Anleitung, keine Schablone, die sich bedingungslos auf jeden Werdegang drauflegen lässt. Es ist eine Sammlung von Geschichten, Impulsen und konkreten Tipps, von denen wir uns diejenigen heraussuchen können, die für unsere jeweilige Lebens- und Berufssituation passen.

8
Und jetzt fällt der Startschuss!

Meine Frau sitzt mir gegenüber, der Raum ist abgedunkelt, im Nebenzimmer flackert ein Kaminfeuer vor sich hin und verbreitet eine gemütliche Wärme. Nachdem wir noch einen letzten Blick in die Speisekarten vor uns geworfen und uns für ein leichtes Mittagessen entschieden haben – denn gleich wartet der nächste Saunagang auf uns – kommen wir beide ins Grübeln. Hinter uns liegt ein spannendes, aber auch sehr herausforderndes Jahr. Und jetzt, kurz vor Silvester, sitzen wir beide hier und gönnen uns eine 24-Stunden-Wellnesauszeit vom Alltag zwischen Job, Buchprojekt, Kind, Familie und Freunden. „Was denkst du?" Ich bin neugierig, was in Lisas Kopf vor sich geht. Sie schaut noch einmal in ihr überdimensional großes Glas mit einer viel zu teuren Limetten-Minze-Limonade, grinst und guckt mich an. „Ich habe gerade daran gedacht, wie viele Dinge aus unserem Buch ich in den vergangenen Monaten unbewusst genutzt habe", sagt sie. „Diese Zeit gerade ist ein Paradebeispiel für das, was uns Prof. Ingo Froböse erklärt hat: Wie wichtig Regeneration ist, damit wir im Alltagsstress auch mal zum Durchatmen kommen. Und ich habe noch viel mehr für mich persönlich mitgenommen." Obwohl unser Buch ein echtes Gemeinschaftsprojekt ist, bin ich erleichtert; denn am Anfang musste ich sie erst von dieser Idee überzeugen. Und jetzt sitzen wir hier und blicken auf etwas zurück, das uns nicht nur auf eine ganz andere Art als Partner zusammengeschweißt hat, sondern auch noch Mehrwert bietet – wie Lisa an sich selbst festgestellt hat. Auch wenn sie als ehemalige Showdance-Weltmeisterin von Grund auf ein Sportler-Mindset hat: Die Geschichten der Top-Athleten, die Interviews mit den Business-Performern, die wissenschaftlichen Erkenntnisse – all das hat bei ihr etwas ausgelöst. „Oft sind es nur Kleinigkeiten, wie beim Thema Fokussierung – dass ich im Job zum Beispiel versuche, mich bewusst auf die aktuelle Aufgabe zu konzentrieren, nicht nebenbei noch Mails beantworte und meine Tätigkeiten viel stärker priorisiere. Da denke ich oft an Jan Frodeno und Unternehmerin Valerie Bures-Bönström, die den perfekten Flow für sich gefunden haben. Aber ich habe auch einen anderen Blick auf das große Ganze bekommen. Mir ist jetzt viel wichtiger, dass ich meine Zeit für etwas aufwende, das mir wirklich Freude bereitet – das haben mir die Geschichten von Arnold Schwarzenegger und Jürgen Klopp eindrucksvoll gezeigt. Gleichzeitig rege ich mich nicht mehr so schnell auf, wenn etwas nicht rund läuft, weil ich weiß, dass es immer schwierige Phasen geben wird und auch Spitzensportler nicht jeden Tag Lust auf ihre Trainingseinheiten haben."

Lisa und ich haben das große Glück, dass wir beide unsere (berufliche) Leidenschaft schon gefunden haben. Aber wir haben in den vergangenen Monaten auch gelernt, dass sich diese Passion immer weiterentwickeln kann und wird: Das Setting, in dem wir uns bewegen, wird sich verändern; wir treffen auf neue Menschen, mit denen wir zusammenarbeiten und die wirtschaftliche Lage insgesamt ist so unvorhersehbar wie lange nicht mehr. Veränderungen gehören dazu. Und wenn wir ihnen nicht nur mutig entgegentreten, sondern sie als hilfreiches Element anerkennen, können wir sie für uns nutzen – so, wie es Nico Rosberg auf dem Weg zu seinem Formel-1-Weltmeistertitel gemacht hat. So eine Flexibilität, wie sie Topathleten wie Britta Steffen vor allem in Drucksituationen an den Tag legen, hilft uns enorm! Auch wenn uns ein Anruf aus der Kindertagesstätte mit der Bitte, unsere fiebernde Tochter sofort abzuholen, an einem vollgepackten Arbeitstag immer noch ins Wanken bringt: Wir kriegen solche und andere stressige Situationen mittlerweile viel besser geregelt. Meist planen wir bereits im Vorhinein, wer in einem solchen Fall einspringt und priorisieren unsere Termine; auch wenn das oft spätabendliche Nachhol-Arbeit bedeutet. Und: Wir probieren auch immer wieder neue Methoden aus. Lisa hat beispielsweise (leider erst recht spät) während des Schreibprozesses entdeckt, wie viel produktiver sie in der Bibliothek arbeitet. „Keine Ablenkung, kein Internet, nicht mal Handyempfang! Warum habe ich das nicht viel früher gemacht“, lacht sie. „Ich bin froh, dass du mir diese Slots ermöglicht hast“, schiebt sie noch hinterher. Denn auch das haben wir uns nicht nur bei Dirk Nowitzki abgeguckt: Das Netzwerk, dein Umfeld, deine engsten Beziehungen sind der Grundstein für alles, was du (beruflich) erreichen möchtest und kannst. Ohne Unterstützung und Rückhalt geht es nicht. „Du musst dich nicht bedanken, wir sind ein Team.“ Und ja, es klingt abgedroschen; aber so konkret wie während dieses Buchprojektes haben wir die Bedeutung eines guten Teams noch nie gelebt. Dabei haben wir auch die verschiedenen Phasen der Teamentwicklung durchlaufen, ähnlich wie die deutschen Fußballerinnen bei der EM 2022: Wir kannten uns zwar schon gut als Ehepartner und Eltern, mussten aber im Team „Buch“ erstmal unsere Rollen finden. Dabei kam es auch zu einigen Streitereien, bis wir einen für uns passenden Workflow gefunden haben und komplett auf Augenhöhe agieren konnten. Und dann spielten wir uns immer besser die Bälle zu: Sie machte Ausflüge mit unserer Tochter, ich recherchierte. Ich übernahm Abendessen und Einkäufe, sie schrieb. Abends bauten wir eine Laptop-Insel im Esszimmer auf, aber ab 21 Uhr wurde alles runtergefahren und die Handys auf Flugmodus geschaltet. Und jetzt sind wir fast schon in der Adjourning-Phase angekommen, während wir die letzten Zeilen zu Papier bringen. Bald werden wir uns bewusst die Zeit nehmen und auf unsere Zusammenarbeit zurückblicken – und auch überlegen, wie wir sie fortsetzen werden. Denn „ob“ ist für uns gar keine Frage mehr! Damit wir irgendwann so ein High Performance Team sind wie der FC Bayern München (auch wenn Lisa das als Werder Bremen-Fan so nie unterschreiben würde und ihr das entsprechende Kapitel am schwersten gefallen ist!). Für mich waren vor allem die erfolgreichen Sportmannschaften wie die Chicago Bulls, die All Blacks und die Alinghi-Segler sowie die Herangehensweise einiger Trainer sehr inspirierend – und zwar so sehr, dass ich diese Erkenntnisse noch mehr aufbereiten möchte: Ich werde Vorträge und Workshops zu der wichtigen Frage halten, wie man in der heutigen Zeit selbstorganisierte Teams führen und Veränderungsprozesse erfolgreich gestalten kann. Kurz vor Weihnachten habe ich daher meinen bisherigen Job gekündigt und starte mit vielen Ideen, aber auch viel Ungewissheit ins neue Jahr. Aber ich weiß: Mit Lisa habe ich eine Partnerin an meiner Seite, die mich nicht nur unterstützt, sondern auch immer wieder auf den Boden der Tatsachen zurückholt. „Ich habe eben auch gelernt, dass wir nicht immer auf höchstem Level funktionieren können und müssen. Dass es in Ordnung ist, mal keine Energie zu haben und um Hilfe zu bitten", sagt sie gedankenverloren. „Die Geschichte von Magdalena Neuner hat mich da sehr berührt. Aber auch der Optimismus von Kristina Vogel. Wir haben über so viele spannende Persönlichkeiten gelesen, gesprochen und geschrieben – und ich hoffe sehr, dass ganz viele Menschen für sich etwas aus diesem Buch herausziehen werden."

Und während wir beide uns mit unseren alkoholfreien Getränken zuprosten (wie gesagt, die Sauna wartet noch...), bringt uns die nette Kellnerin die vegetarischen Frühlingsrollen und eine Bowl, die wir kameradschaftlich teilen werden. „Auf uns. Jetzt geht es erst richtig los."

Interview Klaus Greinert

„Jemand, der gut ist, der will in seinem Bereich auch Führung übernehmen. Der will nicht herumkommandiert werden, sondern den muss man nur kitzeln. Das ist Führung!“

Die Zusage zu einem Interview bekomme ich schnell – aber nur unter einer Bedingung: Ich muss Klaus Greinert persönlich in seinem Mannheimer Hochbunker besuchen! Eine Einladung, die ich gerne annehme. Denn der ehemalige Kapitän der deutschen Hockeynationalmannschaft wohnt nicht nur sehr speziell, sondern ist zudem eine spannende Persönlichkeit: Er zählt zu den 500 reichsten Deutschen, war Aufsichtsratschef bei der Rheinmetall AG, hatte den Familienratsvorsitz der Röchling-Gruppe inne und ist Haupteigentümer von Duravit. Außerdem engagiert sich der gebürtige Berliner stark für den Mannheimer Hockeyclub und hat u.a. ein Sportstipendium an der Universität Mannheim ins Leben gerufen. Gegenwärtig ist dieses Stipendium erweitert worden mit der Universität Heidelberg und der Hochschule Heilbronn. Denn Klaus Greinert weiß aus eigener Erfahrung: Vom Sport kann man sehr viel für das (Berufs-)Leben lernen.

Welche Eigenschaften und Strategien hast du persönlich auf dein späteres Berufsleben übertragen?

Nahezu alles! Es gibt nur wenige Dinge, die dich im Leben prägen: Das Erste ist das Elternhaus, das zweite ist dein Umfeld – also mit welchen Menschen du verkehrst. Und dann kommt der Sport. Es gibt mehrere fundamentale Sachen, die ich vom Sport für mein Berufsleben übernommen habe: Die Disziplin, die Konsequenz, die Pünktlichkeit und vor allem den Teamgedanken. Auch als Chef kann ich allein überhaupt nichts bewirken. Ich habe meinen Mitarbeitern immer gesagt: Ich bin eigentlich nur froh und dankbar, wenn alle um mich herum klüger und besser sind als ich.

Kannst du ein konkretes Beispiel nennen, wo du Ansätze aus dem Sport in deinem Beruf genutzt hast?

Ich bin meinen Weg immer konsequent gegangen, sowohl im Sport als auch im Beruf. Du musst Entscheidungen, die fundamental sind, lange vorbereiten. Denn du solltest mit dir im Reinen und dir darüber klar sein, was du willst. Ich habe zum Beispiel 1966 entschieden, dass ich 1968 in der Hockey-Nationalmannschaft aufhöre. Das haben die meisten meiner Mitspieler nicht verstanden, weil 1972 die Olympischen Spiele in München waren. Mich haben damals alle gefragt, ob mir das nicht schwerfallen würde und ich habe geantwortet: „Nein, ich freue mich darauf. Es beginnt nun ein anderes Leben."

Genauso war es, als ich meinen Vertrag bei Röchling mit 70 Jahren beendet habe. In einem Familienunternehmen wird ja teilweise bis zum Tod gearbeitet; aber ich habe extra die Satzung ändern lassen, dass man nur noch bis zum 70. Lebensjahr eine Funktion ausüben darf! Und der erste, der davon betroffen war, war ich. Die wollten zwar alle, dass ich noch weiter mache, aber auch hier war ich konsequent und habe mich an die Satzung gehalten. Parallel dazu habe ich auch den Aufsichtsratsvorsitz der Duravit AG an meinen Sohn Gregor abgegeben. Diese Ziel-Fokussierung und Konsequenz habe ich im Sport gelernt.

Ein weiterer wichtiger Punkt ist der Umgang mit Niederlagen und Rückschlägen. Ich schimpfte zwar auch damals viel mit den Schiedsrichtern, aber ich suchte niemals die Schuld bei anderen. Und es bringt auch nichts, wenn du deinen Teamkollegen in der Halbzeit anschreist, weil er einen Fehler gemacht hat. Danach kannst du ihn vergessen. Stattdessen musst du ihn aufbauen, dass er motiviert in die zweite Halbzeit gehen kann. Mein Trainer hat damals immer gesagt: „Der Greinert macht jedes Spiel einen katastrophalen Fehler." Und wenn ich am Anfang eines Spiels einen solchen Fehler machte, hat er auf der Bank gesagt: „Gott sei Dank, jetzt hat er es hinter sich." Deshalb habe ich Mitarbeitern auch nie ihre Fehler vorgeworfen, sondern sie mit ihnen durchgesprochen und analysiert, was man daraus lernen kann. Jeder darf und soll Fehler machen. Aber man sollte denselben Fehler nicht zweimal machen. Das ist Dummheit!

Wie fördert man als Leader in Sport und Wirtschaft Vertrauen innerhalb des Teams bzw. der Organisation?

Du musst Vorbild sein und die Dinge selbst vorleben. Du darfst von Leuten nie etwas verlangen, was du nicht selbst bereit bist zu tun. Wir hatten mal bei uns einen Personalchef, der die Stechuhr einführen wollte. Ich habe ihm gesagt, dass er das machen kann – aber dass ich mich nicht ein- und ausstechen werde. Als er mir vorwarf, dass das nicht vorbildlich sei, habe ich ihm gesagt, dass ich ein ganz anderes Vorbild sei: Ich komme als Erster und gehe als Letzter, und das kriegen die Mitarbeiter mit. Ich komme auch nicht am Samstag oder Sonntag ins Büro, nur um zu zeigen, dass ich da war. Nach einem Jahr ist die Stechuhr wieder abgeschafft worden. Wichtig waren für mich immer folgende Prinzipien: Sauberkeit, Fairness, Ehrlichkeit. Und du musst respektvoll und auf Augenhöhe mit deinen Teammitgliedern sprechen. Als Chef habe ich die Mitarbeiter nie zu mir ins Büro gerufen; ich bin stattdessen zu ihnen gegangen, wenn ich was mit ihnen besprechen wollte. Dann hast du eine ganz andere Ausgangsbasis für ein Gespräch: Da saßen meine Mitarbeiter quasi auf dem Chefsessel und ich saß davor. Und meine Tür war immer offen. Jeder konnte in mein Büro kommen, wenn er irgendetwas zu sagen hatte. Wir hatten bei Röchling mal eine irrsinnige Feier, die bis 5:30 Uhr ging. Pflichtbewusst wie ich war, bin ich nach Hause gefahren, habe mich geduscht und bin dann direkt weiter ins Büro – mit einer ordentlichen Alkohol-Fahne. Dann kam meine Sekretärin rein, hat die Tür hinter sich zugemacht und gesagt: „Darf ich Ihnen mal einen Rat geben? Ich an Ihrer Stelle würde jetzt besser wieder nach Hause gehen und morgen wiederkommen." Das habe ich dann auch gemacht. Und genauso müssen die Mitarbeiter mit dir als Führungskraft umgehen. Sie müssen den Mut haben, so etwas zu sagen. Aber dazu musst du sie auch erziehen, dass sie das dürfen.

Wie wichtig ist Eigenverantwortung bei den Mitarbeitern?

Ich habe bei meinen Leuten immer viel Wert auf Qualität gelegt. Und jemand, der gut ist, der will in seinem Bereich auch Verantwortung übernehmen. Der will nicht herumkommandiert werden, sondern den muss man nur kitzeln. Das ist Führung! Umgang mit Menschen ist meine Leidenschaft.

Welche Rolle spielt aus deiner Sicht kontinuierliche Weiterentwicklung, sowohl im Sport als auch im Business?

Ich habe damals zusätzlich zum Mannschaftstraining mindestens dreimal die Woche allein trainiert, um mich individuell zu verbessern. Du bist nicht irgendwann angekommen, sondern du musst dich permanent weiterentwickeln. Und das zählt in der Wirtschaft genauso. Früher habe ich meinem Sohn in jungen Jahren gesagt, dass man sein Unternehmen alle sieben Jahre auf den Prüfstand stellen sollte. Dann bin ich irgendwann auf vier Jahre, später auf zwei Jahre heruntergegangen. Und heute sage ich: Du musst ständig darüber nachdenken, weil sich die Welt so schnell verändert.

Ich habe meine Mitarbeiter auch oft zu Schulungen geschickt, damit sie sich weiterentwickeln können. Mir wurde häufig vorgeworfen, dass es gefährlich sei, zu viel in junge Leute zu investieren, weil sie irgendwann weggingen. Ja und? Wenn ein Mitarbeiter geht, dann geht er. Aber dann geht er zumindest qualifiziert und spricht auch gut über uns. Im Sport ist das doch genauso: Uns verlassen viele junge Spieler, weil sie neue Herausforderungen in anderen Städten und bei anderen Vereinen suchen. Aber die meisten Top-Talente sind irgendwann wieder gekommen, weil ich immer den Kontakt gehalten habe. Ich war denen nicht böse, sondern ich war ehrlich daran interessiert, wie es ihnen geht und wie sie sich entwickelt haben.

Welche Erfahrungen hast du als Unternehmer mit ehemaligen bzw. aktiven Leistungssportlern im Job gemacht?

Ich habe unheimlich viele Leistungssportler aus unserem Sportstipendium an Rheinmetall, Röchling und Duravit vermittelt. Vor einiger Zeit habe ich mit dem Personalvorstand bei Rheinmetall gesprochen und der hat mir gesagt: „Herr Greinert, die Leute, die Sie mir bringen, sind alle unheimlich stark. Bringen Sie mir mehr von denen."

Die Wirtschaft hat das Potenzial von Spitzensportlern leider noch nicht ausreichend erkannt. Ich finde, dass wir als Land viel zu wenig in den Sport im Jugendalter investieren. Wenn meine Enkelin nicht so verrückt wäre nach Tennis, würde sie kaum Sport machen – denn in der Schule fällt dieses Fach viel zu häufig aus. Das körperliche Training ist wichtig. Aber auch die mentale Seite wird beim Sport unglaublich trainiert, das wird häufig vergessen. Deshalb sollte man sich mehr um die Sportförderung kümmern. Ich musste die Uni Mannheim beispielsweise drei Jahre lang davon überzeugen, das Sportstipendium ins Leben zu rufen. Und heute sind sie alle Feuer und Flamme dafür! Nichts ist wichtiger als die jungen Leute. Das müssen wir als Gesellschaft verstehen und deswegen müssen wir sie fördern.

Als ich nach unserem Gespräch wieder zuhause bin, habe ich abends einen verpassten Anruf von Klaus Greinert auf dem Handy. Ich rufe zurück und staune nicht schlecht: Denn der 84-jährige Unternehmer möchte wissen, ob ich gut angekommen bin. Und ich verstehe: Genau das zeichnet den Erfolgsmenschen und den Sportler aus – dass er sich ernsthaft Gedanken um die Menschen in seinem Umfeld macht.

9 Danksagung

Danke zu sagen fällt uns – und an dieser Stelle schreiben meine Frau und ich ganz bewusst aus der gemeinsamen Perspektive – oft ziemlich leicht. Wir sagen uns jeden Abend, wofür wir an dem jeweiligen Tag dankbar sind, um mit einem guten Gefühl einschlafen zu können. Doch dieses Danke, das nun folgt, ist für uns ein ganz besonderes; denn es richtet sich an so viele Menschen, die uns auf dem Weg zu unserem ersten Buch unterstützt und begleitet haben.

Das erste Danke gebührt natürlich: Dir! Danke, dass du zwei Newcomer-Autoren dein Vertrauen geschenkt und dieses Buch gekauft hast. Ein großes Dankeschön geht auch an unsere Interviewpartnerinnen und Interviewpartner Max Hartung, Thomas Weikert, Kirsten Kronberg-Peukert, Steffi Nerius, Julian Hosp, Mathias Mester, Valerie Bures-Bönström, Johannes B. Kerner, Niklas Wellen, Niklas Kaul, Pauline Schäfer, André Henning, Andreas Kuffner, Lothar Linz, Britta Steffen, Frank Thelen, Ingo Froböse, Christian Pander, Klaus Greinert, Oskar Deecke und Alexander Zorniger: Danke für eure Zeit, eure Ehrlichkeit, euren Humor, euer Vertrauen und die Bereitschaft, bei unserem Buch mitzuwirken. Eure Geschichten sind es, die uns und hoffentlich viele unserer Leser inspirieren, von denen wir lernen und dank derer wir träumen (und handeln!) können.

Danke an Caroline Kaum, die uns beim Exposé gecoached und so den Weg für die Veröffentlichung geebnet hat. Danke an den Forward Verlag, für die wertschätzende und lehrreiche Zusammenarbeit, euren

Optimismus, euer ehrliches Feedback und euren Glauben an unser gemeinsames Projekt.

Und natürlich: Danke an unsere Eltern, die die ersten Leseproben verschlungen und mit konstruktivem Feedback nicht hinter dem Berg gehalten haben. Danke, dass ihr unsere Idee nicht nur mitgetragen, sondern auch tatkräftig unterstützt und immer wieder kreativen Input eingebracht habt. Das gleiche gilt für unsere Geschwister und unsere Schwägerin, die immer ein offenes Ohr und einen kritischen Blick für uns und Zeit zum Babysitten aufgebracht haben. Danke auch an unsere Freunde, die schon Monate vor der Veröffentlichung Bestellungen aufgegeben und sich immer wieder interessiert nach dem Schreibfortschritt erkundigt haben. Ein besonderer Dank geht an Verena, unsere ganz persönliche Lektorin. Jetzt wissen wir endlich, wann man nach einem Doppelunkt groß oder klein schreibt!

Und auch wenn sie es (noch) nicht lesen kann: Das größte Danke geht an unsere Tochter. Dafür, dass sie ihren Mittagsschlaf im vergangenen Jahr konsequent durchgezogen und uns dadurch viel Schreibzeit geschenkt hat. Danke, dass du uns jeden Tag erdest und gleichzeitig beflügelst. Dass du uns unsere Grenzen aufzeigst und uns an ihnen wachsen lässt. Und dass wir es nicht trotz, sondern gerade deinetwegen geschafft haben, dieses Herzensprojekt neben Berufstätigkeit und vielen anderen Verpflichtungen Wirklichkeit werden zu lassen. Vielleicht können wir dir irgendwann das sein, was viele Menschen, die wir für dieses Buch gesprochen oder von denen wir gelesen haben, für uns sind: Vorbilder, Inspirationsquellen und eine stetige Erinnerung an das, was wirklich zählt – der eigenen Leidenschaft zu folgen.

P.S.: Alle im Buch verwendeten Quellen sind unter dem nebenstehenden QR-Code zu finden.

Quellen:

Dir hat das Buch gefallen?

Wir freuen uns über jede Rezension bei Amazon.

Mit deiner Rezension unterstützt du uns, bei Amazon eine verbesserte Sichtbarkeit zu erhalten. Das hilft vielen Menschen sehr weiter.

Sende uns gerne eine E-Mail mit einem Screenshot von deiner Bewertung bei Amazon und erhalte ein tolles Geschenk von uns.

Du hast Interesse an unseren Büchern?

Zum Beispiel als Geschenk für deine Kunden oder Mitarbeiter?

Dann fordere unsere attraktiven Sonderkonditionen an.

ForwardVerlag

Titel:	Der Chef in dir muss Führung finden
Untertitel:	Das Buch, von dem du dir wünschst, dein Chef hätte es gelesen.
Autor:	Thomas Belker
ISBN:	978-3-98755-080-5

Taucht ein in die Welt von Max. Max kann es nicht fassen, er findet sich im Seminar Konfliktmanagement für Führungskräfte wieder. Weißt du, warum? Seine Mitarbeiter haben sich beschwert, er sei cholerisch und aufbrausend. Das sieht Max nicht so. Wenn er sich in einem Wort beschreiben muss, sagt er: ergebnisorientiert. Im Seminar hingegen denken alle lösungsorientiert. Max versteht nicht, was an einer soliden Konfrontation auszusetzen ist. Für ihn ist Karriere keine Kletterpartie, sondern eine Leiter, auf der man Sprosse für Sprosse aufsteigt. Wer als Erstes oben ist, hat gewonnen! Aber sein Umfeld scheint das immer noch nicht zu verstehen. Wie der Management-Guru Covey treffend sagt: „Es nützt nichts, auf einer Leiter Stufen zu erklimmen, wenn die Leiter an der falschen Wand steht." Und hier stehen definitiv alle an der falschen Wand.

Wie sieht es bei dir aus? Wie steht es um deine Leiter? Erfahre, wie Max sich im Konfliktmanagement schlägt und welche Charaktere deine Erfahrungen widerspiegeln. Und vergiss nicht, nach dem Lesen Chef oder Chefin das Buch in die Hand zu drücken. Dieses Buch verändert und macht Spaß!

ForwardVerlag